中国基本盘

未来工厂

吴晓波___顾问　　何 丹___主编　　徐 鑫___主笔

ZHEJIANG UNIVERSITY PRESS
浙江大学出版社
·杭州·

图书在版编目(CIP)数据

中国基本盘：未来工厂 / 何丹主编；徐鑫主笔. --
杭州：浙江大学出版社，2022.11（2023.8重印）
ISBN 978-7-308-22966-1

Ⅰ．①中… Ⅱ．①何… ②徐… Ⅲ．①中国经济 – 经济
发展 – 研究 Ⅳ．① F124

中国版本图书馆 CIP 数据核字 (2022) 第156931号

中国基本盘：未来工厂

何　丹　主编　徐　鑫　主笔

策　　划	杭州蓝狮子文化创意股份有限公司
责任编辑	曲　静
责任校对	杨　茜
出版发行	浙江大学出版社
	（杭州市天目山路148号　　邮政编码　310007）
	（网址：http://www.zjupress.com）
排　　版	杭州林智广告有限公司
印　　刷	杭州钱江彩色印务有限公司
开　　本	880mm×1230mm　1/32
印　　张	11.375
字　　数	230千
版 印 次	2022年11月第1版　2023年8月第2次印刷
书　　号	ISBN 978-7-308-22966-1
定　　价	72.00元

目　录

第二部分　数字时代的大国焦虑

05　美国：数字时代如何维持科技领先优势　208

06　日本：人口老龄大国和数字时代的社会 5.0 政策　230

第三部分 社会怎么办

总论
数字时代的工厂生产、国家焦虑与社会治理

"我在这些发电机边徘徊良久，反复欣赏，它们可是能把历史带进一个新时代的'魔力机器'。"

1893 年，为纪念哥伦布发现新大陆 400 周年，芝加哥举办了世界博览会。美国历史学家亨利·亚当斯见到了 80 英尺高的灯塔、以电池为动力的"无马马车"、通用电气的两台 800 千瓦发电机等当时最先进的电力设备。电作为国家新的驱动力的能量被展示到了全世界面前，历史学家忍不住发出感慨。

发电机使他感到了自己的渺小，也引发了他的不安——电力所开启的历史新阶段可能是人类无法理解也无法控制的。因此他忍不住问道："芝加哥在 1893 年首次提出了这个问题：美国人民是否知道自己正在驶向何方？"

这是一个敏锐的学者在新技术革命到来前夜激动又焦躁的追问。从电和电力网络中的确诞生了一个全新的世界。电灯消弭了昼夜的更替，电动组装让流水线诞生，家用电器改变了家庭生活的方式，电梯则使摩天大楼成为可能。电气化历程改变了工业生产的节奏，劳动力市场对工人有了新的要求，这促成了庞大并受过教育的中产阶层崛起。

而这个群体收入的提升又刺激了家庭生活和娱乐消费，新型大众文化由此诞生……被视作工业时代典型特征的一系列社会结构与形态和交流发电机的产生有着如此紧密的联系。

新的动力系统对世界的影响就是这样巨大。学者尼古拉斯·卡尔认为，**社会形态是一系列特定经济交换的副产品，而这种特定的经济交换很大程度上反映出时代的技术水平。那些被认为是社会长期基础的东西，很可能是临时的结构，它们会像电力时代的水车发电系统一样，随着技术的进步而很快消散。**

今天的我们对亨利·亚当斯所处的情境并不陌生。21 世纪的人类同样站在一场新的动力革命的门口。计算和数字化进程将带来惊人的生产力释放，这已经成为每个人的共识。但未来仿佛又隔着一层迷雾，人们好奇那扇大门真正打开之后会释放出什么。

这也是我们这本书的起点——关注数字化、人工智能、大数据、5G 这些热词背后的计算革命给人类社会的各层面带来的结构性变化。具体而言，本书将从工业生产、大国焦虑和社会治理三个维度来探讨这场动力革命可能的影响。

关注这些话题有着从个体到国家层面的现实意义。

数字和计算革命起源于信息和互联网行业，逐渐向工业生产和实体经济的各个领域渗透。中国信息通信研究院（以下简称中国信通院）将数字经济分为数字产业化和产业数字化两个维度，前者是数字和计算发展相对成熟的部分，我们熟悉的互联网、通信行业等都在这个部分。而数字渗透到实体经济的部分则属于产业数字化层面，工业生产制造等就属于这个部分。中国信通院报告认为，产业数字化代表数字经济在实体经济中的融合渗透，是数字经济的关键组成，发展潜力巨大。数字产业化占比趋稳、产业数字化占比逐步提升是全球数字经济发展的普遍规律。产业数字化是数字经济发展的主引擎，是驱动数字经济发展的主导力量。从这个意义上，工业生产制造在线化趋势具有重要的考察意义。

另外，工业制造也是一国竞争力的重要组成部分。中国是世界第一制造大国。"世界工厂"在这波数字经济转型的当下呈现出怎样的面貌，有着怎样的产业实践，在新经济里竞争力的来源，未来的趋势和走向，这些都关乎生活在这个国家里的每个人的切身利益。

而大国焦虑则深度凸显了"被认为是社会长期基础的东西，很可能是临时的结构"的内涵。基于电气化和工业时代的权力关系及其坚固性在这场生产力剧变前正遭受考验。美国、日本和德国都有基于自身国情的焦虑，而它们焦虑的点在不同层面上对中国具有镜鉴价值。

至于数字化和计算革命对社会治理层面带来的影响，则关乎个体生活的当下体验和权益。数字经济将在劳动力市场产生怎样的涟漪、机器是否会让工作机会永远消失、年轻人是否正在远离工厂、数字时代的算法和数据使用如何不侵害消费者的权益、国家如何监管算法运转和数据使用、人能否被视作目的本身而非手段、对数字技术的监管是否会阻碍产业发展等现实问题，都是我们想要关注的。

总之，这是一本在技术变迁背景下探讨产业里的生产关系、国家竞争优势及社会治理结构如何演变的书。

（一）

"工厂"和生产从来密不可分，它的重要性不言自明，我们生活在一个工厂制造出来的世界里。

作为工业时代的标志性意象，工厂在人类生活中占据着重要角色。一个当代人在生命中的大多数时间里可能都离不开工业制造品，从婴儿的纸尿裤到死者的入殓袋，从出生到死亡，从白昼到黑夜，衣食住行，工厂制造出来的产品和生产本身构成了人类的生活。轰隆运转的机器、规模空前的劳动力和源源不断产出的标准化产品，以及由此而来的规模化大生产和发达的消费及经济繁荣都与工厂有关。

在一份 1924 年的美国出版物中，一名汽车工人将机器生产视作一种让人无法抗拒的节奏。"当你置身工厂的时候，你会感受到一种发自内心的震撼。当你和工厂的节奏保持一致的时候，你会发现自己的心跳和呼吸与以前完全不同。每一个站在流水线前面的工人，他们的身体都会跟随着机器的摆动而前后摇摆。"工厂在当时还被艺术家视作灵感的来源，展现了力量与活力。女摄影家玛格丽特·伯克·怀特发出了"我崇拜工厂"的宣言。

工厂强大的力量被作家伊恩·莫里斯在《西方将主宰多久》一书中以令人印象深刻的方式做过展示。他提供了一幅坐标图，坐标的横轴是人类社会发展进程，纵轴是人口数量和人类社会发展指数。在从公元前 8000 年到公元 18 世纪的漫长时间里，人类社会的发展指数还处于缓慢爬坡阶段。18 世纪末期，剧变发生了，人口和社会发展使得人类历史的发展曲线几乎以陡峭的直线开始攀升。

这条直线的出现被伊恩·莫里斯归因于 18 世纪后半叶蒸汽机改良技术的出现。瓦特之前的蒸汽机燃烧效率极低，煤炭燃烧产生的热量只有 1% 能够被利用，瓦特的发明把蒸汽机的热效率提高了 3 倍。

改良蒸汽机开启了工业革命的进程，真正意义上的现代生活由此展开。化石能源的动能让人类摆脱了生理和体能的局限。交流发电机问世后，工厂的生产线更是有了源源不断的动力。莫里斯说，工业革命使得整个人类世界早期发展史的所有剧本都显得拙劣无比。

工厂被视作一种实现新的更好的生活方式的途径而得以推广。大型工业项目不仅能增加利润，还带来了工人工资水平的提高。经济历史学家们估计，在 1750 年至 1850 年，英国工人的平均工资在之前极低的水平上提高了大约三分之一。之后的福特流水线和大规模生产也带来了工人工资水平的提升。当时的美国社会学家索尔斯坦·凡勃伦称大规模生产并不是出于自私或者满足个人利益的目的，生产效率最大化带来了个人工资待遇的提高以及社会财富的全面分配。

这所有的荣光都是工业革命、电气化后的产物。

计算革命和数字时代的到来正在重塑工业时代的作业方式，数据正成为新的生产资料。工业时代里的生产方式、消费习惯和产业连接形式会成为过去式吗？哪些在工业时代被视作恒定的规则在数字时代将被消解，哪些是短期的注定会被改变的结构，哪些定律会继续维持？这些是我们想要在生产层面探讨和关注的点。在线、看见、规模和融合是从四个不同维度来展示数字时代相比此前工业时代的变与不变的关键词。

　　我们试图捕捉数字技术在从工厂到市场的生产流程里萌芽、发展和进化的细节——它可能发生在一颗螺丝钉以更快的速度到达了亟待运转的工厂车间的那一刻；它也可能出现在摄像头而不是人眼"辨认"出钢材厂里钢铁表面瑕疵的瞬间；它可能是服装厂成功向 7 天前下单的 50 名分布在天南海北的消费者寄出的 T 恤；它还可能意味着消费者的意志反向影响生产厂商的产品设计。这些技术变迁带来的，有渐进的物理变化，也有剧烈的化学反应。

　　不可忽视的是，中国是"未来工厂"意象的最前沿试炼场。

（二）

　　追溯工业史的过往总是必要的，只有这样我们才能在混乱里找到秩序。马克·吐温说，"历史不会简单地重复自己，但旋律总是惊人地相似"。在数字技术变革里，恒定的东西当然存在。精益和创新依然是这场浪潮最大的两个发展方向。它一方面指向了生产流程中成本控制的不确定性给企业带来的风险，另一方面则指向了由于消费者偏好和需求的不确定性带来的风险。

　　变化也在发生。

　　以"规模"为例，美国商业史学者小阿尔弗雷德·D. 钱德勒在他的经典著作《规模与范围》中回溯过石油产业的集中化倾向，当时世界上有近四分之一的煤油产自标准石油公司的几个炼油厂。他感慨，如果世界上四分之一的鞋子、纺织品和木材生产集中在三个工厂里，将会是多么糟糕的局面，因为在这些产业里劳动力和机器集结，既无经济意义，也没有社会意义。

这是上个世纪的企业史大家对工业和制造逻辑在不同产业扩张的思考。

大多数时刻，工业崇尚规模。根据维基百科，世界上最大的工厂是波音艾弗雷特工厂，它位于华盛顿州西雅图以北 35 公里，占地 399,480 平方米，也是工业史上最巨型的建筑。由于它的目的是用来建造世界上最大的客机，自然也需要一个比客机还要大的空间。

除了对巨大空间的迷恋，生产和制造推崇规模还体现在它所调用的人力资源数量上。富士康的郑州园区拥有超过 25 万名工人，高峰期接近 30 万人，宛如一座小型城市。2016 年时，世界上大约一半的 iPhone 在郑州生产。

规模带来利润。富士康代工的对象苹果公司，过去 10 年从智能手机热潮中获得了大部分利润。在 2021 年第二季度，苹果手机的利润占智能手机行业利润的四分之三。在高端制造领域，全世界的芯片生产也高度集中。2020 年，台积电生产了全球 24% 的半导体产品（不包括存储器产值），在一些特殊芯片如车载半导体芯片生产上，台积电生产了全球约 70% 的 MCU 芯片（IHS Markit 数据）。

制造推崇规模的原因有纵向的一体化因素。美国学者乔舒亚·B. 弗里曼认为工厂能扩展到如此庞大的规模的原因除了在于规模经济和竞争优势，还在于销售其产品的零售商而非制造者掌握着生产节奏。这反映的是代工模式的崛起。产品设计、品牌与制造环节的剥离成了工厂规模以令人惊异的速度扩张的原因。

　　更重要的是规模经济带来的收益变化，卖的产品越多，赚的钱就越多。当制造商要生产更多的产品时，就需要投入更多原料、零件、销售、仓储等周边资源。工业时代的规模经济意味着，用更少的投入制造更多的产品来抵消更高的投入成本。但当规模膨胀到一定程度后，成本总会压垮收益，"规模不经济"随之而来。这意味着工业时代规模总有上限和下限。

　　中国服装行业里的一些新变化，让我们意识到"规模"概念中某些层面的因子在被超越。当产业里供给和需求出现严重错配，市场处于过度供应阶段时，服装厂单方面追求的产品规模可能会成为压倒品牌商的最后一根稻草，规模可能意味着库存。正是在这样的背景下，"小单测款，大单快反"成了这些企业的解决方案。规模效应还存在，但在此之前，更小的规模反而成为企业获得灵活性和某种确定性的根本。这样，通过大数据的预测和对从需求到生产制造环节的管控，服装产业在成本、速度和规模之间达成了某种平衡，对"规模"实现了某种超越。

　　这是数字技术和计算带来的改变。"信息是被浪费的物力资源的替代品"，用大数据和计算取代那些生产出来却因滞销而可能被销毁的衣服，这是最好的案例。

（三）

　　技术和数字化让新的行业产生，也在让旧的行业消失。正如电气化普及悄然带走了在美国北部以数百万美元为单位制造冰块的产业，它也可能让传统优势产业的地区和国家从原有的中心位置被抛下。

当下全球生产力在地理上的分布深受此前半个世纪里工业化进程和技术演进的影响，创新、设计等环节与生产制造环节出现了剥离现象。**数字技术变得愈加发达后，制造端相比其他环节的权力关系会发生变化吗？**

20 世纪 70 年代后，由于国际竞争加剧，能源和劳动力成本上升，加上信贷紧缩和通货膨胀，许多企业迫于股东压力，在降低成本的需求之下，不断削减利润较低的业务。他们将一部分支持类工种外包给其他公司，如客服等。到 80 年代许多美国企业甚至将制造环节的部分也交给了代工方。典型的代表有电子产业里的得州仪器和思科等。思科与专业的制造商合作，授权这些制造商生产前沿产品，贴上自己的品牌销售。得州仪器则是将制造部门出售给其他公司，而后与之签订合同，生产产品。

与之形成对比的是，80 年代一批超级零售商开始崛起，沃尔玛是典型案例。沃尔玛自身不生产产品，但由于有强大的销售能力和渠道优势及高效的物流，它很快赢得了比供应产品的制造商们更大的优势。

1992 年，宏碁电脑时任董事长施振荣在《再造宏碁：开创、成长与挑战》一书中提出了一个理论，它将企业价值分为三个部分呈现在同一张图片上。按照先后流程分为左、中、右三段，分别指代技术、专利，组装、制造，品牌、服务三大部分。施振荣认为，技术专利和品牌服务的附加值都比较高，而处于中间位置的组装制造的附加价值较低，如此整个曲线看起来像是个微笑符号，因此被命名为"微笑曲线"。这个理论将组装制造环节安在了价值链条的较低环节。

超级零售商们和只专注设计创意环节的品牌商们把控产业链条里较重要的位置，而负责生产制造的工厂为了争取订单，不断从劳动力成本较高的区域转移，寻找劳动力及土地资源的价值洼地。同时，工厂也在不断扩大规模，试图利用规模效应来从单件产品的微薄利润里得到超额回报。正是在这样的背景下，中国的东南沿海珠三角和长三角形成了超大型工厂或者大型工业园区。中国也成长为"世界工厂"。

但伴随着中美贸易摩擦及世界第一大国美国试图重塑制造业的雄心，人们又重新强调制造本身的价值。同时，在世界范围内对制造和工业、工厂的认知也在悄然颠覆过去的认知。美国麻省理工学院的一份调查报告认为，制造环节的重要性严重被人们低估，如果将创新视作一个从研发走向市场的过程，那么制造环节本身就可能隐藏着让创新诞生的秘密。

这是美国麻省理工学院的创新经济生产委员会（Production in the Innovation Economy）的核心论点。这一机构的主席苏珊娜·伯杰认为，一个国家关于制造业的认知、学习和积累是在产品从雏形到销售再到消费者手中整个链条中完成的。即使是深得大规模制造之道的公司也在生产过程中不断学习。生产剃须刀片、尿布、路标、便利贴这些毫不起眼产品的公司也在生产过程中不断加深认识。宝洁、3M 公司等就是在制造这些产品的过程中不断找到新的创新点来增加利润空间的。

对制造和工厂价值的强调并非新鲜事。2004年，日本新力索尼（Sony）中村研究所的所长中村末广就提出过"武藏曲线"。该研究所对日本的制造业进行调查发现，制造业的业务流程中"组装、制造"阶段的流程有较高的利润，而"零件、材料"以及"销售、服务"的利润反而较低。如此，若以利润高低为纵轴，以业务流程为横轴，将上述的调查结果绘成曲线，将可以得到一个"左右位低、中间位高"的曲线，此即称为"武藏曲线"。武藏曲线与微笑曲线在特性表现上全然相反。中村末广的观察与日本经济产业省对400家制造企业进行调查后得出的结论一致，并被写入了《2004年度制造业白皮书》中。

当下，在新一轮大国竞争的时代背景下，制造和工厂的价值被赋予了新的意义，它与全球化滥觞的年代里的分工合作似乎背道而驰，产业链安全及国家战略储备等因素被前所未有地强调。

如何理解数字时代的生产？

2021年8月，台积电市值超越腾讯和阿里，成为亚洲市值第一的企业。制造业里的芯片代工巨子掌握的权力被空前放大，代工制造企业早就不能被视作生产零部件的车间，而是汇集了高精尖技术的资本和技术密集型巨头。

同年9月，日本的制造巨头基恩士创始人滝崎武光超过优衣库创始人柳井正，问鼎日本首富。基恩士是一家连工厂都没有的企业，生产制造环节全部外包，但该公司却是高端制造业的翘楚和典型代表，在机器视觉领域垄断了全球一半的市场。

而在全球层面，全世界范围内市值超过万亿美元的与制造相关的企业只有两家，一家是苹果，一家是特斯拉，其他的万亿美元市值企业都是传统意义上的数字公司，例如微软、亚马逊和META（前Facebook）。同时，苹果是全球市值最高的企业，也是市值最先超越万亿美元的企业。

代工巨头登顶亚洲市值第一，没有工厂的机器视觉翘楚问鼎一国首富，软硬一体的企业登顶世界企业市值榜，这些都是我们时代制造行业的现实。

在国内的环境里，互联网巨头们意识到当下处于巨大的换轨期。它们在人口红利见顶、增长乏力之际，既想延续消费互联网领域的指数级增长，又切实掌握了数字处理手段和软件及算法等技术工具。对它们而言，从消费互联网转身投入产业巨浪中，是新的监管背景下合法性的新来源，也寄托了增长愿景和未来发展空间的希冀。

而制造企业的数字化动力从"工业互联网"的首提者通用电气（GE）身上可见一斑。通用电气、西门子等制造业巨头十年前便将硅谷而非同类企业视作最大竞争对手。微软、IBM、谷歌、亚马逊这一类"原生态信息产品"生产企业逐步渗透、侵入，倒逼传统行业开启数字化转型之路。同时，数字企业繁盛的溢出效应——包括平台开发、软件运营、数据价值挖掘在内的全方位人才与管理经验，也在为传统行业提供转型的工具和支撑。这一现象在国内也同样明显，大型制造企业纷纷基于自身能力建设工业互联网平台，三一重工孵化的树根互联、海尔公司旗下的卡奥斯、美的公司的美云智数，这些企业都在积极将制造能力与软件工具、数字经验结合。今天，你很难将这些企业界定为单一的制造企业。

软件更重要还是硬件更重要？数字还是制造？这是个问题。

数字经济向实体经济融合的产业数字化过程中所蕴含的参差正拷问着人们的想象力。

（四）

有人称，数字技术可能是我们生活的时代里最大的红利。这是事实，却只是一部分的事实。它也带来了焦虑。

国家的焦虑非常明显。工业时代，因为技术换轨导致不同产业的兴衰，事实上带来了国家间的权力更迭。改良的蒸汽机带来了英国棉纺织业的发达，英国一跃成为世界霸主。铁路、钢铁、石油、流水线和汽车产业的发展，使美国成了世界制造的中心。日本的精益制造让丰田的小汽车打败了美国的汽车产业，日本成了20世纪七八十年代的制造业巨子。数字浪潮里，中、美、德、日四大制造业强国都需要面对自己的心病。

对美国而言，在几十年的全球化和跨国公司主导的制造业全球分散趋势下，本土的制造业空心化趋势已不可避免。这种制造业的全球分散是跨国公司在全球分工和区域比较优势的背景下追求更高利润的自然结果。美国创新—全球生产，这种方式充分利用了生产制造所在地劳动力和原材料价格低廉的特点，美国通过价值链的设计创新和品牌市场环节来获取更高的溢价，生产制造环节被剥离和外包给更具成本优势的区域。最初是日本，很快是"亚洲四小龙"，最后是中国和东南亚等地。这也与微笑曲线理论相符。

但伴随着大国竞争和新冠肺炎疫情带来的理念重塑，制造变成了与国家安全紧密相关的课题。对世界第一大国美国而言，他们越来越担忧随着制造环节的流失，设计和创新环节也越来越远离美国本土。麻省理工学院的一份报告中将美国的创新—制造逻辑分成了几个阶段，"在这里创新，在这里制造"逐渐转向"在这里创新，在那里制造"，而当下他们最担忧的是"在那里制造，在那里创新"。

制造和创新之间的神秘链路是否会被潜在的竞争对手打通，从而导致世界创新中心的转移。在一个高度市场化的国家，当资本和市场的力量选择了与国家利益相背离的道路时，国家的意志和政府重拾产业工具能否改变产业的分布，就是当下美国最大的焦虑。美国如何应对这种焦虑，直接关乎中美关系的走向。

相比而言，日本和欧洲的焦虑则分别是社会老龄化带来的人口减少和传统优势汽车产业在新的能源及新的生产资料冲击下能否保有原本优势地位。

这些国家在数字时代里命运的观照，对中国而言有现实意义。

老工业基地在新时代里的命运走向，是德国制造在数字时代遭遇的最大挑战。疆域辽阔、工业门类齐全、发展水平存在参差梯级的中国也有类似的困扰。东北传统老工业基地的衰落带来了一系列问题，有人甚至调侃"投资不过山海关"。"锈带"能向"智带"转变吗？

它转型的路径是什么？这是我们关注德国斯图尔特的未来的原因。

而日本应对数字时代到来的社会 5.0 政策和日本数字经济发展现状则体现了一个人口老龄化国家的特性。这也是中国未来难以回避的话题。中国人口的老龄化程度正在加深，第七次全国人口普查数据显示，我国 60 岁及以上人口为 2.6402 亿人，占比 18.70%，与 2010 年相比上升了 5.44%。日本的应对可能是全球国家在数字时代应对老龄化问题的重要参考系。

中国在数字时代，补课与赶超并行。2021 年 8 月 11 日，创新工厂 CEO 李开复在《时代周刊》杂志网站发表了一篇关于 AI 和中国制造的文章，标题是"中国依然是世界工厂，它正在用 AI 来设计其未来"。这个标题或许就能概述中国当下的工厂和制造业的现实——多年来，中国一直被喻为"世界工厂"，即便在全球其他经济体纷纷遭遇新冠肺炎疫情重击的 2020 年，中国制造产业仍然维持稳健的增长范式，全年产值高达 3.854 万亿美元，占到全球市场近三分之一。文章称，如果你脑中的中国工厂是传统的"血汗工厂"，那么是时候修正你的刻板印象了。中国经济已经迅速地从疫情冲击下复苏，疫情同时催化了各种各样人工智能（AI）应用场景的加速实现。

在新的技术浪潮下工厂命运的变迁就成了关乎中国未来的重要课题。在这种背景下，关注未来的生产，就是关注未来的大国权力关系，关注中国的比较竞争优势。

（五）

数字技术也对社会治理提出了新的挑战。

数字技术解放了生产力，正在各种层面重构生产关系，制度、法律及伦理道德等生产关系层面的软性环境是否做好了迎接这种新的生产关系的准备？

人类自进入工业时代以来就一直被人与机器的关系问题所困扰，随着数字技术的发展和进步，这种焦虑被进一步放大。经验是否会被算法和数据取代，快速发展的智能制造技术是否会让中国的工人们丢掉饭碗，生产线自动化之后劳动力的价值在哪？同时，产品的形态可能也在发生变化。特斯拉发生车祸以后行车数据的公开与否引发巨大争议，这些让所有人意识到数字化产品的数据归属已经越来越成为一个真问题。

尼古拉斯·卡尔说，互联网是一个有着许多自相矛盾之处的机器，从它的工作方式到它被使用、被感知的方式都是如此。它是一个实行中心制控制的工具，也是个体解放的工具；它是一个去中心化表达个体观点的渠道，也是一个赚取企业利润的渠道。当计算力像电力一样被装载到生产生活的每一个场景，渗透到人们可以想象的每一个角落时，技术、经济和社会的紧张关系就会变得明显。

社会形态的变迁具有某种滞后性，应对这些重构的关系也需要时间。从技术和经济视角观察数字技术的演进，效率提升、成本结构优化是主要指标，但进入社会治理层面，社会福利、公平、个体权益保护和人本精神就成为新的考量标准。

20世纪末，未来学家尼葛洛庞帝在数字化浪潮开启时，曾呼吁用比特移动来替代原子移动。但今天，我们可能也需要明确，人作为原子世界的存在，进步和效率是工具，人的存在本身即为目的。

回到本书的内容框架，**未来的生产、大国焦虑和社会治理三大板块分为八章来论述全书的内容。**

在本书的第一章，我们记录了工厂和生产环节数字化的时代背景及本质特征。"在线"，在今天的生活里，它如此普遍，如此触手可及，却又难以捉摸。但正是"在线"将原子世界和比特世界相连接，带来了一个拥有无限可能的数字世界。通过对比特的处理来取代对原子的移动，提升效率、节省资源、实现创新，从而带来社会总福祉的提升。这是人类拥抱数字时代、迎接技术进步的题中应有之义。但从消费走向生产的数字化，又是一条漫长的旅途。

对具体的生产制造企业而言，是否要迈出这一步，以怎样的节奏迈出这一步，需要通过非常具体的成本测算及时机考量。数字化转型和数字时代的到来并不是按动一个按钮的结果，而是每一个具体的企业主艰难的决策和复杂的利益平衡。解决方案的提供商当然也看到了机遇，震坤行的探索与尝试就是典型的案例。同时我们也发现，中国企业在这条路上已经没有了可供借鉴的对象，中国本身就是最前沿的市场。

探讨完"在线"这一共性特征后，我们尝试从某种纵向的技术应用到实践和横向的具体产业里的数字探索这两个剖面来观察当下中国的数字化进展。这也是本书第二章和第三章的内容。

第二章以工厂智能化变革里的重要特征"看见"为关键词来探讨工业视觉能力在中国工厂的应用。工业能"看见"，这是数字技术给工厂带来的重大变化。探讨这一技术的产业应用，引入了海康威视的具体实践来观察工业视觉产业在国内的发展演变历程。这个领域也在上演着本土品牌十年磨一剑，实现国产替代的故事。而海尔卡奥斯里的智能工厂方案输出团队的故事则提供了另一种视角，让我们看到新旧生产力在工厂智能化之路上的角力。

在以关键词"规模"统领的第三章，我们以具体的服装行业的数字化为案例，分析互联网基因和制造思维在数字化解决方案里的差异。选择以服装产业作为样本行业，在于它古老又时尚的特性，同时服装的软体非标产品的属性让数字化技术在进入这个行业时遭遇了重重困境。而互联网平台公司阿里巴巴的犀牛智造和服装品牌 SHEIN 各自提出了基于自身目标的解决方案。它们的路径并不一致，实现方法自然迥异。服装棉纺行业的数字化方案到底要走哪条道路？终局还远未到来。

第四章以"融合"为关键词，我们从离工厂稍远的消费终端观察，探讨数字技术是如何让消费从生产流程的末端转变为生产流程的起点。生产和消费这条泾渭分明的分界线的消失得益于消费者自身意愿的反馈捕捉及与生产流程的打通，其中最重要的角色自然是数字技术对消费者意愿、画像、需求偏好的捕捉。

要揭示今天新出现的生产关系，回溯流水线和大规模生产技术带来的产品丰盈历史是必要的，那里是消费者主权的起点。在那段往事里，新的社会生产部门广告公司、市场调查机构和消费者研究部门诞生，它们反映了消费者地位的提升和崛起，也预示着今天的生产—消费关系的融合之路。当然，"融合"本身也是生产端主导的融合。未来工厂生产和消费的关系会走向何方，依然是一个颇具挑战且值得思考的话题。

在本书的第五到第七章，我们引入海外视角观察海外工业大国在数字时代的焦虑。正如前文所述，美国、德国和日本的焦虑各不相同，它们的解决方案也并不一致。对美国、德国和日本数字化历程的观察，是从中国人关切的问题切入，这也是本书在中国视角、全球视野上所做出的努力。

在本书的第八章，我们思考的是数字化之后社会治理层面的新变化。在社会形态层面，许多制度、规章要随着新的生产力和生产关系而改变。但数字技术和计算革命本身也需要被纳入监管和规则范围内。互联网正在成为被监管的行业，许多人对平台级企业的未来忧心忡忡，但这并不意味着对数字技术的全面否定。

总之，数字技术是一场新的革命，也是一个观察原子—比特关系演化的绝佳场域。

生产力的剧变带来了生产关系的洗牌，力量和利益发生分化，格局在重塑。这里正发生着最复杂、最激动人心的变迁——大型企业挺进无人区，中型体量公司积极守疆土；老牌思考转型，小微蓬勃崛起；能看到本土企业的新气象，也能看到跨国企业在更新中国经验。冲突和磨合在所难免，它关乎新旧生产力的撕扯，是中国经验与全球适配的角力，是制造基因和互联网思维的碰撞，还需处理生产和消费间的对立关系。

对于企业、国家和个体而言，前方已经没有了现成的路，一切都在迈进无人区。

卡尔·马克思在《共产党宣言》中说，一切坚固的东西都烟消云散了。或许，变化才是这个时代最大的主题。

第一部分

未来的生产

中国的数字经济规模居世界前列。据 2021 年 9 月发布的《中国互联网发展报告 2021》数据，2020 年中国数字经济规模达 39.2 万亿元，占 GDP 比重达 38.6%，保持 9.7% 的高位增长速度，已成为稳定经济增长的关键动力。

其中，数字技术与实体经济深度融合，正提升全要素生产率，推动着制造业、服务业等全面转型升级。技术迭代、产品更替，围绕着数字经济而产生的新业态、新模式层出不穷，新旧融合的产业数字化正成为驱动创新的引擎。从这个意义上讲，关注计算力被转载到实体经济和生产制造领域具有重要的价值。

一千个人眼里有一千种生产走向数字化的路径，我们的记录和捕捉也是拼图式的。我们以四个关键词——在线、看见、规模和融合，来描摹如火如荼的数字时代里传统工业生产流程被提升、被颠覆和被重组的四个侧面。

在线意味着脱离了隔绝状态，也是数字时代的根本特点。传统的在线是人的行为的在线，当工厂也走向"在线"后，机器设备乃至管理机器设备的软件都被联通起来，生产力和生产关系会带来怎样的变化？这些变化所遵循和赖以运转的基本原则是什么？中国当下的数字实践离这些理想的状态还有多远？"在线"关键词所统领的讨论既有务虚的对规则和定律的探讨，也希望走进当下中国广大的中小制造企业数字化转型的现实。

看见，是工业生产智能化的第一步。看见意味着，工业开始有了视觉能力，联通和智能化的决策由此成为可能。视觉能力当然并非工厂智能的全部，探讨"看见"是从纵向技术视角来管窥工厂智能在当下的可能性和局限性。

规模，是工业时代利润的来源，某种程度上也限制了企业的生产组织形式——大规模生产才能带来超额的利润。但这样的时代可能正在成为过去。需求端对个性、差异的追求变得前所未有的强烈，大规模生产带来的还可能是压垮企业的库存。我们观察到，服装行业里的数字化探索希望超越规模，在个性化和规模及成本之间实现某种新的平衡。

融合，指向的是消费端需求与生产端生产计划的融合。数字技术正在让消费者从生产流程的末端转变为生产流程的起点，生产和消费这条泾渭分明的分界线正在消失。而它的实现，在于数字技术对消费者意愿、需求、偏好越来越精准的捕捉。这是真正意义上的需求侧推动的供给革命。

数字经济还在发展演化中，这些观察当然远未能触及这一变动中庞然大物的真相。但管中窥豹，向远峰攀登本身也是人类的可爱之处，不是吗？

01

在线：生产进入比特时代

原子—比特，物理世界—数字世界，这可能是当下人类生产生活最本质的两组对应关系。

"在线"是数字时代的最大特征。数字技术和计算革命带来的不可逆的变化让人类生活、生产都逐渐结束了隔绝孤立的状态，进入一种互联互通的网络之中。生产为什么会走向"在线"化？它的必要性和必然性是什么？当生产在线时它遵循怎样的运行原则？将带来怎样的效益？

基于这些普遍关注的问题，我们在本章希望探讨和畅想未来的工厂生产。讨论从理论和实践两个层面切入，包括广义上生产在线特征的描述和中国当下制造业企业数字化实践现实两部分。

在对"生产走向在线"的特征描述部分，我们从六个层面论述了它的特征，分别是"生产在线化"的舆论先声，数字经济蔓延到生产环节的必然性，生产端进行数字改造的必要性，生产走向数字时代所遵循的基本定律，生产环节数字化改变了什么，生产数字化为什么会带来效率提升等问题。

根据中国信通院的定义，数字经济分为数字产业化和产业数字化两大部分。数字产业化是数字经济的基础部分，也即信息通信产业，包括电子信息制造业、电信业、软件和信息技术服务业、互联网行业等四个子行业；产业数字化是数字经济的融合部分，是传统产业应用数字技术所带来的生产数量增加和效率提升。

这种分类方式在某种程度上意味着，**生产端与数字技术力量的融合是一场双向的奔赴**。一方面，开启数字经济的互联网企业们需要寻找新的增长故事；另一方面，代表生产端权力的工业制造环节也需要数字改造来实现成本降低、效率提升。

而进入中国当下的生产制造企业的数字化实践探讨环节，我们从案例解析、企业采用新技术所考量的成本公式、中国的制造业生产数字化改造的意愿、竞争的本质四个层面来阐述当下中国生产走向在线的过程中的关切点。

工业超市震坤行作为提供最基础的工业用品紧固件的企业，它在探索之路上遭遇的困难实际上反映了中国的企业数字服务市场里的现状——零散、碎片化、缺乏通用规则，这也是中国企业数字化进程推进的难点。除了具体的企业案例，数字化改造本身也有成本和门槛，它们共同限制了"中国企业的生产制造实现在线"的实现。

而解决技术应用的成本问题后，工厂生产走向在线是最终目的吗？这个问题可能有助于企业更理性地看待当下这股浪潮，从而找到自己的核心竞争力和立身之本。

预言照进现实

"计算不再只和计算机有关，它决定我们的生存。"1995 年麻省理工学院媒体实验室（Media Lab）联合创办人尼古拉斯·尼葛洛庞帝（Nicholas Negroponte）在自己的新书《数字化生存》中说。这本书很快风靡全球，书中预言，未来的人类生活和生存方式将与计算息息相关。

今天的麻省理工学院媒体实验室被视作生产未来的"工厂"（The Future Factory），在那里智能车、人工腿、改造大脑、拓展记忆、情感机器人等最前沿的科技研发层出不穷。而在 1985 年创立之初，它还是一群游走在正统计算机科学界之外的非主流技术爱好者的后花园。尼葛洛庞帝作为实验室的创办者之一，笃信数字技术的未来。他认为就像 19 世纪的钢铁生产和 20 世纪初的电力发展一样，未来的关键科技将是人与电脑之间的互动。

从尼葛洛庞帝的多重身份来看，他的确是当时最合适来当数字时代布道者的人。除了麻省理工学院的媒体实验室，尼葛洛庞帝还是知名科技杂志《连线》（Wired）的创刊成员之一。在 20 世纪 90 年代中期美国的信息产业起飞之际，尼葛洛庞帝发现许多年轻人开始为父母订阅这本关注数字化和新科技的杂志，因此他集结了专栏内容，写了一本意在以这些年轻人的父母们为对象的新书——《数字化生存》。这本书借由 20 世纪末的互联网浪潮很快畅销全球，也吹响了此后开启的数字时代的号角。

　　"原子与比特"也被尼葛洛庞帝视作即将到来的数字时代里最重要的对立结构。"原子与比特遵循着完全不同的法则。作为信息的最小单位，比特没有颜色、尺寸或重量，易于复制，可以以极快的速度传播。"因而，他断言，计算将从键盘和显示器扩散到人们的交谈、旅行和日常的细节，改变人们的学习方式、工作方式和娱乐方式，最终彻底改变人们的生存方式。

　　除了尼葛洛庞帝的"数字化生存"，在 20 世纪末的那波千禧数字浪潮里还有不少惊人的畅想。未来学家、技术学者和科技行业从业者们都在描画着自己眼中看到的数字未来。记者尼尔·格罗斯（Neil Gross）在 1999 年《商业周刊》（Business Week）的一篇文章中说："下个世纪，地球将披上电子皮肤。"格罗斯认为最终将有足够多的设备相互连接，与互联网连接，以便用电子皮肤覆盖地球。

　　《数字化生存》问世近 30 年后，环顾今天人类的生活，当年的一些仿佛是科幻片式的脑洞已从概念变成现实。数字化如同一股巨浪，席卷人类社会，事实上影响了人类生活的各个层面。

而尼葛洛庞帝提出的"比特—原子"二元对立关系也成了数字时代最重要的一组关系。

在物理存在之外，人或者物体被纳入一个广泛连接的用比特丈量的数字世界之中。"在线"（online）是比特世界最根本的特点。在"在线"状态下，比特打破了时间和空间的诸多限制，替代了原子的低效和高成本。正如尼葛洛庞帝所说，"从原子到比特的飞跃势不可挡"。

在尼葛洛庞帝预言的16年后，硅谷的知名风险投资家马克·安德森（Marc Andreessen）也发出惊人之语——软件正在吃掉世界。

"全球最大的书商亚马逊是一家软件公司。它的核心能力就是令人惊叹的软件引擎。它几乎将一切商品都搬到了网上销售，实体零售商店已经不再那么必需……占主导的音乐公司也是软件公司，苹果的 iTunes、Spotify 和 Pandora……发展速度最快的娱乐公司是电子游戏制造商，这还是软件公司……当今最大的直接营销平台是一家软件公司，谷歌也是一家软件公司。"马克·安德森一一列举 2011 年商业世界里的数字新势力。

软件，指代由字节所沉淀的数字世界。安德森把软件视作现代的炼金术，因为它把字节变成了由原子执行以及执行到原子身上的动作。"这是我们所拥有的最接近魔法的东西了。因此，我们不要觉得不用原子的形式去建设就感觉像失败了一样，而是应该尽最大可能努力地去仰仗软件。现实世界的任何地方，但凡有软件触及到，那里都会变得更好、更便宜、更高效、适应性更强，对人更好。"

马克·安德森的"软件吃掉世界"可以被视作"数字化生存"的延续。远见者乐于预言，马克·安德森也认为数字将给人类社会带来深远影响，"每个行业的公司都要做好软件革命即将到来的准备"。

尼葛洛庞帝和马克·安德森都意识到了世界正在发生的本质变化——原子—比特的二元关系在拓展，越来越多的领域里物体和生产关系孤立的原子状态将被打破。特别是移动互联网兴起后，资讯、搜索、电商、购物、社交等服务给人们的出行、购物、社交等带来了极大便利，比特所丈量的数字世界将在人类的生产生活价值链中占据越来越重要的位置。

在中国，科技圈也不乏类似的声音。不论是"互联网下半场""互联网+"，还是"新零售、新制造"，又或是"产业互联网"，都反映出互联网正在从原来的消费领域向外溢出。

这些声音都指向同一个现实："在线"所代表的比特世界的疆界已超出生活和消费范围，它与各行各业融合，正全面应用到产业价值链的生产、交易、融资、流通等环节。在工厂的车间里，在建筑工地上，在地下隧道里，在汽车的方向盘上，在咬合的齿轮中，一场比特和数据主导的革命正在悄然发生。

中国信通院《全球数字经济新图景（2020年）》报告显示，全球数字经济规模大，体量连年增长，总体规模再上新台阶，2019年全球数字经济规模达到31.8万亿美元。全球数字经济占

GDP 比重达到 41.5%，数字经济在国民经济中的地位持续提升。另外，2019 年全球数字经济同比增长 5.4%，高于同期 GDP 名义增速 3.1 个百分点。

人类的生产方式接入数字世界，意味着大数据、人工智能和新的技术让从前静默而又相互隔绝的生产制造过程结束了孤立状态，走向互联互通。数据正在真正意义上变成工厂里的生产资料。

互联网视角：生产"在线"意味着什么

数字技术从消费互联网向从前被视作"传统产业"的更广泛的经济部分渗透，具有某种必然性。数字经济分为数字产业化和产业数字化两大部分，数字产业化是数字经济的基础部分，产业数字化是数字经济的融合部分。当数字产业化想象空间变小后，人们试图从产业数字化中寻找新的增长空间。

在"产业数字化"的浪潮里，传统的互联网巨头们的长处和短处都很明显。它们在消费市场耕耘多年的技术和计算能力、消费者洞察及营销手段、数据处理能力都为开拓新的产业市场提供了优势，但具体的行业知识则是它们需要跨越的门槛。

"我们原本处在一个离线的世界。在本质上，装置是离线的，物件是离线的，人也是离线的。传统计算技术把物理的离线世界变成了数字化的离线世界。互联网技术，把离线变成了在线。"中国云计算的先行者、阿里巴巴的技术委员会主席王坚博士可能是中文互联网领域较早系统地思索数字时代本质特征的人之一，他认为"在线"是互联网的本能。

王坚讲述过一个有关"在线"的小故事，那是腾讯旗下的两款产品 QQ 和微信的产品功能引发的一段风波。QQ 曾经在中国人生活中扮演着重要的连接的角色。"在线"这个词被中国人熟知，也要追溯到这款软件。用户输入账号和密码，QQ 账号头像下方绿色的"在线"状态亮起——它代表着账号使用者当下正在使用这款软件。如果不在线，信息就无法传递到对话框的另一边。曾几何时，对中国的互联网早期用户而言，"在线"就是上网的代名词。

在 QQ 诞生十几年后，腾讯公司的另一款产品微信面世了。相比 QQ，微信没有在线状态栏，微信的使用场景相比 QQ 诞生之时更为扩大，它默认移动互联网上的用户时刻都保持在线状态。王坚在自己的著作《在线》中回顾了 2013 年 QQ 模仿微信取消"在线"状态引起的这个小故事。他认为，正是取消了"在线"动作，"在线"状态才渗透到了生活的每一个角落。QQ 要超越的并不是微信，而是一个更难逾越的世界——离线。

正是"在线"，让人、商品和物体都摆脱了孤立隔绝，变成了一个互联互通的网络。"在线"效应被印证首先开始于生活消费领域。而如果往前追问互联网何时与"online"画上等号，则不能不说到一家企业——美国在线公司（America Online，AOL），是它让"在线"（online）一词成为互联网时代的代名词。在 20

世纪末,美国的宽带普及率不到1%,美国在线第一次把新闻、股票、天气、购物和照片分享等服务带到了线上，因而它也在20世纪末的互联网神话里留下了浓墨重彩的一笔。2007年，它被美国媒体列为25年来互联网领域发生的25件大事的第4位。在它前面的分别是万维网、电子邮件和图形用户界面，而宽带、谷歌则位列其后。

基于人的行为在线，20世纪末的互联网给人类社会创造了繁盛的创新生态和巨大的商业财富。例如，正是由于点击行为的在线，谷歌的商业模式得以确立，并深刻地影响今日互联网用户行为方式；而由于行动轨迹在线，导航类软件与离线的地图由此确立分野，本地生活服务实现数字化。

在中国，在线效应也让互联网公司们构筑了恢弘的帝国。2017年全球上市公司市值排行榜里有两家中国企业入围，分别是腾讯和阿里巴巴，这也是首次有两家中国企业进入全球前十。而从公开的信息来看，这两家企业所调动的用户数量和资源的确是史无前例。公开资料显示，2016年阿里巴巴零售平台上有5亿消费者、1000多万卖家，每天产生5000万个物流包裹，年销售额达3.7万亿元。而腾讯合并月活跃账户数也在2017年11月就已达到9.8亿，它的用户规模从2013年开始以每年超过1亿新增用户的速度增长，微信还是中国首个月活跃用户超过10亿的应用。

互联网巨头的优势在于它们在消费端和用户端的影响力，但它们也要面对前方正在到来的"灰犀牛"——对于这些超级平台而言，消费互联网领域的增长正在见顶。

2016年7月，美团点评CEO王兴提出中国互联网已经进入"下半场"，互联网与各行各业的融合被视作未来的发展方向；而阿里巴巴创始人马云则在这一年喊出了"新零售、新制造、新金融、新技术和新能源"将驱动未来几十年的人类发展；其后，马化腾提出"产业互联网"，他认为互联网技术未来将应用到产业价值链，带来产业效率的提升。

为了持续性的增长，巨头们纷纷将视线转向了与此前自己更为擅长的用户端、消费端相比更偏后台的环节——生产制造和供应链领域。"科技改造产业""互联网＋产业"抑或"产业＋互联网"等各种新词汇在此后几年风行一时。人们都期待曾在上一波互联网浪潮中得到印证的网络效应神话能再度上演，从而释放更大的红利。

有人用"互联网公司抢工厂"来概括互联网巨头对制造行业的企图心。阿里巴巴、腾讯、百度、京东及拼多多都加入了这股浪潮。其中电商平台们希望对接消费者的需求与工厂的生产，从而对供应链进行高效、柔性的改造。例如阿里的犀牛智造、淘工厂，京东的京造和拼多多的C2M新品牌计划等都是电商巨头做出尝试的案例。而社交和搜索引擎巨头则强调自身的连接能力及数据处理能力，通过输出计算资源和大数据能力，帮助制造企业升级与转型。

某种程度上下面这组数据可能能反映互联网公司的优势。根据中国互联网络信息中心（CNNIC）发布的第48次《中国互联网络发展状况统计报告》,截至2021年6月,中国网民规模达10.11亿,较2020年12月增长2175万, 互联网普及率达71.6%。10亿多用户接入互联网,中国已经成为全球最为庞大、最生机勃勃的数字社会。互联网公司相比制造企业而言,它们的积累主要在前端,多基于自身在消费市场耕耘多年的数据、消费者洞察、营销手段以及数据处理能力来挖掘自身在产业市场的可能性。

但它们的不足之处也非常明显。互联网巨头们难以简单复制在消费领域的摧枯拉朽的胜利。工业和制造"在线",是一个比网页和软件"在线"复杂万倍的课题。

这首先与制造业自身所具备的特征有关。工业革命以来,经过一波又一波的技术变革,制造正变得越来越复杂精密。在"制造"这一场景下,囊括了最复杂、最精密、最极限的生产组织过程:高精尖产品的零部件数量以十万个计,精密仪器的精度计量标准以纳米计,极限场景里温度、压力远超人类的生理极限,涉及的技术体系包含了从软件到机械、电子、控制、液压等。

以芯片制造领域里的重要仪器光刻机为例,它包含数十万个零部件,集合了数学、光学、流体力学、高分子物理与化学、精密仪器、机械、自动化、软件、图像识别等领域的知识。可以想见,这种级别的产品制造实现数字化、数智化之路所面临的巨大挑战。

另外,制造本身是一个复合与综合的概念。业界的观点是,制造包含了"制"与"造"两层含义。"造"指的是生产。但制造不仅是生产,"制"包含了制度、方法、标准和规范等含义。宏观的"制造"包含了产品策划、总体设计、产品设计、工艺设计、生产过程、交付、运行、维护维修、管理、决策等重大研发过程和复杂的管理体系。因此,制造并不简单等同于生产。

2018 年 10 月到 2019 年 3 月,波音公司接连发生两起空难。调查显示,两起空难都与波音737 MAX 客机的"机动特性增强系统"自动防失速软件被错误激活有关。有消息将此缺陷归因于波音公司多年来为降低成本而采取的软件服务外包模式,称"时薪 9 美元的印度工程师设计了 MACS"。

波音公司时任首席执行官米伦伯格在社交账户道歉。但这两起事故印证了通用电气数字部门负责 Predix 开发的前首席技术官 Harel Kodesh 的观点。他曾经认为对消费互联网而言,错误的算法最多会让客户看到不恰当的广告推送,但对产业互联网而言,算法错误则可能让航空发动机脱离机翼而去。

数字技术进入产业,不仅仅意味着连接,还包含着工艺、工业知识的积累,离不开复杂的工业文化沉淀和大量的行业知识。可以说,连接完成之后,数字进入产业的难题刚刚开始。

因此,这些企业想在产业互联网和工业制造领域里沿袭在消费领域里的强势主导位置并不容易,这也与当下中国的数字化转型现实相符。时间进入 2022 年,互联网巨头们已经很少再打出"改造制造业"的旗号扮演行业拯救者的角色。敬畏行业成了所有的跨界玩家共同的口头禅。

制造业视角：从"数字孪生"到"工业 4.0"

从制造业视角来看，制造与数字和信息科技的融合其实并非新鲜事。

"数字孪生""智能制造""产品生命周期管理""工业4.0"，近年来这些层出的概念不同于"软件吃掉世界"和"在线"这样从比特世界主导企业发出的声音，"数字孪生""工业 4.0"都是工业制造领域里内生的对数字和信息技术应用于生产环节的探索。

这些概念的内涵和外延当下并未统一。以"数字孪生"为例，今天，它不仅被用于产品的生产制造流程中，还开始出现在一座城市的规划建设和一幢建筑的设计流程中。从这个意义上看，人们已经很难去辨明热门词汇的意涵与所指，但回溯其起源脉络，可能对我们理解产业走向数字技术之路有所助益。

业界公认的"数字孪生"概念起源要追溯到 2002 年密歇根大学产品生命周期管理中心（Product Lifecycle Management Center）的成立。当时该大学的教授迈克尔·格里夫斯（Michael Grieves）向工业界人士作了一个题为"PLM 的概念性设想"的演讲。演讲提出了数字空间、虚拟空间，从现实空间到虚拟空间的数据流连接，以及从虚拟空间到现实空间和虚拟子空间的信息流连接。格里夫斯当时认为，每个系统都由两个系统组成，一个是一直存在的物理系统，另一个是包含了物理系统所有信息的新虚拟系统。这个概念模型被命名为镜像空间模型。

2003 年他在讲授 PLM（Product Lifecycle Management，产品生命周期管理）课程时使用了"数字孪生"（Digital Twin）一词。2014 年他撰写的《数字孪生：通过虚拟工厂复制实现卓越制造》一文又对这一概念进行了较为详细的阐述。"数字孪生"被用来描述产品的数字化结果，不仅是对物理实体的虚拟再现，还可以模拟对象在现实环境中的行为。

格里夫斯认为，任何一个产品在本质上都具有双重性，它既是物理的，也是虚拟的。虚拟信息是被浪费的物理资源的替代品，物理对象具有信息的等效性。信息是对物理环境的当前和过去状态的感官以及对物理世界里所允许的所有操作和影响的理解，有了信息，就能知道事情的状态。

根据格里夫斯的观点，产品生命周期管理则是一个信息驱动的方法，来创建、制造、支持和处理产品。通过这种集成的信息驱动的方式，可以管理产品的生命周期及其周边环境设计的各个方面的人、流程、活动以及技术，从产品设计到制造，部署到维护，服务、报废处理直到产品的生命周期的终结。

"数字孪生"的术语虽然流行于业界的时间并不长，但是有关其技术内涵的探索和实践却早已开始。格里夫斯对"数字孪生"和产品生命周期的理论探讨也植根于 40 多年的工业界从业经验。

20世纪后半叶，汽车、飞机等复杂产品工程领域出现的"数字样机"概念可能是这种"数字孪生"的起点。

2009年美国空军实验室提出了"机身数字孪生"（Airframe Digital Twin）的概念。2010年NASA也开始在技术路线图中使用"数字孪生"（Digital Twin）术语。

也是2010年，美国国防高级研究计划局（DARPA）发起的自适应运载器制造（AVM）计划，提出"重新发明制造"，目标是通过彻底变革和重塑装备制造业，将武器装备研制周期缩短到现在的五分之一。AVM的核心思想是，颠覆"设计—制造—测试—再设计"的流程，产品设计、仿真、试验、工艺、制造等活动全部都在数字空间完成，重建制造体系。

2014年开始，西门子等知名工业软件公司都加入了"数字孪生"的热潮中。工业界越来越重视物理实体在数字赛博空间的模型化存在和反馈——通过外界传感器感知物理对象从微观到宏观的所有特性，从而展示产品的生命周期的演进过程。

人们理解产品从此多了一重维度，物理世界发生的一切，都可以实时反馈到数字空间，从而指导物理实践。

另一个大热的概念"工业4.0"，在2011年汉诺威工业博览会上被首次提出，指的是"物和服务联网使创建涵盖整个制造流程的网络成为可能，该网络使普通工厂转变为智能工厂"。这一概念提出的初衷是提升德国工业的竞争力，利用数字化的进步，来建设下一代工厂。它有着切实的社会背景——在金融危机之后，德国企业接收到的订单大幅下降，制造企业要应对产能的峰谷变动，提高企业在现实环境中的应对能力。

德国国家科学与工程院 2014 年的报告指出，"工业 4.0"所构建的网络将把数字虚拟空间和现实物理空间进行连接，形成信息物理系统（Cyber-Physical System，CPS），机器、仓储系统和生产设施都被 CPS 整合在一起。CPS 由能够独立自动交换信息、触发行动及相互控制的智能机器、储存系统和生产设施组成，这为制造、工程、物料使用以及供应链和生命周期管理所涉及的工业流程改进提供了便利。

"工业 4.0"从提出之初就扎根制造业，它被广为人知也得益于世界第一大工业展——汉诺威工业博览会。随着影响力的扩大，"工业 4.0"也被称为第四次工业革命，与之相对应的前三次工业革命分别是以水力和蒸汽为动力的机械制造革命，以电力为动力的大规模生产革命和电子学、IT 技术应用带来的自动化革命。之后各国从提升本国制造业竞争力的层面掀起了制造与新技术革命相结合的热潮，"工业 4.0"的所指也越来越宽泛。

"数字孪生""工业 4.0"的纷繁概念、理义辨析在这股浪潮里已经不再重要，正如行业从业者所意识到的，在这波数字技术与制造相结合的浪潮里，最重要的并非它叫什么，而是让它发生以及它带来的影响。

国内智能制造领域的学者安筱鹏认为，制造业数字化意味着制造业范式迁移进入新阶段。所谓范式变迁的提法要追溯到微软研究院研究员、关系型数据库的鼻祖吉姆·格雷。他在著名的题为"科学方法的革命"演讲中认为，科学研究分为四类，沿着人们认知世界的历史长河，分别是模型推演、实验归纳、模型推演和数据密集型科学发现（Data-Intensive Scientific Discovery）。其中，"数据密集型计算"通过大数据方法来分析解决科学问题，同时基于数据思考和设计实施科学研究，能诞生数据密集型的知识发现，它是科学研究的第四范式。

这种思维方式引入制造业，产生的化学效应颇受关注。人类改造世界的方法正从传统的理论推理和实验验证向模拟择优和大数据分析转变。

在理论推理阶段，人类认知世界的关键要素依赖了少数天才科学家。进入试验验证阶段，以爱迪生发明灯泡为例，这种认知方法以"假设 + 试验 + 归纳"为关键要素，依赖于设备材料的高投入和过程的长周期大协作。20 世纪 80 年代后，以波音 777 研发为代表的模拟择优法兴起，它依赖高质量肌理模型的支撑，投入少、周期短。而新世纪之后，GE 通过以平台优化风电设备性能为代表的大数据分析方法，用海量数据和大数据分析模型作为关键要素，这是一种数据驱动的新的制造范式。

总之，不论是"工业 4.0""第四次工业革命""智能制造"，还是"产业互联网""互联网 +"和"新制造"，本质都指向上世纪末以来的计算机数字技术革命给从狭义到广义的生产制造流程带来的变革。

它是两条路的合流——数字的产业化和产业的数字化都朝着人类的生产方式变革而前进。这种变革可以发生在细小的零部件、设备的感知决策层面，也可以发生在组织联通层面、供应链的衔接层面及生产和消费的互动层面。这是人、设备和信息的同频共振。

最终，比特和原子世界从泾渭分明、互不关联到融合，通过数字技术，比特和原子间的互动复杂度、信息颗粒度和深度及一致性得以提升，全要素、全流程实现数字化，物理实体的制造过程和虚拟制造实时交互得以实现。

数字经济的两大定律

比特世界之所以具有如此大的引力，离不开与之有关的两大定律——摩尔定律和梅特卡夫定律。它们曾在消费互联网领域得到过充分的验证。

1949 年夏天的一天，科学家克劳德·香农用铅笔在一张笔记本活页上自上而下画了一条竖线。他在竖线旁边依次写下了 10 的幂数，从 10 的 0 次幂一直写到 10 的 13 次幂。这条线被克劳德·香农命名为比特存储容量，然后他开始列举一些可以用来储存信息的东西。这是知名科学史学者詹姆斯·格雷克在他的《信息简史》里记录的一幕。香农在纸上写画的瞬间在作者的笔触下仿佛描写着上帝创世：

在 10 的 3 次幂旁边，香农写上了打孔卡片。

在 10 的 4 次幂处，他安放的是单行距打字的页面。

在 10 的 5 次幂附近，他写下了不同寻常的东西——人类的基因构成。

10 的 7 次幂的级别是一本厚厚的专业期刊。

10 的 9 次幂的级别是《不列颠百科全书》。

10 的 14 次幂标记处，香农写下了他所能想到的最大的信息仓库，美国国会图书馆。

某种意义上，这的确是新生世界的定义者在创世之初探索边界与尺度之举。

克劳德·香农，美国数学家、电子工程师和密码学家，更重要的身份是信息论的创始人。1948 年，香农发表了划时代的论文——《通信的数学原理》，在论文里，香农论述了信息的定义、怎样数量化信息、怎样更好地对信息进行编码。比特被用来作为衡量信息的单位，这篇论文让信息超脱出语义层面的纷繁差别，变得可量化。由此，现代信息论诞生，此后人类与信息—数字世界相关的探索和所有的产业化努力都有了可能。

香农用铅笔在纸上写下他对信息容量的估算时，度量信息的量级从几十比特延伸到几万亿比特。当时，主导未来的信息—数字世界的重要元件晶体管才刚发明一年。按照香农的估算，金字塔顶端的是美国国会图书馆，约 100 万亿比特。

但很快，人们发现信息量的尽头并非美国国会图书馆。

1965年，仙童半导体工程师戈登·摩尔应《电子学》杂志的邀请，写了一篇文章，标题是"让集成电路填满更多元件"。当时，集成电路出现还不到10年时间，摩尔却发现其中隐藏的潜力。"在保持元件成本最低的情况下，其结构复杂程度每年大约增加两倍。"1975年，摩尔将成倍增长的预测从一年修正为两年，之后的普遍说法是，每18个月综合计算能力提高一倍。后来的事实表明，内存容量和处理速度都会翻一番，而尺寸和成本减半。

戈登·摩尔所总结的摩尔定律让人们认识到，任何与信息相关的东西都会呈指数级增长。科学史学者詹姆斯·格雷克仿照香农当初的测量方式，在信息发展史上找到了一系列的里程碑式节点来表现摩尔定律的惊人。

1970年夏，IMB推出两款大型机，其中一款内存刚好1MB，售价为4674160美元。

1987年，OED的出版商将其内容数字化，预计规模在1G左右，这个量级很有意思，它正好是整套人类基因组的规模，比克劳德·香农当年预测的要大几个量级。

1000G等于1T，而这个是1998年拉里·佩奇和谢尔盖·布林用三张信用卡凑出15000美元购买到的硬盘的容量。他们当时还在斯坦福大学念书，正着手打造一个搜索引擎原型，这是后来的搜索王者Google。2010年，人们仅需花100美元就可以买到

1T 字节容量的硬盘。硬盘不过手掌大小，美国国会图书馆按照香农的测算，相当于 10T 字节。

　　戈登·摩尔写那篇著名的论文时，他认为这种成本和性能定律将持续 10 年时间。今天来看，戈登·摩尔实在过于保守了，计算能力的指数级增长持续了半个世纪以上的时间。

　　正因为以摩尔定律和晶体管为基石的信息产业的指数级增长，计算机信息技术得以迅速产业化，计算、信息和数据所构成的信息网络得以成为现实。

　　指数级增长带来的效应已经在我们的经济生活中充分展示出来，它带着人类社会向信息时代极速飞奔。杰伦·拉尼尔这么形容计算机科学："你蹲下身埋下了一颗树种，结果它生长得如此之快，以至于你还没有站起身来，它就已经把你所居住的小镇整个吞噬了。"

　　信息和数据所构成的复杂信息网络也因此成了网络科学这一20 世纪兴起的学术领域里的关注热点。人们将网络定义为由边连接在一起的节点组成的集合，节点对应网络中的个体，边则是个体之间的关联。信息和数据构成的万维网则被学者定义为一种无标度网络，这种网络具有严重的异质性，其各节点之间的连接状况具有严重的不均匀分布性。部分节点为低连接度，极少部分连接为高连接度，不同节点之间的连接数量差别很大。随机删除一些节点，只要不是中心节点，不会改变网络的基本特性。

　　1993 年，一个关于网络的价值和网络技术发展的定律被以计算机网络先驱、以太网标准之父罗伯特·梅特卡夫的姓氏命名。该定律发现，网络的价值与连接用户数的平方成正比关系，这也就是所谓的梅特卡夫定律。在经济学中该定律又被以网络外部性的关键词做讨论，它意味着采用一种社交媒体的用户人数越多，每一个用户就获得越高的使用价值。

这个定律在几年后被学界从理论层面得以论证。1999年，物理学家巴拉巴西和艾伯特提出了一种网络生长机制——偏好附连，用来解释大部分真实世界网络的无尺度特性。在这种机制下，网络在增长时，连接度高的节点比连接度低的节点更有可能得到新连接。以社交网络为例，朋友越多就越有可能认识新朋友，在搜索引擎中的反应则是网页的连接度越高，就越容易被找到。这个机制会导致马太效应，富者愈富。

梅特卡夫定律某种程度上成为日后互联网公司商业模式和估值起飞的重要理论支撑，也成为商业公司在数字世界建立护城河的头号手段。为了获得更多的产品使用者，互联网公司不惜以巨额补贴来扩大规模，拉开与竞争对手的差距，让用户的迁移成本变高，从而使得自身的服务产生网络效应。

网络效应和它带来的指数级增长一直是互联网公司增长最大的杀手锏。通过用户间的服务，更多的用户并不需要付出同等比例的成本，用户之间的互动节点能形成新的网络从而带来新的乘数效应。这是工业时代遵循成本—产出公式的商业模式难以想象的。

如果我们将信息和数字经济在消费、生活领域带来巨大变革的时代称为前数字时代，那么在数字经济渗透到人类生产力领域的后数字时代，产业发展和企业增长是否也遵循网络效应？

这似乎要打上一个问号。

它依然与工业和制造的产业逻辑相关。产业内的互联互通对象本身就限定了范围，其网络的对象很难像消费互联网中那样毫无限制地扩张。同时，在特定产业间的网络内，节点间的关系也很难像互联网那样具有高度异质性。互联网不同的节点之间的连接数量差别很大，随机删除一些节点，只要不是中心节点，就不会改变网络的基本特性，网络的健壮性很强，分布式特征让它们的抗风险能力也很强。

产业内的互联互通网络则不完全是消费领域的复现。产业上下游不同主体之间的关联可能呈现出高耦合、高关联度的特征。今天，全世界范围内尚未建成一个成熟的工业互联网平台，未来产业互联的特征与具体的行为模式仍然有待探索。

当生产制造在线：从线性关系到流动的四象限

如果生产和制造环节实现在线，数字技术真正深入产业，工业的生产制造会产生怎样的变化？

产品生命周期管理专家、学者迈克尔·格里夫斯将一个产品从诞生到报废的过程，也即"产品的生命周期"分解为四个阶段——创造、构造、服务和报废。已有的产品开发理论将之分解为从概念到成本的过程，包括创意设计、模型制造、大规模生产和商品交付四个阶段，本书在这里也沿用这种分类方法。

这四个阶段是环环相扣的关系。创意设计阶段是从零到一的过程，它大部分时候停留在理念与图纸层面。一个产品必须是满足某种需求而生产出来，因此使用者或客户需求与喜好是这一阶段的重要考量。

模型打样则是将产品从概念和蓝图转化成实际的物理实体，它用于功能调试、质量确认和成本控制，模型打样时的产品可能并不成熟，也有待完善，它的数量也非常有限。但最重要的是，有了模型打样品，一个产品就脱离了纸面，变成了物理世界真实的产品。

大规模生产则是从样品走向成熟生产的重要一步。在这里生产的计划、原材料和零部件的调配、成本的控制都要被强调。但最重要的是，真正的生产制造流程和工艺都需要被以某种标准的方式确定下来，才能形成稳定的机器大生产。大规模生产也是工业时代生产最重要的特征，工业时代人类的社会结构、行为模式也被这一特征所形塑。

而到商品交付阶段，产品就从生产者和工厂移交到消费者手中。在这个环节，分销、物流、广告营销都影响着消费者对产品的获取。

这四个阶段是数字技术应用到生产制造之前的流程，在这个二维的关系图中，每个环节之间线性的先后关系，不可调换，也难以逆转。

企业竞争力正是植根于这些环节而产生。无论是产品功能更符合市场需求，还是企业能以更低的成本生产制造更多产品，或者在交付服务环节能更贴近客户，又或者在供应链层面的组织力更高效快捷，总之，过去一个多世纪的管理学理论都是基于这个流程展开的。

数字化浪潮袭来，信息技术和新的计算手段切入了传统的生产制造环节，比特作为重要的生产资料参与到传统的线性生产过程里，变化开始发生。

因为数字虚拟技术的存在，从生产制造到大众消费间形成了双向流动关系，此前链条上的每一个环节都充满了效率提升及成本优化的空间。国内的智能制造学者林雪萍曾点评数字孪生给这个过程带来的改变为"第四象限崛起"。

以创意设计到生产打样阶段为例，原本的打样是验证产品设计的重要方式。但物理打样本身是需要耗费资源和成本的。迈克尔·格里夫斯有一句经典的论断："信息是被浪费的物理资源的替代品。"物理原型通常是昂贵和费时的，通过虚拟化和数字化的手段，将大大降低原型阶段的花费和耗时。

除了数字样机，数字技术还能通过更合理的资源配置方式协调生产计划，从而更高效地制造产品，使成本最小，产量最高。数字技术还可能让从前生产制造的产品从物理性交付变成物理、数字双重交付。智能手机和智能汽车便是最好的例证，这些产品都已超出了其承担的通话交流、运输等功能，变成了互联互通的在线数字产品。它加深了生产厂商与消费者之间的联系，也为制造企业的商业模式变革留下了新的可能性。

从物理实体交付到物理和数字双重交付，大型装备制造企业三一重工就创造性地利用了这一点，推动了企业业务的发展。在三一重工生产的每一台挖掘机上都有传感器，能够掌握设备的运行工况、路径等信息。由于一台挖掘机价格相对高昂，客户购买产品多选择分期付款，在分期模式下要保障车款回收，这台设备里的传感器就起到了重要作用。由于三一销售了大量的挖掘机，每天施工一线的传感器都会传递回大量的地点和开工信息。从2015年开始，三一重工就将这些能反映国家基建和投资情况的数据做汇总上报，形成了"挖掘机指数"，成为政府部门制定宏观政策的依据之一。

更难以忽视的变化是，从前产品到消费者之间的单向关系成了过去式。从前，消费者与生产者之间存在的鸿沟正在被逐渐消弭。消费者从过去生产—消费关系里的被动接受方逐渐开始调整角色。由于消费者的偏好和需求都能以更高效的手段被捕捉，或者说消费者的偏好和需求"在线"了，他们在消费关系里变得更为主动。生产厂商也乐于将这种在线的需求和偏好反映到产品中，最终某种程度的消费者主权得以确立。

总之，人们可以看到，因为数字技术的存在，工厂内部的生产制造流程、围绕着工厂的产业链协同方式、从产品到服务的商业模式、产品和消费者关系都处于激烈变革中。当技术创新、组织方式调整到内外部协同方式变革越来越具备可能性时，数据正一步步变成日渐重要的生产资料。

"信息是被浪费的物理资源的替代品"

数字技术和信息在何种意义上带来了怎样的效率改变？

2021 年 8 月初，一则芯片制造商英伟达公司 CEO 黄仁勋"造假"骗过全世界的新闻几乎刷爆了国内的科技圈。

这则信息说，2021 年 8 月，黄仁勋在计算机图形学顶级会议 SIGGRAPH 2021 发布过一个演讲，这个演讲的发言并非真人行为，而是由数字人做出的一系列举动。该报道称，黄仁勋演讲的画面中他所在的厨房、他所穿的标志性皮衣，甚至他的表情、动作、头发全都是数字合成出来的。

很快新闻的发布媒体又发出了道歉声明，称英伟达方面给出的官方答案是数字人只出现了不到 20 秒钟，大部分时间依然是黄仁勋本人亲自在演讲。

一则科技报道的发布和被反转"打脸"只是科技圈里的一个小涟漪，但关于"数字人"的提法却第一次大规模进入公众视野。由数字人代替真人演讲，一家公司的 CEO 由此可以不用花费时间和精力去完成"演讲"这一动作，也能对外表达自己的观点。数字人制作完成后，理论上可以安排这个数字人不受时间和空间限制地出现在任何场景里。

在黄仁勋数字人演讲的案例里，由于是全新的尝试，制作数字人本身的投入远远超出数字人带来的收益，同时仿真效果仍然有待提升。科技媒体称，黄仁勋的数字人和真人在面部微表情、皮肤、光照细节等方面都存在不小差距，目前还谈不上以假乱真的程度。

但数字人的尝试本身意味着人们在越来越多的领域尝试用"数字"实现对物理的替代。

在工业场景里，利用数字孪生，对物理存在进行替代尝试要早得多，它的初衷也往往是从减少浪费开始的。以产品设计研发环节的"数字样机"为例，数字样机的功能随着技术的进步而逐渐扩展，从几何样机，扩展到功能样机和性能样机。这种在计算机上表达的机械产品的数字化模型，与真实物理产品之间具有1∶1的比例和精确尺寸表达，目的在于**用数字样机验证物理样机的功能和性能**。

使用数字创建一个具有物理产品等效信息的虚拟产品，带来的成本节省不可小觑。例如在航空航天领域，建造用于测试和产品分析的物理样机成本高昂，飞机制造商测试飞机的稳定性和稳固性时，需要进行极限测试。如果极限测试的对象是物理样机，代价不可谓不高。而使用数字样机在虚拟环境下做这些测试，物理样机本应该用来报废的命运就可以被改写。航空公司则不用批量生产用于报废的样机，而只需用少量产品做最后验证。

国内的智能制造学者林雪萍观察过一个有意思的现象，他称之为"被闲置的风洞"。因为数字样机和数字技术在航空飞行领域产品设计和测试阶段的大量使用，美国知名的兰利风洞中心的使用率被大幅降低，风洞这一昂贵的基础设施越来越闲置下来。这一现象从公开报道里也能得到一些印证——2013年，美国NASA发布过一项审查报告，表明NASA每年要花费数千万美元维护未被使用或未被充分使用的基础设施，其中就包括风洞。

另一个技术助力航天工业的案例是空客与美国大数据服务商Palantir的合作。Palantir的软件产品能够收集处理海量数据，捕捉数据间的联系，搭建模型，从而预知趋势。2013年开始，空客将Palantir的相关技术用于提升A350飞机产量。2016年，空客法国的工厂通过汇总A350机型生产过程的数据，利用Palantir的数据处理能力有效缩短了组装时间。公开信息显示，周期从24天缩短至17天，节省的成本以数亿美元计算。

用数字和信息技术替代物理资源浪费，帮助提升效率、减少浪费在建筑行业也在实践。建筑行业经常提及的BIM，指的是通过建设建筑信息模型（Building Information Model），利用数字化技术，为模型提供完整的、与实际情况一致的建筑工程信息库，从而实现建筑工程的可视化和量化分析，提升工程效率。

BIM既是具体设施的物理和功能特性的数字化表达，又是项目共享的知识资源。BIM还能让项目从概念设计开始的全生命周期的所有决策有可靠、可依据的流程，同时有助于项目不同阶段、各个专业方的协同作业。BIM 的概念从上世纪 70 年代开始被提出，本世纪初开始逐步深入建筑行业，当下已经成为建筑产业中解决实际问题的生产力工具。

麦肯锡在一份题为"中国流程行业的智能化挑战与机遇"的报告中还分享过一个案例，可能更符合大众对大数据服务新品研发的想象。某轮胎企业会基于轮胎内安装的传感器采集行驶数据，再依托大数据分析，为特定用户细分开发定制化的配方和解决方案。而该公司还将这种数据联通到生产环节。一条轮胎可迅速采集数亿条数据，并实时传输到生产线上，从而实现生产效率和产品质量的双提升。过去，企业需要耗费半年以上的时间测试上万条轮胎，才能研发出一个新产品，使用智能化方案后，首条新品下线就能达到标准，利润率也因此大幅增长。

"信息是被浪费的物理资源的替代品"，用比特的移动替代原子的移动，降本、增效、创新，这是生产制造追求数字化的题中之义。

中国工厂：数字技术应用最前沿

2016 年麦肯锡就中、德、美、日四国企业在企业数字化领域的态度和热情对 130 位来自各行业的企业代表进行过一次调查。

调查显示，中国制造商对工业 4.0、智能制造抱有极大的热情和期待，比美、日、德企业更为乐观。76%的中国受访企业相信技术革命将增强自身竞争力，远高于美、德、日三国（美57%、德50%、日54%）。而且，中国民营企业最为乐观，86%的民企认为技术革命有利于提升竞争力，而国企和跨国企业相对保守，分别为68%和73%。

5年过去后，中国数字经济的整体规模颇为可观，中国企业在技术革命和数字化方面的行动难以被忽视。中国信通院发布的《全球数字经济白皮书》显示，2020年，全球数字经济规模达到32.6万亿美元，美国数字经济蝉联世界第一，规模达到13.6万亿美元，中国位居世界第二，规模为5.4万亿美元。中国数字经济占GDP比重为38.6%，同比名义增长9.7%。

一方面，疫情大大催化了中国企业数字化进程，**突如其来的变化让数字化从部分行业头部企业的"可选项"转变为更多行业和企业的"必选项"。**

IBM商业价值研究院在一份题为"新冠病毒疫情与企业的未来"的报告中有同样的结论。

结合2020年4月至2020年8月间的调研，59%的受访企业表示新冠病毒疫情加快了他们的数字化转型步伐，有66%的受访企业表示，他们已经能够完成先前遭遇巨大阻力的转型计划，降低成本是转型计划带来的最大收益。

中国企业的数字化进程加速从在线办公软件的业务进展中可见一斑。钉钉在2020年底对外表示，疫情之下，中国的数字化进程往前推了 3~5 年，在线办公与企业数字化转型快速推进，已经成为业内共识。钉钉平台的用户规模在 2021 年用了几个月时间实现了从 4 亿向 5 亿的突破。而另一在线工作平台腾讯会议，上线不到一年实现了用户数快速突破 1 亿的原因也在于突如其来的疫情催生的巨大的线上办公需求。

另一方面，繁盛的数字生态中工业制造业领域的表现颇为不俗。以世界经济论坛和咨询机构麦肯锡联合评选的"灯塔工厂"为例，到 2021 年这是一个覆盖了近百家世界一流制造工厂的体系。截至 2022 年 3 月 30 日，世界经济论坛（WEF）发布新一期灯塔工厂名单，中国"灯塔工厂"数量达 37 家，是拥有"灯塔工厂"最多的国家，主要分布于 3C 电子、家电、汽车、钢铁、新能源等行业，其中大陆工厂有 30 家。

除此之外，各地也积极推进工业生产智能化及先进制造业的发展，推进智能车间、智能工厂的培育建设，促进传统制造业转型升级。以浙江为例，该省近年来积极探索"未来工厂"建设，自 2015 年开始截至 2021 年 6 月数据，已累计实施国家智能制造试点示范和新模式应用项目 61 个，打造省级数字化车间／智能工厂 263 家。

城市也积极创新体制机制，培育和推动相关产业发展。数字产业发达的杭州在推进数字经济和制造业融合也迈开了大步，2022 年 1 月，杭州评定了首批"未来工厂"，有 48 家企业上榜，其中海康威视、新华三、老板电器及西子联合旗下的杭州锅炉集团等企业上榜。

对数字产业的普遍热情反应在了数字指标上。工信部统计显示，我国规模以上工业企业生产设备数字化率、关键工序数控化率、数字化设备联网率已分别从 2015 年的 42.9%、45.4% 和 37.3% 提高到 2020 年的 49.9%、52.1% 和 43.5%。中国数字经济的整体图景呈现出欣欣向荣的景象。

大量咨询机构也从不同的层面为企业提供数字化转型咨询服务，数字化服务商更是从不同层面差异化竞争。如咨询机构亿欧智库就从数字化营销、数字化管理、数字化供应链、数字化生产及数字化技术五大板块盘点不同类型的服务平台。这意味着，围绕企业生产经营的每一个环节的数字化，都存在广阔的市场空间，而每一个板块下也有大量的企业在切实摸索与实践。

可以说，这些数字化服务商们站在了用数字化技术推动传统产业转型的最前沿，中国的工厂也处于数字技术应用和实验的第一线。

震坤行：一颗螺丝钉供应数字化之路

在中国工厂里，即使是一颗维持车间机器设备运转的最普通螺丝钉的数字化也有值得关注的故事。

螺丝钉、螺丝刀、润滑油、劳保用品、刀具、电线电缆……它们有一个专业的名称——非生产性原料物资，又被称为 MRO，指的是 maintenance（保养）、repair（维修）、operation（运营）。即企业在生产过程不直接产生产品，但为了满足其正常的生产运营，而对企业的设备、机械、设施等进行保养、维修以及运营而使用的辅料和易耗品。

这些看似不起眼的物资，要让它及时、准确地以更便宜的价格进入企业的工厂车间并不是一件容易的事，也经常让企业经营者们头疼不已。现实生活里，小小的螺丝钉影响一个生产车间生产的案例并不少见。国内也有人早早盯上了"让一颗缺失的螺丝钉如何快速到达急待运转的车间设备"的生意，震坤行工业超市就是其中的重要玩家。

该公司董事长陈龙向我们描述以螺丝钉为代表的 MRO 市场时用了三个形容词——零散、突发和专业性。零散，是因为这类耗材的类目数量颇为庞大。据统计，这类非生产性物料需求通常会占企业产值的 4.2%~8%。小的企业涉及几百种品类，大的企业有成千上万种，围绕着这些品类自然会涉及颇为复杂的上游供应体系。突发，则由于这些需求具有临时性，往往没有被纳入企业计划生态里，一旦缺少了又需要尽快补位。而专业性则是由于中国当下拥有全世界最完整的工业类目，不同的行业都有专属的仪器设备运维体系。对一家企业来说，如何预测和管理这些需求是颇为困难的事。

一项统计显示，企业通常需要花费大量的精力去调研市场，把控采购质量。因企业通常缺乏对 MRO 的重视和有效管理，虽然采购值可能不到企业采购总额的 8%，但要消耗采购部门 60% 以上的工作量，极易为企业带来较大的隐性成本。

正是看到了大量的制造企业处理这些"螺丝钉们"存在的痛点，震坤行这类工业用品服务平台出现了。以震坤行为例，它的定位就是用数字化手段一站式提供工业用品服务平台，在成千上万的产品品类和成千上万的客户需求场景之间建立联系，把这些长尾性的采购诉求以最低的成本，及时、准确地提供给客户。

这些产品不是企业的核心竞争力，增加之后不会提升企业产品的核心能力，但缺了却会影响正常运转，可以说是工业生产事实上的螺丝钉和润滑油。而对需求企业而言，震坤行这类数字化服务商扮演的正是润滑油的角色。

在 MRO 采购里，只有一站式解决，生产制造企业才不用费力去管理多家 MRO 产品的供应商。只有产品品类和客户需求这两种要素都有了一定体量聚集，作为工业用品提供平台才有可能调动上游供应商资源，以更低的价格生产符合要求的产品。

数字化技术就此登场——把客户的场景和对商品的需求变成结构化的知识和数据，这需要大数据处理能力，也涉及知识库等技术工具。零散的场景结构化，才能探索出更普遍性的产品。由此，成千上万的上游产品供应商和成千上万的下游客户需求之间实现更准确的连接，产品和需求之间的不确定性降低。

整个过程本质是商品流通和经营过程在线化。一家企业工厂里的螺丝钉和润滑油的需求和上游的产品供应商之间实现了在线，最终缺了的那颗螺丝钉才能够更快、更便宜地送到急待运转的车间设备。

在这个过程中，仅靠在线的能力仍然是不够的。当下中国企业的数字化基础仍然有欠缺之处，当行业性的基础设施不具备时，震坤行这家工业品供应方也会自己下场填补一些不完善的物理基础设施。如果某些特殊的产品品类客户需求在国内市场现有的供应体系很难被满足，震坤行就会自营产品去弥补这部分需求。也因此，这家企业的业务形态中配备了仓储、线下服务能力，甚至收购了一些工厂。

很多企业数字化过程中会纠结如何迈开第一步。在客户需求、上游供应商能力和需要耗费的成本等各种天然存在矛盾的限制因子下，企业的每一个决策总会遭遇现实的风险。反刍一颗维持车间机器设备运转的最普通螺丝钉的数字化过程，震坤行这样试图整合行业的角色自然也面临类似"鸡生蛋、蛋生鸡的困境"。它的解决方案也颇有数字时代的特色——小步快跑，快速迭代。把每一次决策与尝试都留下数据，形成结构化的经验，从而形成符合数字时代特征的组织能力支撑。

中国企业的数字化就是在这样的来回反复拷问里展开的。对每一个企业而言，鸡生蛋、蛋生鸡的问题永远存在。只有迈出那一步，不怕犯错，每次犯错都留下记录和数据，形成可以反刍的经验与决策参考，问题才会一步步得到解决，它最终塑造了企业的业务模式和组织形态。

  另外，要实现让一颗维持车间机器设备运转的最普通螺丝钉的数字化之旅，只靠一家企业的力量总归是不可能的。除了要有震坤行这样的中间撮合式数字平台，还需要大量服务于整个数字化生态的角色，例如工具型企业。只有更多的企业共同培育市场，螺丝钉的数字化之路才能真正顺畅。

  而整个工厂的生产运转过程里，到处都充满了需要被数字化的"螺丝钉"，工厂的数字化画卷才刚刚开启。

数字化的成本公式

  正因为数字化推动中国的生产制造企业转型表现亮眼，许多人都将"数字化转型"视作中国制造弯道超车的重要筹码。但新技术的普及从来不是一帆风顺。人类从未停止对先进生产力的追逐，这种追逐在长历史周期里表现得坚定不移，势头锐不可当。但在某个具体的时间点里，新的玩家要走的从来都是一条蜿蜒曲折之路，成本和经济考量是必须直面的真问题。

  "破坏式创新"的提出者、经济学家约瑟夫·熊彼特在1911年就意识到了所谓的先进生产力和创新背后的经济问题。熊彼特在他的《经济理论》中论说，生产必须同生产中的纯技术问题区分开来。二者之间存在一种微妙的对立，这种对立是企业中作为个体的技术经理和商业经理之间的对立。"我们经常看到生产过程中一方建议改变，而另一方却总是拒绝。"

熊彼特颇有兴致地挖掘了其中的不一致根源，"工程师会推荐一种新的生产方式，而商业方面的领导会以该方式不能增加效益为由拒绝采用。他们的目的都是恰当有效地管理企业，而他们的判断来自对这种恰当性的认知和理解不一致"。假设某种生产方式所需要的资源，如果用在其他地方，会产生更大的利益，生产过程的改变不会增加需求的满足，反而会减少这种满足。同时，如果全部生产的唯一目的是需要的满足，那把资源用在有损于需要满足的生产方法确实不具有任何的经济意义。

熊彼特认为，在实际经济生活中经济目的支配着技术的运用。假设蒸汽机的所有部件都符合经济的适当性，而且也被充分利用，如果给蒸汽机更多燃料，用技术改造提高它的工作性能，但同时却不能带来经济效益的话，那这样做就没有任何意义。

由此，熊彼特提出了一个不等式：为了提高蒸汽机的性能所增加的燃料、人力、技术改进以及原材料的成本大于它所能产生的经济效益时，技术改进就不具有任何经济意义。

经济的生产和技术的生产二者之间存在着张力，前者考虑的是现实中存在的需求和手段，后者考虑的是生产的基本方法。技术生产的目的的确是由经济系统决定的，技术只为人们需要的物品研究生产方法。经济现实并不一定会把生产方法贯彻执行到符合它们自身的逻辑性并在技术上至臻至善，而是屈从于经济性的方法。任何没有考虑经济条件的方法都会被修改。这说明经济的逻辑胜过技术的逻辑。

当然熊彼特也提到，即使现实层面不具备经济性，从技术层面深入探究对蒸汽机的改进依然具有非常大的意义。因为一旦这些技术的实施成本下降，变得有利可图，它们就可以立即被付诸实践。熊彼特将它们称为执行新的"组合"，其中诞生了"企业家"群体，最终推动创业在该生产部门的发生。

熊彼特对这二者的区分与分析能够解释今天轰轰烈烈的数字浪潮下一些企业采用数字化手段和技术的态度上为何存在游移和保留，也能解释为何只有在新技术的坚定推行者中才能诞生新时代的主导者。

联系当下的企业数字化转型现实，我们经常能听到类似数字化发展时间表的疑问。正如蒸汽机的推广与运转需要考虑现实的成本经济问题一样，今天数字技术在全社会的推进速度及发展阶段也要被纳入同样的框架中来思考。

迈克尔·格里夫斯的经典论断"信息是被浪费的物理资源的替代品"中本身就隐藏着成本思维。迈克尔·格里斯夫认为，能够替代被浪费的物理资源的信息，是一种对物理环境当前和过去状态的感官以及对物理世界里所允许的所有操作和影响的理解。但同时，使用信息替代浪费的资源有两个关键点：第一，信息不是免费的；第二，组织执行以前从未完成过的任务需要消耗资源来创建信息。

所有的数字系统的硬件、软件、通信成本和必要的收集、组织及呈现所需的人力，以及与之相关的组织变化带来的成本，都是信息替代被浪费的物理资源所耗费的成本。这个成本如果高于物理浪费本身，那么让比特代替物理资源去执行相关需求就是不经济的。只有当获取、维护和使用信息的成本（这里需要考量长时段成本和短时段成本）少于所浪费物理资源时，使用比特才会成为企业现实的决策选项，数字化创新才有可能应用到具体的企业生产流程中去。

科技圈此前的一则逸闻可能可以反映出成本思维与新科技应用的关系。

从 2006 年 3 月入亚马逊旗下的 AWS 开始提供云计算服务以来，已经有数以万计的企业和个人在使用云计算服务。根据亚马逊 2020 年财报，2020 年亚马逊净利润为 210 亿美元，而 AWS 就实现了 130 亿美元的运营利润。

云计算称得上数字经济领域产业进展和商业模式都逐渐走向成熟的领域，但 2021 年 5 月它依然遭遇了挑战。

2021 年 5 月底，硅谷顶尖风投 a16z 知名投资人 Martin Casado 与同事联合发表了一篇文章《云成本，一个万亿美元的悖论》。这篇文章在科技行业掀起了轩然大波，文章通过详细分析 50 家上市软件公司财务报告中的企业云支出来炮轰云基础设施成本问题。

云计算是计算历史上最重要的平台转变之一。它不仅已经影响了数千亿美元的 IT 支出，而且还尚处起步阶段，并在每年超过

1000 亿美元的公共云支出基础上快速增长。这种转变基于一个非常强大的价值主张：基础设施立即可用，也正好符合业务需要的规模，提高了运营和经济效率。云计算还有助于培养创新，因为公司可以释放资源，专注于新产品和增长。

随着云行业经验的成熟——我们可以从公司经济状况中窥见更完整的云生命周期——越来越明显的是，虽然在公司早期阶段，云服务清楚兑现了它的承诺，但随着公司规模扩大和增长放缓，云服务给利润率带来的压力可能开始超过收益。

Martin Casado 的结论是在大规模运营时，云的成本可能会使公司的基础设施费用增加一倍。基于云成本对利润率的影响，估计有 1000 亿美元的市场价值因此而流失。这篇文章引发争议的原因在于，算力是数字革命的地基，他们炮轰的正是数字经济时代里被视作更为经济的算力供应方式。

这篇文章可能并不会真正带来云计算服务的使用者放弃这种算力获取方式，但我们能从文章的分析中看到成本思维。促进一项新技术推广和应用的，不仅源自科学和工程方面的进展，更源自技术对产品和服务的生产、消费成本产生的影响。

许多人疑惑，数字革命到底还需要多久才能深度改变全人类的生活，距离生产生活的全面智能化还有多远。这个问题可以被看成对计算力利用深度和广度的追问，我们可以用一句反问来当作问题的答案——数字的基础设施进入一切场景成本几何，谁来承担数字和计算的成本，使用算力来解决问题相比其他解决方案足够经济吗？这个回答可能最接近技术革命走向市场的真相。

一项新技术的应用成本决定了它的应用范围。数字技术和计算革命的真正爆发，与计算资源应用到生产制造环节需要花费的最低成本有关，一旦成本高于相同工作所需要的劳动力支出，企业决策者们依然会以相对原始的手段来组织生产。

从数字化和计算革命本身的要素基础来分析，这场革命要真正迎来大爆发，数据、计算力和算法层面都要具备相应的条件。

以电气化历程来类比，电作为一种能力被装载到生产生活的不同场景仰仗于发电机的发明。电力的灵活供给让用电的场景突破了建在水电站旁这一地理限定。用电场景不受地理限制后，暴涨的需求刺激发电厂建设更加密集的电力网络。最终，电力廉价地进入企业生产和人类生活场景之中。

以此类推，计算力作为一种新的动力，要进入产业的每一个场景，首先需要生产层面充分的数据准备，其中涉及数据采集、流转、存储和使用等各个环节。有数据可用，企业愿意用数据，数据能用好，数据才能作为生产资料，算力才有可供运转和计算的基础。

其次要从算力层面考量。人类的计算模式经历了大型机、个人电脑、移动计算和云计算等不同阶段。每一阶段计算的应用场景较上一阶段都得以扩展，算力的使用和需求也在增长。应用场景和算力是一种双向促进关系。只有广泛的使用场景，让计算力和智能能力真正用到具体的行业里，各行各业对算力的需求才会提升，计算行业才有可能实现以更低成本生产算力。

除了算力的获取成本，让算力能够运转起来的框架也非常重要。计算革命延伸到传统产业和生产领域后，各路玩家都在闭门训练自己的算法模型。通用型的算法、协议和规则非常稀缺，行业里甚至尚未就计算算力能够转化成工业生产中多大规模的效用达成某种共识。以电力的使用为例，电能转化为动能可以用电做了多少功来衡量，一个电器里电动机的功率信息完备，使用者就这种标注可以对使用产品的效用和成本形成明晰的认知。万物互联时代，行业性的底座式协议和框架如同电力时代的"电动机"，能够让具体场景里的算力运转起来，产生具体的功用，算力时代的"电器"由此产生。人类生活的每一个角落都有算力应用出现，计算时代才能真正到来。

中国企业数字化的现实

中国企业的数字化现状除了聚光灯下的灯塔工厂们，还有作为基本盘的广大民营中小企业。

2016 年麦肯锡的一份报告中提及中国民营企业对数字化的态度颇为乐观，几年过去后，我们发现，这个群体在数字化浪潮前的确有切实的行动，但同时它们依然会遭遇现实的困境。

清华大学全球产业研究院发布的《中国企业数字化转型研究

报告（2020）》中提及，数字化转型企业创办时间在 20~25 年占比最高，为 23.9%；其次为 5~10 年，占比 16.9%；创办时间在 10~15 年以及 35~40 年分别占比 11.3%。成立时间在 10 年以下的企业主要为数字化转型技术服务企业，以及传统大企业近几年来新成立的科技子公司。

上述报告中统计，在制造业里，不同的门类中数字化的发展水平及进度并不一致。从制造业企业所处行业大类看，化学原料与化学制品制造业占比最高，为 20%，其次为汽车制造业，以及计算机、通信及其他电子设备制造业，占比均为 16.7%。相比面向企业用户的制造业企业，面向个人消费者的制造业企业，例如手机、汽车、家电、家居等行业的企业，数字化转型的紧迫性更强，转型也更为迅速。

从这些数字里，能得到一些比较直观的判断——由于成本问题，数字化转型成了头部企业处于战略布局层面的需求而进行的探索。大型国企、央企等出于战略投入等因素做出的数字化部署有不少是超前投资，经济性指标和成本思维并非最重要决策因子。广大中小企业在数字化领域的态度和行为可能才是中国企业数字化实践能否向更大范围深入的关键点。对很多中小企业而言，成本与收益如何平衡、能否平衡都是它们面临的现实困境。

在我们的田野访谈中，许多从业者也持同样的观点。

数字化转型网覆盖了大量企业的 CIO 和 CTO 人群，该企业 CEO 王也谈及他们接触的企业在 IT 和数字化领域的投入态度时称，在 IT 投入上，金融业比较稳定，而且投入占比较高。根据企业规模不同，该行业的 IT 投入普遍能达到营业额的 2%~4%。制造业其次，大多数制造业都在 1% 以下，甚至 0.5% 以下，能达到 1% 以上的寥寥无几。因为管理水平不如制造业，建筑行业、服务行业等行业的信息化投入更低，行业水平更差。

王也观察到，制造业民营企业还存在投入不稳定的情况，往往没有固定的 IT 投入预算，某些年因为一些大项目突然能达到 1%，做了一些大项目，项目结束后可能第二年会降低至 1‰ 的水平。以某国内知名家居品牌举例，遇到销量下滑的情况，除了一些必要的服务器、软件许可费投入外，为新项目而做的 IT 预算直接全部砍掉，几乎是 0 投入。这种情况在民营制造业较为普遍，即使公司体量已经达到数十亿元、上百亿元，投入预算受民营企业老板个人影响也很大。

另外，调研震坤行工业超市时，该公司的董事长陈龙同我们谈及在工业品长尾产品流通行业里最常遇到的一个痛点：大量的中小制造企业在遇到非生产性物料紧缺时经常无法定位自己所需要的产品。作为下游的需求方，他们口中的缺口产品的名称往往与上游供应商提供的货品名称对不上号。

另外，人才也是真问题。数字化转型网负责人王也提到了一组颇为接地气的数字。长三角一线城市如上海地区的 IT 总监、CIO 等 IT 序列大部分高管的年收入能够达到 80 万 ~150 万元，超过 200 万元的职位很少。二线头部城市如杭州、苏州，年收入大多数在 40 万~80 万元，超过 100 万元的职位很少。二线居中城市如宁波、南京，年收入大多数在 30 万~50 万元，超过 50 万元的职位很少。二线偏下和三线城市一般信息部门主管的年收入大多数在 30 万元以下。他们的薪资水平与互联网大厂同等职位的程序员的收入几乎不具备可比性。薪资低往往意味着找不到优秀的人才。这意味着，在大量的传统制造企业里，想要找到懂 IT 的人颇为不易，更勿论找到懂 IT 和懂工业的人才。

根据中国中小企业信息网 2021 年 3 月的数据，目前我国市场主体据公布有 1.3 亿，其中 8000 多万是个体工商户，企业数是 4000 多万，在 4000 多万企业数当中，95% 以上是中小企业。这 95% 的中小企业也包含了中国大多数的工厂。它们成长于改革开放以来的 40 多年间，许多企业是以非常原始的状态在经营，管理层面规范性还有待提升，数字化的前段历程——信息化尚未完成。

我们从中南高科也得到了同样的反馈。中南高科是一家制造业产业集群运营商，在全国拥有近百家产业园区，连接了上万家中小制造企业。在服务这些企业的过程中，他们也发现了，广大中小企业一方面渴望数字化转型，同时又苦于找不到变革的方法，并且广大中小企业还无力负担过于高昂的数字化转型成本。因此它们意识到，在产业园区运营中应有更长期且专门的举措来提升中小企业对数字技术的可获得性。

中国工程院院士周济就曾指出，我国制造业企业，特别是广大中小企业还远远没有实现"数字化制造"，必须扎扎实实完成数字化"补课"，打好数字化基础。这意味着数字化还伴随着信息化的过程，"两化融合"正是基于这一背景展开。

中国数字经济的整体图景欣欣向荣，在全球层面竞争力不俗，但同时大量的中小企业在数字化进程中仍然需要补课。这就是数字经济在中国的另一重现实。直面这种参差，也是当下数字经济发展高歌猛进时必须采取的态度。

此外，任何的技术应用都不应忽略技术本身的发展阶段。学者金榕 2021 年 8 月 24 日在科学网发表文章称，AI 时代序幕刚拉开，AI 目前还处于初级阶段，犹如法拉第刚刚发现了交流电，还未能从技术上升为科学。

文中称，技术发展之缓慢远超我们的想象。回顾 90 年代至今这 20 多年来，我们看到的更多是 AI 应用工程上的快速进步，核心技术和核心问题的突破相对有限。一些技术看起来是这几年兴起的，实际上早已存在。他发文意在勉励当下的人工智能产业不应沉迷于"虚火"，从业者应从兴趣出发砥砺前行。

金榕的另一重身份是前阿里巴巴 iDST 首席科学家和副院长，工业界大拿的判断也可以用于智能制造和传统制造企业的数字化浪潮中——在人工智能的核心进展仍然相对有限的当下，热门的人工智能和计算资源离真正带来工艺提升还有很远的距离。

当然，影响全社会层面的产业数字化的变量还在增加。2021年 10 月 27 日，国务院印发《2030 年前碳达峰行动方案》。其中提出，到 2025 年,非化石能源消费比重达到 20% 左右,单位国内生产总值能源消耗比 2020 年下降 13.5%,单位国内生产总值二氧化碳排放比 2020 年下降 18%,为实现碳达峰奠定坚实基础。到 2030 年,非化石能源消费比重达到 25% 左右,单位国内生产总值二氧化碳排放比 2005 年下降 65% 以上,顺利实现 2030 年前碳达峰目标。

数字经济发展高度倚重比特和计算资源,而计算资源的获得则靠电力的投入。这也意味着,数字经济也与全球和国家的能源政策紧密相关。

对单个制造企业而言,在国家层面的双碳政策下,计算资源的大规模应用的成本可能越来越是一个难以被忽视的指标。

从国家整体竞争层面,中国当下作为世界工厂,拥有全球最为齐全的工业门类,也是当今世界第一制造大国。中国的工厂要全面数字化,实现由劳动密集型向资金密集型、技术密集型产业的升级,必定要占用和储备大量的计算资源。当计算资源成为能源问题后,如何高效获取和利用计算资源成了必须回答的问题。由此,我们发现数字经济除了要做经济算术,在大的国家博弈层面还需要做政治题。

这个问题在 2022 年初也初现解题思路,国家提出了"东数西算"战略,希望整合优化中国算力资源,推动中国东西部地区算力需求与土地、能源等资源的互补与匹配等。

一些能源科技公司的绿色智慧解决方案在双碳背景下重要性也日益凸显。如浙江的正泰集团正在探索以可再生绿色能源的开发来对已有的能源体系形成补充。通过分布式的光伏发电设备的海量布局，产生的电量可自发自用，多余电量上网出售，或全部出售。这种分布式光伏发电较传统的电力生产和使用结构有明显的特色。分布式光伏发电更靠近用电侧，用电需求和发电能力的匹配可能更便捷，打破了传统的发电—用电分离的二元结构，能在能源供给层面带来更大的系统灵活性。当然光伏发电当下仍然有储电、并网交易等需要克服的问题，但着眼全球双碳大背景，它们仍然具有良好的成长空间。

也许，我们可以更理性看待数字革命在当下的应用场景中所创造的价值。套用那句经典的判断——不高估这场变革里的短期收益，也不低估它的长期效益。

"红皇后效应"与核心竞争力

数字时代什么才是一家企业的立身之本，是数字化工具和手段，还是别的什么东西？

2003 年，美国《哈佛商业评论》主编尼古拉斯·卡尔的一篇文章《IT 无关紧要》（"IT Doesn't Matter"）在科技圈引发关注。他的核心观点是，由于信息技术的能力和普及性已经达到了成熟阶段，IT 的战略重要性反而降低了，企业可以通过外部渠道来方便地获得 IT 的能力。尼古拉斯·卡尔援引的案例是 20 世纪美国航空业里引进的计算机订票系统。卡尔认为，虽然它造成了一些没有引进这一系统公司的倒闭，但是由于后来所有的航空公司都采用了计算机订票系统，所有的企业又站在了同一起步线上。

某种程度而言，尼古拉斯·卡尔论述的是"红皇后效应"。这是进化生物学家 Leigh Van Valen 1973 年根据英国作家路易斯·卡洛尔《爱丽丝镜中奇遇记》提出的关于生物协同进化的假说。《爱丽丝镜中奇遇记》里红皇后对爱丽丝说过一句话："在我的领地，你要一直拼命奔跑才能保持在原来的位置；如果你想要前进，就要以两倍于现在的速度去跑。"

进化生物学家 Leigh Van Valen 的假说中心思想是，物种之间形成非常复杂的相互作用，相互依存。在物理环境条件相对稳定的情况下，物种之间的关系构成驱动进化的选择压。物种间生态关系的牵制作用使得物种发生显著的进化变得相当困难，因为生态系统中，物种的进化是相互制约的。由此，一个分类群的对数形式的生存曲线是线性的，绝灭概率是相对恒定的。

反映到商业竞争中，当所有人都试图依照同样的标准获得进步，竞争者和防御者通过一连串组织学习与自然淘汰，增加力量，加剧竞争。最终，所有企业间的相对竞争地位可能并没有发生变化。因此，企业为建立竞争优势而采取的一些行动，可能并不能让自己在竞争中真正建立起优势。

在这场数字变革里，"红皇后效应"依然值得我们思考。

今天，中国的企业服务市场上，形形色色的服务商们都在向潜在客户兜售"数字化赋能"和各种标准化、非标准化产品。对于需要数字化建设的企业而言，数字化能力是否真的可以完全仰仗外部的资源支持来实现？

这个问题如果套用"红皇后效应"公式，则有了以下判断——正因为竞争手段雷同，所有人都在奔跑（数字化建设手段的采用），最终决定竞争成败的反而不是奔跑（数字化建设手段的采用），而是个体在这之外的某项核心能力（数字化之外企业的某种核心能力）。

这种内卷的处境下，数字化对一家企业到底意味着什么？我们可能要从不同的场景来分析答案。

对于那些有大量的业务场景和数据留存的企业而言，它们的数字化最具想象力的部分一定围绕着业务场景产生，关乎企业生存和生意本质的场景才是数字化的关键。对这类企业而言，数字化能力建设的核心是要让数据真正成为生产资料，服务于业务流程，并真正产生经济效益。数据和业务的联系变得前所未有地紧密。除此之外的效率工具是辅助，可以通过外部的标准化产品赋能实现，但围绕企业核心业务场景的数据和运营才是关键。因此，这类企业的数字化能力也一定很难被外部力量赋予。它可以从外部获取工具，但却不可能从行业外获取企业生存及商业模式的核心因子。

这意味着，数字化手段应用于**效率提升**与数字化手段应用于**核心产品、工艺、服务能力**的创新是两种不同的场景。效率提升层面的企业数字化是可以从外部获得的。一个行业里如果一家企业采用了相关的手段，可能会快速引发其他企业的效仿，它的确可能带来"红皇后效应"。但那些在自身核心的业务中进行数字化探索并走在前沿的企业，它的能力建设只能来自对自身业务逻辑的挖掘。而那些基于业务场景的深度思考也很难被竞争对手和外部对象模仿与超越。

另外，基于核心业务场景产生的数据与知识因为关乎生意的本质，也是许多行业降低产品成本、创新业务逻辑和培育新商业模式的关键。这些资产和经验不仅很难从外部获得，对许多掌握了这些行业 know-how 的企业而言，也几乎没有动力将之与外部的平台和企业联通、分享。这也是建成行业层面的互联互通平台需要解决的问题。

通用规则意味着话语权。当一切标准统一后，从前因为信息差和阻隔产生的利益会消失，商业模式可能不成立。此时，组织和过往的既得利益者就站在了新的生产关系和规则的对立面。

数字技术深入到生产和组织历程里，难免会遭遇资源再分配和规则洗牌。它不只是技术问题，更是组织和管理问题，是不同角色的利益分配问题。这也是许多人为制造的区隔和壁垒难以消失的原因。因此有人说，所有的技术变革都需要两代人来完成。一种新技术的全部力量和后果要等经历过它的第二代人使用时才会真正释放出来，上一代的阻隔者已经被挤到一边，旧的利益关系不再成为阻碍。

数字化进程还意味着产业链的协同和产业链条上的角色分化。

许多企业的业务场景并不产生大量的数据和专业知识。对这些企业而言，它们在数字化时代扮演的角色必定不同于具备充沛数据潜能的企业。

在我们的调研走访中，震坤行工业超市的董事长陈龙也谈到了这种分化。他认为，不是所有的器官都可以当心脏，不是所有的企业都能做平台，"谁负责做网络，谁负责做集成，谁负责做服务，企业的角色分工会出现比当下更为清晰的分化。只有分化之后才会有更高的效率"。

而分化的过程则是市场选择的结果。只有角色分化后，不同类型的企业扮演着不同的角色，才能形成繁盛的生态。当下中国的企业数字化水平整体提升迫切需要的是行业性基础设施。这种角色扮演的功能，是让算力真正成为如同电力一般的通用能力的底座，让计算力能够被转载到更多场景里，产生更多应用的支撑。

我们得出的结论是，在这场数字革命面前，企业的数字化进程没有标准答案。对任何一家企业而言，数字化变革不是万金油，也不是一劳永逸的灵丹妙药，更不是毕其功于一役的大会战。

数字化技术手段，是一种新的工具、新的生产资料，它在每一家企业里的推进，都与该企业的目标、市场位置及对数字化的认知紧密相关。

而在比特—原子从对立走向融合的过程里，企业需要具备的素质也逐渐明晰化。

2021年苹果在双十一发布了基于 M1 芯片的 MacBook Pro/Air

和 Mac mini，开启了自研 ARM 架构芯片支撑桌面计算的新纪元。就在几乎同期，特斯拉市值突破万亿美元，这是有史以来第一家市值破万亿美元的汽车公司。这两家企业具备同样的特质——它们身上同时具备软硬件的基因，有深厚的硬件层面的工业工艺积累，它们也拥有强大的数据处理能力和计算资源。

而如果把视线放在 2022 年初全球的万亿美元企业上，除了能源企业沙特阿拉伯国家石油公司，亚马逊、微软、谷歌这些超级平台几乎都具备软硬合一的属性。中国企业和大型平台也显现出了这种趋势。2021 年 10 月阿里巴巴发布了自研芯片，宣布自研的"倚天 710"芯片采用了业界最先进的 5 纳米工艺，将部署在阿里巴巴数据中心的服务器上。这并非孤例，腾讯、百度等这些传统意义上的互联网企业都在积极锻造自己连接原子的能力。与此同时，海尔、三一、美的、华为这些从前以"硬"见长的企业也都朝着比特方向打造潜能。

重点并非软件或硬件能力，而是把数据视作新的生产资料，使这种生产资料自如、无障碍地在物理世界和数字世界流转。

这是比特和原子的融合之旅，每一家企业最终都会发现，需要解剖的对象不再是对手，而是企业自身。企业内部的新生产力与旧思维方式之间的互动，最终成了影响企业命运的最关键因素。

02

看见: 工业视觉与工厂智能之路

2003 年，英国学者安德鲁·帕克提出了一个理论来解释寒武纪的生命大爆发，轰动国际古生物界。

5 亿 4400 万年前，地球上的物种在一两千万年里突然密集涌现，在生物演化史上近千分之一的时间里，几乎现今所有动物的祖先都蜂拥而出。3 个动物门的物种突然变成了 38 个动物门。这些生物仿佛是在寒武纪突然冒出来一样，大量的较高等生物出现，物种多样性极大丰富，它被形象地称为"寒武纪生命大爆发"。

安德鲁·帕克提出的假设是，第一双眼睛的诞生驱动了寒武纪的大爆发。视觉让生物能够辨识周围其他的动物，生物凭借视觉成为最敏捷的猎物，同时又能躲过其他动物的攻击。"看见"这个行为的存在，让动物们开始主动捕食。动物们成为猎食者，同时也成为被掠食的对象。追踪和躲避的游戏越来越复杂，由此，一场大型的生物演化军备竞赛爆发。

在安德鲁·帕克的理论中，视觉推动了地球生物演化里的关键进程，某种程度上也决定了今天的物种格局。

现代医学则发现，视觉是人类最重要的感知方式，为人类提供了关于环境的大量信息，在人类与周边环境的交互里发挥重要作用。生物体获取的所有外界信息中，视觉信息占有很大的比例，高等动物中这一现象尤其明显，一个正常人的感觉信息中七成以上来自视觉信息。

到了数字时代，在原子与比特世界的交融过程中，数据科学家们和工程师们也在试图赋予机器和设备以智能，而视觉能力自然成为学界和工业界探索的重要技术分支之一。

一只机械手迟缓又准确地锁定了门把手，经过短暂的停顿后，它打开房门。2018 年 2 月，波士顿动力释放出的影片内容，该公司研发的动力平衡四足机器人已经具备了识别周边环境和障碍，打开门锁的能力。短暂的停顿，是这只四足机器人的计算系统在高速运转，它成功定位"看"到了门把手，发出旋转门把手的指令，最终，门打开，它走了出去。在这个过程中，视觉是这只四足机器人的机器智能中最重要的组成部分之一。

机器具备视觉能力不只发生在波士顿动力的机器人身上。在工厂的车间里，这些能力正以普通人难以想象的速度扩张。据高工机器人网报告，中国正在成为世界机器视觉发展最活跃的地区之一，应用范围几乎涵盖了国民经济中的各个领域。

视觉能力应用于工业生产也越来越普遍，工厂生产线上的设备装备"视觉"能力已不是新鲜事。例如，亿级像素水平的智能相机正应用于 3C 数码的屏幕检测环节，人眼难以识别的许多瑕疵和人力难以完成的全检都通过这些设备和算法成为现实。

另外，借助具备"视觉"能力的设备，车间与操作环节的人还能"看见"当下的物理世界并不存在的信息，例如远在几千公里之外的操作现场、需要巡检和点检的设备流程或操作指南。

探讨和追踪一种技术在中国工业界里的应用实践过程，最可被观察的是开发和使用这些技术的商业公司的成长之路。

由于对未来生产的关注，探讨视觉能力限定在工业视觉领域。中国企业在这一领域里真正起步从 21 世纪初开始，与改革开放以来的所有制造行业的发展历程相似，在生产制造数字化第一线，中国的企业们也经历了从国外企业主导到逐步实现国产替代的历程。

从核心零部件进口到重要领域实现国产替代，这条路的艰辛不言而喻。以海康机器人为例，他们2015年开始进入工业视觉领域，正是以核心的元器件的创新为目标而前进的。但即使当下业务进展颇快，一些高端产品中国品牌的突围依然有很长的路要走。中国快速发展的光伏、电子和半导体产业成了民族品牌实现技术进化的最佳试验场。这印证了那句话：市场和应用本身是技术进步最好的演化之地。

如果将工厂视作一个整体，机器视觉和工业视觉只是它的智能化提升工具包中若干工具之一。工厂当下的智能和计算力应用水平依然有待提升，而从零散的单点智能到终极智能是一条看不到终点的路。

工业化的进程以极快的速度推进的中国，企业的发展阶段大不相同。在这片土地上存在着几十座灯塔工厂，一些大型企业的黑灯工厂里机器人和自动化、智能化设备正以世界领先的姿态探索行业最前沿的课题。但离这些灯塔工厂仅仅一墙之隔的地方分布着的可能却是以劳动密集型和原始的方式管理的工厂，那里的信息化建设尚不完备，数字化技术的应用是与信息化补课同时开始的。

建新城易，改老城难。海尔的智慧工厂方案对外输出团队则发现了在这种撕扯和拉锯中一些企业的新动向。既然改造旧河山如此艰难，一些企业家们在绿色环保要求和人力成本上升压力共同作用下，利用工厂向中西部转移的契机开始企业内部的数字化顶层设计。这可能给中国的产业分布带来新的景象，中西部可能并不只是从东部转移而来的劳动密集型产业的承接之地。

参差百态，乃世界本源，这也是中国工厂智能之路的现实。

从人眼看见到机器视觉

历史上没有任何一种形态的社会，曾经出现过这么集中的影像，这么密集的视觉信息。

——英国艺术批评家约翰·伯格

自物理学家开普勒发现视觉的光学机制已经过去了几百年光阴。光线穿过人的眼角膜、玻璃状液和晶状体到视网膜，这一过程随着现代医学和生理学的发展，被还原成越来越细致的过程。人们也越来越能从生理构造层面来理解视觉能力的产生机制。

人的眼睛能看见，本质是视神经接收电磁信号的过程。现代生物学和生理学发现，人的肉眼能看到极小波长范围内的电磁辐射，大致从380纳米（人眼中的紫色）到750纳米（人眼中的红色）。而人之所以能看见这段光，是人类的眼球结构，使得人眼的感知能力极为精细，对光的敏感度高。眼球后壁组织内发育出的四种特殊神经细胞，其中包括三种视锥细胞和一种视杆细胞。这四种细胞都对光敏感，都可以吸收电磁能量，并将之转化为信号传向脑部。神经生物学的研究显示，人类的视网膜中有视锥细胞600万~800万个，视杆细胞1亿个以上。三种视锥细胞对红、绿、蓝频段的光最为敏感。

光进入眼睛时，也是视锥细胞迅速做出反应，向脑部发送信号，随后大脑对接收的信号进行综合处理——首先找到物体的边缘（颜色反差极大的区域），然后用颜色细节填充其余部分，于是人会知道自己看到了什么。而视感细胞比视锥细胞敏感，它们在光线昏暗的时候发挥作用。只要有光子进入眼睛，视杆细胞就会做出反应，它决定了人的夜视能力。视杆细胞唤醒的速度比视锥细胞慢得多，所以导致人走入黑屋子时，视锥细胞得不到足够的光线，无法正常运作，视杆细胞则需要时间激活。几分钟后，视杆细胞开始运作了，但它看不见颜色，只能看出亮度的差异。

同时，从生理层面也能找到视觉能力在人体感官能力中占据优势的根源。相比听觉系统而言，视神经的神经末梢比耳蜗神经多出 18 倍，它吸收信息的速度比任何感觉器官都更快速。

现代行为学和心理学的发展还发现，有些时候，视觉可能在以人类无法意识到的方式影响着人类的智能和决策。

1957 年，美国一家广告公司的老板詹姆斯·维卡里（James Vicary）对外公布，在新泽西州的一家电影院里，电影《野宴》（PICNIC）放映到某个场景时，电影院里的观众们都涌现出想吃爆米花、喝可乐的冲动。电影结束后，影院里可口可乐消费量增加了六分之一，爆米花消费量增加了一半以上。维卡里称原因在于他的创造性的打广告的方式。用一个特殊的装置，每隔五秒在屏幕上以三千分之一秒的速度播放"喝可乐""吃爆米花"等文字信息。

依据当时科学界的理论，有意识的头脑实际上"看"到的总是他眼睛中见到的事物中的一部分。电影屏幕上打上喝可口可乐等字样，这些字闪现速度太快，字迹又浅，即使人们有意识的眼睛都没能注意到加在屏幕上的这些信息，甚至连那些事先知道将有此信息出现的人也没能看见它。但维卡里称它对促销和影响消费者行为能带来惊人的效果。这就是"阈下广告"的诞生。

维卡里的"发明"后来虽然被发现是夸大其词，但阈下广告的惊人效果却成为业界共识。阈下广告的存在本身让人意识到，人眼对信息的捕捉能力和视觉信息对行为的影响不可小觑。

哲学家、艺术批评家、心理学家们也不齐从哲学、文化、社会学等各种层面来解析视觉和背后的权力结构。在不同的历史时期人们用不同的方式围绕视觉这个主题阐述和表达，建构和解构"观看"这个动作。

心理学先驱人物弗洛伊德论述"人类文明开端"时提及视觉在人类文明发展中的重要影响。弗洛伊德认为，当人类直立起来后，作为获取性刺激和其他信息主要来源的嗅觉作用受到抑制，视觉获得了优先权并得到提高。身体是道德起源之所，正是直立姿式让人产生了羞耻感，开始了人类文明历程的决定性进展。

康德在论述其历史哲学中提及"视觉"在人性层面的重要影响。他认为，人体直立带来连锁反应：人站立起来了，人说话了，有了羞耻感和理智，在人性方面也就具有了伦理的、形而上学的、宗教的潜能，自此"绝对优势不再属于嗅觉，而是属于视觉"。嗅觉受抑，视觉提高，康德从中看到，人越是摆脱感觉和感性，就越成其为人。

1970 年的纪录片《观看之道》从视觉生产角度来解析艺术背后的权力。大众媒体称这部纪录片建构了一整套现代人的观看体系，批判了资本主义视觉生产和消费。作者约翰·伯格将视觉与行为背后的权力构造相挂钩，审视了"观看"本身。视觉和"观看"被再三阐述和表达侧面，反映了视觉及与之相关的观看行为在人类社会中的重要性。

但另一方面，人的生理结构却存在固有局限。例如捕捉光线的能力需要反应时间，人类要对看到的东西做出反应需要 0.2 秒。生活中能见到的最快事件在毫秒级，一只家蝇每 3 毫秒即可拍动一次翅膀，这是人眼难以捕捉到的动作。

另外，视觉能看到的光波只是整个光谱的一小部分，不到百分之一的范围。许多昆虫和其他动物都可以看到的紫外光就不在人眼捕捉范围内。人眼聚焦距离的能力也很弱，受光线条件限制明显。

大多数时候超过人眼捕捉上限的"观看"被交由相机来辅助完成。普通的傻瓜相机在光线良好的情况下快门时间能毫不费劲地捕捉家蝇扇动翅膀的瞬间。此外，人类还发明了不少捕捉工具。这些人眼无法识别的过程通过工具被凝固下来，帮助人类完成"看见"这一行为。

比照相机和摄像设备走得更远的是应用于工业生产、仓储管理和军事机器人等领域里的视觉能力。这种被法国哲学家保罗·维利里奥称为"不用目光就能获得一种视觉的可能"。

"视觉"开始被赋予到物体和机器之中，视频摄像机将服从一台计算机，这台计算机为机器而不是为某位电影观众承担对周边环境的分析能力。机器的视觉能够识别形状的轮廓，能够全面解释视觉场域，解释场面调度，靠近或远离复杂环境的场面调度。

哲学家们从人的主体性丧失的角度对这种"视觉机器"充满警惕。不过从技术和经济逻辑，让机器具备感知外界的能力，在效率提升和社会福祉增加层面却颇具诱惑力。正是生产力提升驱动着机器视觉相关的学科和研究逐步发展，工业视觉技术逐步从实验室走向工业生产。

为什么工业需要"视觉"

行业里普遍将机器视觉领域的历史追溯到上世纪中叶。早期研究从统计模式识别开始，主要聚焦于二维图像分析与识别，如光学字符识别 OCR（Optical Character Recognition）、工件表面图片分析、显微图片和航空图片分析与解释等。

上世纪六七十年代是产业萌芽的阶段。在 60 年代对机器视觉的理解开始延伸到三维场景，科学家开始尝试研究三维机器视觉，用计算机程序从数字图像中提取诸如立方体、锲形体、棱柱体等多面体的三维结构，并对物体形状及物体空间关系进行描述。

1969 年发生了一件大事，第一片 CCD 图像传感器在美国贝尔实验室诞生，从此图像可以被转成数字信号参与计算和分析。《机器视觉发展白皮书》将这一事件视作机器视觉发展的起点，"为机器植入眼睛"从此成为可能。

20 世纪 70 年代这一领域出现了一些视觉运动系统，同时，美国麻省理工学院的人工智能实验室正式开设"机器视觉"的课程，大批学者开始参与相关理论和算法的研究。1977 年，David Marr 教授在麻省理工学院的人工智能实验室领导研究小组，提出了不同于此前的分析方法的计算视觉理论，将视觉分为目标与策略、表示与算法、硬件的实现三个层次。机器视觉迎来了第一次理论框架的升级，该理论在 80 年代成为机器视觉研究领域中重要的理论框架。

在产业的萌芽期，受限于半导体工艺成熟度和成本等因素，机器视觉只在高端科学研究和航天、军工项目中有少量初级应用。

上世纪 80 年代之后，一批机器视觉企业纷纷成立，今天在机器视觉算法领域表现卓越的康耐视就是在这一阶段诞生的。进入上世纪 90 年代，随着机器视觉技术在一些行业如半导体产业里的应用，产业本身得到了蓬勃发展。在这一阶段，成像技术和算法算力都限制了机器视觉技术向更广泛的行业做全面推广。

进入新世纪之后，应用更加丰富，算力得到了提升，汽车、半导体和 3C 电子产业对机器视觉技术应用的需求增大。尤其是 AI 算法的发展，促使机器视觉技术在消费电子、汽车制造、光伏半导体等多个行业应用更加广泛。

赋予机器设备以视觉能力，在概念上有人称之为"机器视觉"，也有人用"计算机视觉"一词，业界也不乏辨析这两个概念的不同。

综合来看，计算机视觉偏重采用图像处理、模式识别、人工智能技术相结合的手段，着重于一幅或多幅图像的计算机分析。

根据美国制造工程师协会（SME）机器视觉分会和美国机器人工业协会（RIA）自动化视觉分会关于机器视觉的定义，机器视觉是通过光学的装置和非接触的传感器，自动地接收和处理一个真实物体的图像，以获得所需信息或用于控制机器人运动的装置。

通俗地说，机器视觉就是用机器代替人眼，模拟眼睛进行图像采集，经过图像识别和处理提取信息，最终通过执行装置完成操作。相比计算机视觉，机器视觉偏重于计算机视觉技术工程化，能够自动获取和分析特定的图像，以控制相应的行为。计算机视觉为机器视觉提供图像和景物分析的理论和算法基础，机器视觉为计算机视觉的实现提供传感器模型、系统构造和实现手段。

在本书中，我们重点探讨的是视觉能力在工业生产领域的应用，故使用"机器视觉应用于工业场景"等带有限定词的表述，以剔除安防等应用场景。此外也使用比"机器视觉"所指更为狭窄的 "工业视觉"一词，以缩小讨论范围。

机器视觉技术使工业设备能够"看到"它正在进行的操作，并根据它所看到的情况做出快速的决策，这是机器视觉技术在工业场景中得以应用的目标与原因。

相比人眼存在生理上的限制而言，机器不会感到疲倦，因此它们可以比人类的眼睛更快且更可靠地发现问题。人眼的识别对光线、速度和范围都有要求,机器也不受人类视觉能力极限的约束,可根据需求"观察"到更多有用信息。

例如钢材产线的质检环节里,钢铸板坯在生产中的即时检测是人眼很难完成的任务,因为现场温度极高。一些板坯的铸造过程中,钢材尚未完全冷却时,温度可以达到600~1100℃。即时检测中能够留给检测者"观察"这些放置于产线轨道上的钢板时间也极短,因为行进中的输送钢板的辊道速度每分钟可能达到60米。而对需要检测出来的瑕疵的定义可能也非常苛刻,钢铸板坯上的一些划伤或者小裂纹宽度只要超过1毫米可能就算瑕疵品。

这个场景如果采用人眼检测,首先可能要等待钢材冷却,因为温度高不适合人力作业。其次人眼很难发现这些宽度仅为1毫米的痕迹,有极大的概率出现漏掉瑕疵品的情况,对高精度钢材的质量稳定性而言这是致命的生产漏洞。另外,人眼检查瑕疵时钢材传送的速度会降到极低的水平,很难实现大规模复现,因而生产效率极低。

超越人眼能力的极限,批量大且重复性强的作业在工业场景里并不鲜见。通过机器视觉技术,人可以从这些繁重、危险又复杂的环境中解放出来,制造效率能得到显著提升。由此,机器视觉在工业中的应用具备了必要性。

工业视觉与人眼能力对比

项目	人眼	工业视觉
精度	低，64 灰度级，不能分辨微小的目标	高，256 灰度级，可观测微米级的目标
速度	慢，无法看清快速运动的目标	快，快门时间可达到 10 微秒
感光范围	窄，400 ~ 750nm 的可见光	宽，从紫外光到红外光，另外有 X 光等特殊摄像机
适应性	弱，很多环境对人体有损害	强，对环境适应性强，可加防护装置
客观性	低，数据无法量化	高，数据可量化
重复性	弱，易疲劳	强，可持续工作

资料来源：产业网，太平洋研究院整理。

除了在可见光场景里，机器视觉还可以利用专用的热成像来检测热异常，也可以使用 X 射线，从而覆盖非可见光场景，发现更多微观信息。这也增加了它在工业场景里应用的可能性。

机器视觉应用于工业生产对比同等条件下的人工作业，可能还意味着成本优势。在生育率下降、劳动人口减少的社会大背景下，这也能帮助企业更好应对当下国内制造业招工难的问题。

2021 年第七次全国人口普查显示，16~59 岁劳动年龄人口为 8.8 亿人，与 2010 年第六次全国人口普查相比，我国劳动年龄人口减少了 4000 多万人。另据国家统计局发布的农民工监测调查报告，2020 年从事第二产业的农民工比重为 48.1%，比上年下降 0.5 个百分点。其中，从事制造业的农民工比重为 27.3%，比上年下降 0.1 个百分点。

这些数据意味着，虽然中国整体性的人口红利依然存在，但相比十年前已呈逐渐萎缩的趋势。招工难导致制造业里整体薪资水平也逐步提高，对行业从业者而言是一大利好，对企业经营者而言则会带来更大的成本压力。

在这一背景下，企业经营者也有动力在生产环节推广和使用机器视觉技术。这些技术替代人力，也降低了员工易流失带来的岗位人员不稳定和生产效率不稳定。国内的一家人工智能企业创新奇智的工业视觉产品团队曾统计过，在电子制造行业相关生产线上与视觉检测有关的工种每年人工成本达到了惊人的 60 亿元。而通过机器智能和工业视觉技术改造，视觉检测这一工序成本可能会出现下降。

投资机构太平洋证券的研究团队则测算过，在发达国家，一个典型的 1 万美元机器视觉系统应用可以替代 3 个年工资在 2 万美元左右的工人，投入回收期非常短，且后续维护费用较低，具备明显的经济性。随着国内人工成本上涨，对经济性的追求同样会推动机器视觉在国内工业场景里的渗透率快速提升。

一些数字化转型的标杆企业在对外披露自身的探索经验时，"机器换人"带来的效益提升经常作为亮点出现。

以国内的家电品牌老板电器为例，在它的一条位于浙江杭州的生产线上，集烟罩自动冲压成型环节已经实现了机器自动化作业，车间的工作很少需要人力参与。老板电器对外披露，在它们打造的 5 万平方米的车间里，布设了一系列的智能设备，包括

284 台自动化设备、16 条生产线以及 27 台 AGV 小车等。对人力的替代最明显的岗位包含了质检员，一篇解析老板电器数字化经验的文章中提及，过去老板电器里工厂可能需要 10 个质检员盯着，由于机器视觉技术的应用，质检员的数量只需一两个。

无独有偶，在调研家居品牌顾家家居的全屋定制柜类产品生产线时，我们也发现了应用智能手段对提升工厂生产效率、增加产品稳定性、缩短作业周期具有显著效果。该生产线 2021 年 9 月投入使用，在开料、封边、钻孔和分拣包装等多个环节都采用了高度自动化的设备与技术来参与生产。其中在开料环节，每块板材都会附带可追踪订单情况的二维码标签，进一步明确每块板材的订单序号、生产批次、开料时间等信息；通过一板一扫的严格操作，智能设备会根据板材的加工需求自动调整设备参数，确保板材的加工精度。分拣包装环节亦是如此，智能机械手臂会根据板材匹配的订单信息有序地完成智能分拣分包，智能包装生产线实现自动码垛、智能裁剪、打包堆叠一体化的包装流程。

顾家全屋定制工厂负责人胡柱彬介绍，高度自动化设备的引进，在很大程度上降低了传统生产对人工的高度依赖。据估算，顾家全屋定制因全新设备与技术的升级引进，一套普通柜子的生产周期可以从传统的 3 天缩短至 1 天，大幅度缩短生产周期，提升全屋定制工厂整体的生产效率，让产品加工具备更高的稳定性。

图片来源：顾家家居。

顾家全屋定制生产研发基地生产流程之智能分拣

在三一重工的灯塔工厂，位于湖南省长沙市的 18 号工厂里，我们同样看到了大规模的自动化、数字化技术也在应用到工厂生产一线。生产线上从钢板到零部件都能无人化生产，智能车间里四处密布的"数据点位"，使具备工业视觉能力的设备可以做到从焊接到分拣、喷涂、运输、调试都自动化、智能化。

这些数字化车间是工业视觉的第一线，对人工依赖度逐渐降低的智能工厂能够成为现实，机器视觉是其智能的重要组成部分。工厂各个角落里安装着工业摄像头和其他物联网设备，成为智能工厂大脑决策的"毛细血管"和获取信息的"触手"。

另外，随着制造业从机械化向自动化、智能化的升级，生产过程的要求越来越高，更精确、更高效才能带来更低的成本和更合乎要求的产品。从制造升级为智造，这是中国当下制造企业整体升级转型的目标，也是当下激烈的市场竞争中企业获得更大生存空间、赢得主动权的杀手锏。视觉检测这一工序，采用了工业视觉应用，从较粗放、难量化的劳动密集型工位升级为可精准定量、可完整溯源、可智能集成数据的全自动工位，从而带来生产效率和产品质量的大幅提升。

天风证券的研究团队认为，工业视觉是 5G 工业的眼睛，是实现工业智能化、数据化的关键，也是未来工业生产最重要的数据入口。投资机构太平洋证券在一份研究报告中则指出，机器换人和技术进步带来的需求正让机器视觉在智能制造里的位置从"可选项"走向了"必选项"。

机器视觉系统正作为机器智能的信息输入和感知端口，在工业环节扮演着越来越重要的角色。

超级视野：工业视觉能做什么

2020 年 8 月，小米在其成立 10 周年特别活动上公开了投资建设的"黑灯工厂"，并宣布小米手机实现无人化生产。生产小米手机的工厂是一座从生产管理、机械加工到包装储运实现了全程自动化、无人生产的"黑灯工厂"。

在这个工厂里，物料的运输由工业移动机器人 AGV 小车完成，搬运、上下料都靠它，系统在材料存放地和目的地之间设置好路径，AGV 小车就在既定的路径上往返穿梭。智能机器臂完成上下料以及各种精细操作，质量检测也交由机器完成。

如同老板电器的未来工厂一样，在小米的黑灯工厂，机器视觉技术的存在和重要性不言而喻，机器视觉在工业生产中的角色和功能在这些工厂里得到了充分的体现。例如，AGV 小车离不开工业视觉的定位应用，质检环节应用到了工业视觉的外观检测功能。

目前业界将机器视觉在工业生产环节的典型应用分为四类，分别是产品识别/计数、视觉定位、尺寸测量和外观检测。太平洋证券在一份研究报告里对这四种应用的场景做过详细界定，它们的实现难度呈依次递增趋势。

识别是视觉最基础的功能之一。在工业环境下识别主要用于对已知规律的物品进行分辨，比较容易的包含外形、颜色、图案、数字、条码等识别，也有信息量更大或更抽象的识别如人脸、指纹、虹膜识别等。视觉定位主要指在识别物体的基础上精确给出物体的坐标和角度信息。定位在机器视觉应用中是非常基础且核心的功能。尺寸测量指把获取的图像像素信息标定成常用的度量衡单位，然后在图像中精确地计算出需要知道的几何尺寸。外观检测主要检测产品的外观缺陷，最常见的包括表面装配缺陷（如漏装、混料、错配等）、表面印刷缺陷（如多印、漏印、重印等）以及表面形状缺陷（如崩边、凸起、凹坑等）。由于产品外观缺陷一般情况下种类繁杂，外观检测在机器视觉中的应用属于相对较难的一类。

电池二维码识别	电芯正反极性判断	电池片焊后焊点识别	极耳尺寸测量	卷绕机测量	方形电池尺寸测量
			识别　测量		
			定位　检测		
入壳机定位	产品定位	极片定位	电芯模组焊点缺陷检测　电池包装封边气泡检测	极片表面缺陷检测	焊点检测

资料来源：奥普特官网，东吴证券研究所。

机器视觉广泛适用于动力电池生产的各个环节

这四大应用目前在电子、半导体及光伏新能源、汽车制造、食品包装、制药等多个行业都已经逐步推广。

另外，工业视觉功能的实现也依赖算法的支持。近年来随着机器视觉的应用范围逐步扩大，一些随机性强、特征复杂的任务场景，例如随机出现的复杂外观检测，就需要使用能定义和识别复杂特征的算法。事实上，计算机视觉在这一领域也有多年的积累，引领计算机视觉飞速发展的传奇视觉数据库 ImageNet 成了不能被忽略的存在。

2007 年华人科学家李飞飞组织团队开启 ImageNet 项目，2009 年 ImageNet 正式发布。当时学界都在探讨算法的重要性，数据的价值却被忽视。李飞飞团队开启 ImageNet 的目的是从数据层面提升计算机对物体的识别能力。李飞飞团队通过大量的手动标注和分类，建立一个大型数据额数据集，方便计算机进行视觉识别研究。

（2012 年《纽约时报》报道该数据集标注过的图片达 1400 万张，从黑曜石到猩猩再到豹猫，2 万多种类别、形形色色的对象都被一一标注。）

2010 年开始，基于 ImageNet 数据集的大规模视觉识别挑战赛（ILSVRC）每年举行，这项赛事成了展示和筛选计算机算法的最佳舞台。从 2010 年到 2017 年，挑战赛的目标识别错误率一直在下降。2015 年时，机器识别图片的错误率已经达到甚至低于人类水平，2016 年图像识别错误率已经达到约 2.9%，远远超越人类的视觉能力（图像识别错误率 5.1%）。

当下 AI 领域大热的深度学习算法则是从 2012 年开始展示出存在感。2012 年计算机学家 Geoffrey Hinton 在挑战赛中用深度卷积神经网络结构来构建模型，结果它识别图片的能力一骑绝尘，足足提升了 10.8% 的性能，比第二名的成绩高出 41%。此后深度学习算法开始风靡业界，科技巨头们纷纷在这一领域发力。

目前一些大型的互联网公司的人工智能团队也在利用 AI 算法来解决复杂的识别和检测难题，阿里、百度等头部互联网巨头都曾经披露过相关案例。以阿里云为例，2018 年开始，他们与攀钢集团旗下的西昌钢钒炼钢厂合作，通过人工智能技术，实现冷轧板材表面 AI 检测。这个环节此前由人工完成，质检员的任务是在 5~10 分钟的时间里，用肉眼识别出少则十几个、多则上百个缺陷，并在表检仪（表面检测设备）扫描完毕的 30 秒之内给出表面等级、分选度、主缺陷和是否合格等判定。由于操作员易疲劳、经验差异等客观条件限制，此前的检测结果存在不稳定因素，这会导致交付客户的产品质量也不稳定。

在阿里云对外披露的技术细节里，技术团队构建了表检场景里的表面质量自动判定模型，先将几千种产品外观缺陷归纳为60~70大类，之后通过模型训练，利用深度学习技术，对轧钢分级进行初步判定，最终反馈出结果。这一结果辅助人工判断产品缺陷，降低了人工依赖性，提高了判定准确率。

可以说，在这些工业场景里，计算机视觉和机器视觉技术的融合，大大突破了人类的视觉限制。

华为的智库团队在2019年发布的一份报告里预测2025年的十大中长期趋势，超级视野被列入其中。人类将进入超级视野时代，这意味着通过VR、机器学习等新技术使能的超级视野，帮助人类突破距离、表象、时间和模糊等的局限，赋予人类新的能力。事实上，这四大突破在工业场景里已经是现实。

机器视觉能够突破表象，通过特殊的传感器来"看见"有机体内部状态，如在不破坏水果表皮的情况下查看水果内部的状况。

机器也能突破空间限制，让人类变成"千里眼"，将千里之外的现场拉到眼前。AR眼镜就是这种神奇的存在。它能让原本不在该时空的人员借助物理在场者的第一视觉眼镜视域共享，实现对现场信息的掌控和把握。工业场景里远程的维修和巡检也因此突破时空限制，成为可能。这是另一种形式的"看见"。

　　机器视觉还能让人看见现实世界并不存在的信息，辅助知识库调用、便利产线点巡检、辅助操作员完成装配等。目前，国内的 AR 眼镜研发企业如杭州的 ROKID 公司推出的产品可以实现对物理环境进行标记，这些原本不存在于物体之上的虚拟信息标记，实时反馈在人的眼前，助力设备巡检等多个场景。

　　通过佩戴 AR 眼镜，物理世界并不存在的步骤流程信息、作业的流程和内容都被标准化。操作者只需要按照这些被固化的可视化流程操作，就能保证工序流程不出现错漏，从而保证生产规范性。据 ROKID 公司对外披露的信息，汽配行业里不少企业如比亚迪、三一重工等都已经将这种 AR 扩展后的视觉能力应用到了生产环节。

　　总之，机器视觉能力应用到工业中，人类仿佛具备了超级视野，千里眼、透视等能力都成为现实。

中国工业视觉的市场特征

　　工业视觉要"看"清制造场景，"感知"和"理解"关键信息，首先需要合适的光源和传感器来获取真实物体的图像。被测物品会反射光源的光线，经过镜头折射在感光传感器（CCD 或 CMOS）上产生模拟电流信号，而后转换成数字信号传递给图像处理器，得到图像后通过工业相机通信接口，传入计算机中进行图像处理分析。计算机从图像中提取信息，经过分析、处理，最终返回控制机器运动的指令。

一个典型的机器视觉系统包括：光源、镜头、相机（CCD 或 COMS 相机）、图像采集卡、图像处理软件等，在这个过程中，专业的硬件和软件都不可或缺。

工业相机负责捕捉和分析对象，本质是将光信号变成电信号，要求产品有较高的传输力、抗干扰能力以及稳定的成像能力，这也是工业视觉系统的核心零部件。镜头是清晰成像的核心，光源设计光路实现目标成像，图像处理软件通过算法完成对被测物的识别、定位、测量、检测等功能。目前国内企业介入工业视觉产业链条主要也是从硬件生产、软件开发和系统集成等层面出发。

国内大型券商的研究团队对本土企业在产业链条上的分布基本都从光源、镜头、工业相机和视觉分析软件四个维度来观察。光源目前是国内视觉产业链条里国产化率最高的环节，市场竞争颇为激烈，代表玩家有奥普特、纬朗光电、沃德普和康视达等。高端镜头领域海外企业起步较早，整体处于领先地位，本土厂商多以中低端市场为切入点。工业相机此前也被国外企业占据市场，本土企业近年来正努力实现中低端市场的国产进口替代。同样的情况也出现在视觉分析软件上，国内仅有少数企业拥有独立的底层算法库。

这与国内机器视觉行业的起步方式有关。作为一个舶来的行业，国内这个产业的起步是伴随着国内半导体产业链及高端设备的引入而进入国内公众视野的。1995 年半导体集成电路行业的"九零工程"开始,国内半导体集成电路行业开始建设自己的晶圆产线,众多电子和半导体工厂落户广东和上海,服务于半导体链条的机器视觉技术开始被引进国内,国际机器视觉厂商也纷纷在国内设立代理。正是对海外巨头的产品应用和集成,培养出了国内机器视觉领域的第一批从业者。这一路径与中国制造其他领域的成长如出一辙。

中国企业在机器视觉领域的国产替代之路客观上最大的利好在于,这是一个在全球都发展颇为迅猛的产业,中国市场的成长速度更加惊人。

根据国外调研机构 Markets and Markets 数据,2010 年全球机器视觉市场规模为 31.7 亿美元,到 2020 年增长至 96 亿美元。该机构预测,到 2025 年全球机器视觉市场规模将突破 130 亿美元。而中国市场的成长速度高出国际水平。据中国机器视觉产业联盟统计,2020 年中国机器视觉行业规模约 113 亿元,较 2015 年的 31 亿元增长了 2.6 倍,复合年均增长率远高于全球机器视觉行业同期水平,2025 年国内机器视觉行业规模有望达到 288 亿元。

随着制造业从机械化向自动化再向智能化升级,在智能制造大趋势及技术更替的背景下,同时中国又是全球最大的工业制造国,机器视觉行业领域在相当长的一段时间里的成长性是可预见的。

同时,中国的机器视觉领域的市场渗透率仍有待提升,这意味着这个领域依然有市场空间等待释放。东吴证券在一份研报里对比机器视觉产业和我国制造业整体在全球的占比，机器视觉领域的占比相对而言呈较低水平。2018 年我国机器视觉产值占比仅为 14.68%，与全球制造中心的地位不匹配，且跨国巨头基恩士和康耐视来自大中华区的收入占比也落后于欧美地区。机器视觉渗透率仍不算高，有较大成长空间，但即使如此，目前我国已是继美国、日本的第三大机器视觉领域应用市场。

中国企业的国产替代还有很长的路要走，最大的痛点来自这个行业的分散特性。机器视觉作为一个纵向的支撑性技术，行业整体的体量不算惊人，市场却颇为零散。

研究机构将行业的最大痛点定位为应用场景和检测需求的碎片化和非标准化。这种碎片化和非标准化导致了各领域之间的技术往往难以直接替代。国海证券在一份研报里举例称，消费电子行业的机器视觉产品无法直接应用于汽车制造行业，即使在消费电子行业内部，对手机玻璃的检测也不能直接应用到手机外壳的检测上。甚至在手机玻璃检测的内部，为某一家客户研发的设备也很难原封不动地提供给另一家客户使用。所以，该市场研究团队认为，在机器视觉行业内很难出现单一的、宽广的应用场景，各单一应用领域的体量都比较小。

这种零散化的市场还带来了另一个问题：行业里的参与者体量很难做大。据前瞻产业研究院数据，截至 2020 年底，我国涉及机器视觉相关产业的企业已超过 4000 家，数量十分庞大，但据 CMVU 数据，其中营收规模在 3000 万元以下的企业数量过半，营收规模超过 1 亿元的企业仅为 16%。本土机器视觉企业仍以中小企业为主。东吴证券的研究团队对比了国外巨头和国内企业的市场占有率，2019 年基恩士、康耐视在华市场占有率分别约为37% 和 7%，位居前二，国产机器视觉龙头奥普特市场占有率约 5%。小而不强是本土机器视觉企业的最大现状。

海康机器人：走一条创新突破之路

我们调研海康机器人公司时从该公司的成长历程中感受到了企业在先进制造业市场生存的不易。海康机器人隶属智能物联龙头企业海康威视，近年来在移动机器人和工业视觉领域发展势头强劲。它在工业视觉领域的起步始于 2014 年 9 月，工业视觉团队负责人张文聪博士介绍，从创立之初这支团队就希望能够实现核心技术的自主创新。

海康的工业视觉团队选择从相机和算法两大领域出发，一方面坚持工业相机的研发，另一方面针对碎片化市场做算法工具包的开发。张文聪博士介绍，工业相机是自动化设备的眼睛，产品对稳定性要求极高，要求延迟时间短且稳定，不能出现数据上的波动，另外传输时也不能出现丢包，这对技术和产品研发提出了极高的挑战。

除了技术层面的困难，由于应用场景零碎，涉及的相机种类很多，单个产品的前期研发投入不小，但最终产品的营收可能并不高。这导致了新兴品牌要在工业相机领域打开局面颇为困难。正是在这种背景下，在海康机器人进入这个领域时，行业里八成以上的工业相机是依赖国外进口，国内厂商更多是做视觉集成应用。

2014 年 9 月，海康机器人开始起步，到 2015 年底时，第一台工业相机研发成功。为了应对碎片化的应用场景，海康机器人的工业视觉团队以极快的速度迭代，从最小分辨率的 30 万像素到 6 亿像素，分辨率的型号达到上百种。帧率从每秒几帧的产品到每秒上千帧的产品，实现了产品型号上的覆盖。到 2019 年时，这个团队实现了工业相机市场保有量突破 100 万个的记录。

要实现这一跨越，难度不言而喻。在先进制造业中，新进厂商最大的困境除了技术研发层面的困难，更大的拦路虎在于批量供货的稳定性。许多新进厂商的瓶颈也在这里，一些企业的产品研发出来后，大规模生产环节要么出现质量问题，要么难以稳定快速交付。张文聪称，海康机器人的工业视觉产品之所以表现不俗，在于供应链和生产端的管控能力，能够以更可控的成本实现高质量稳定供货。

我们在海康威视的桐庐智能工厂里窥见了这种生产端的能力。海康威视的供应链中心工程技术部负责人李亮称之为柔性生产能力。他介绍，海康威视的生产基地里需要生产的产品种类数千种、型号达到数万种，订单定配置比例颇高。

面对高度碎片化的市场和个性化的需求，他们在系统规划层面就为这种柔性生产能力做好了筹备。李亮介绍，工厂里的生产过程之间，不同的系统与生产设备实现了互联互通。他们打通了两个维度的数据流：一个是从产品开发到生产制造维度的工艺管理系统，涉及工艺层面的参数和知识管理；另一个是市场需求到订单交付维度的计划管理系统，涉及客户的定制需求与生产资源、物料的衔接。

　　一个来自市场的订单，要确保准时合格交付，首先要组织排产，在供应链层面保障生产物料资源充足，到制造执行时还需要按照正确的指令和工艺标准保质保量地生产出来。由于产品的种类多、型号多，每个订单都需要在制造执行时调用工艺管理系统里的数据，使产线流程生产出正确的产品。

　　正是这两大系统间的衔接和自如调用，保障了小批量、碎片化的订单都能被快速、高质量地生产出来。李亮说，许多工厂的订单种类少，工艺参数设置好后甚至会一年或几个月不变，但在海康的工厂生产线上每天可能要更换几次工艺参数。正是有一套智能化的系统数据支撑，才保障了产线的正常生产运转。

　　这种柔性生产能力的打造也离不开海康机器人自身研发的工业视觉产品。工厂内物流是生产流程里的重要环节，在海康的工厂随处可见搬运物料的移动机器人（AMR），它们基于订单排程和物料消耗进度，将物料自动配送至工位。这些智能的内物流系统，也提升了生产线上的柔性和自动化水平，让大规模定制成为可能。此外，智能视觉还扮演了产线的眼睛，指挥机器人自动装配，全自动检测，有效避免人工误判，提升质量一致性。

对制造业而言，市场从来都是最好的老师，庞大的国内市场是技术和产业最好的演练场。有人使用，一项技术和一个产业才有迭代的可能性，工艺的改进、成本的优化、良率的提升才能发生。当下工业视觉领域最大的几个下游市场如 3C、新能源、电子半导体等产业在市场规模上逐年递增，这些产业的发展客观上也推动着国内工业视觉解决方案走向成熟。

以工业相机为例，产品技术上，国产厂商正稳步向着起步较早的海外厂商靠拢，大部分产品的技术水平和质量已不分伯仲，但国产品牌要建立普遍性的品牌效应仍需时日。

海康机器人的工业视觉团队遇到过类似的境况，张文聪就碰到过一些对使用国产方案仍有疑虑的客户。但张文聪也认为，产品力是品牌建立自身信誉最好的机会，产品质量和性能仍然是国内外厂商比拼的焦点。张文聪坦言，虽然业务已拓展到全球 50多个国家及地区，但在不同地区，贴合本地化做业务是需要时间的。也只有通过市场上的应用和反馈、供应商和品牌长期的协作与磨合，才能生产更符合市场需求的产品，才能逐步在行业里建立声誉，这是一个相辅相成的过程。海康机器人在软件和硬件层面同时发力，通过系统化的技术布局和严格的质量管控，建立了与行业需求更适配的产品和技术体系。

总之，在先进制造业开疆拓土是一条漫长的路。工业视觉领域的新进品牌必须靠极强的进取心和坚定的目标意识、不偏离发展路线的践行能力，才能实现前方的星辰大海。

智能工厂没有标准答案

工业视觉无疑推动了工厂的智能化发展，有人称它给工厂的机械安上了眼睛和大脑。不过要打造一座智能工厂，还需要工业视觉以外的大量能力。同时，在中国，建设一座智能化的工厂可能并不只是一个技术问题。

海尔卡奥斯工业互联网平台对外输出智能工厂方案的团队负责人荣亮发现，智能工厂的建设本身是一个颇为复合的领域，融合了机器视觉、5G 通信、自动化控制、大数据、物联网、人工智能算法等多个学科的知识，并且智能工厂并不等同于无人工厂，"人"是智能制造的核心，在智能工厂内，人依然将发挥重要的控制和决策作用。而数字化变革的主体操盘手——广大中小制造企业的厂长和管理层们，经验多长于本行业的工厂运营及管理。他们中的许多人对工厂智能化的路径、解决方案缺乏明晰的认知，这为形形色色的智能工厂及工厂数字化改造方案提供商留下了市场空间。

研究机构 Markets and Markets 发布的报告显示，2021 年全球智能工厂商场规模估计到达 801 亿美元，到 2026 年这一数据有望增至 1349 亿美元，年复合增长率达到 11%。报告认为，推动市场增长的关键因素包括新冠肺炎疫情危机中保持制造设施正常运转的财政政策、资源优化以及生产运营成本的降低，从而使市场增长工业机器人的需求，工业环境中对物联网和人工智能等技术的需求不断增长，以及对能源效率的日益重视。

荣亮所在的团队就立足于这个方兴未艾的市场。海尔卡奥斯工业互联网平台对外输出智能工厂方案团队前身隶属于海尔的工程技术中心。伴随着海尔的业务扩张和成长路径，以及基于从"产销分离"到"产消合一"，满足用户无缝化、透明化、可视化最佳体验的创新探索，这个团队沉淀出了大量以大规模定制为核心的制造业数字化转型方案和方法论。

随着海尔内部的数字化需求度过迅猛增长的阶段，步入平稳发展期，他们开始探索将建设智能化工厂的经验对外输出的可能性，并通过持续对外的赋能实践，构建了智能工厂的业务模型体系。这也是一个在中国制造业数字化发展历程中留下了鲜明印记的团队。根据世界经济论坛公布的结果，截至 2022 年 3 月 30 日，中国"灯塔工厂"数量达 37 家，主要分布于 3C 电子、家电、汽车、钢铁、新能源等行业，中国是当今世界灯塔工厂最密集的区域。灯塔工厂的数量反映了中国企业对数字化的热情和动力，也反映了中国企业数字化在全球横向的水平。在这 37 座灯塔工厂中，荣亮所在的团队主导建设了 5 座灯塔工厂，其中包括海尔自身的 4 座灯塔工厂和 1 座外部客户的灯塔工厂。这种实战经验，为制造业首次提供了大规模定制转型的有益借鉴和示范，同时无疑让他们对中国的工厂数字化发展现状与症结有了切实的认知，也洞见了制造业数字化变革中遭遇的一些真问题。

在帮助制造业企业建设智能化工厂的过程中，荣亮和他的同事们经常会遭遇到的疑问是，制造业作为一个大的工业门类，涉及的细分行业众多，每个行业都有专业性和门槛，如何给不同的行业提供合适的智能工厂解决方案，真的存在标准化的解决方案吗？

这也是行业里的热门议题，我们调研过程中也收到过类似反馈。一些从业者颇为困扰的是，制造业的数字化变革或者说广义的工业互联网项目是一个注重交付的领域，如何沉淀可复用的知识？服务商们如何完成从提供定制化的解决方案到提供标准化产品的惊险一跃？学者林雪萍用"能量热沉"来描述这种现象，意为要找到能量不会随意扩散，而是可以吸收、消化在本地的点是最大的考验。

这是工业互联网平台和产业数字化方案提供商们商业模式的根基。当每一个项目都需要注重交付的贴身服务时，也意味着数字化解决方案提供者们耗费了大量的精力做定制化开发。一旦不能形成可复用的结构性的产品或解决方案，自然无法形成规模效应，企业的营收预测曲线和估值模型也难以套用科技公司的计算逻辑。

当下，数字化服务商如云计算巨头们往往以重服务、打造标杆客户的姿态介入大型企业的数字化改造过程，他们在服务大型企业过程中交付的系统和工具通常被视作被服务者的知识资产。

这些数字化服务商们很难将标杆案例里的产品直接复用在新的客户身上。这使得每一个项目都变成了零碎化的非标准服务，庞大的市场很可能会被分割为一个又一个具体的项目，既碎片又零散，很难带来真正意义上的规模效应。

围绕着经验和服务能否沉淀出标准化产品的疑问，荣亮的答案是，在一些环节，企业的数字化改造是存在共性问题的。一方面，今天，制造业正遭遇共同的需求端和市场端剧变，订单的碎片化和零散化已经成为几乎所有行业的趋势。例如，他碰到过浙江一家做胶水的流程制造企业，不同的胶水配方有100多种，但最小的订单可能就几十公斤。为了生存，企业又不可能无视这些小批量、碎片化的订单，这意味着企业要常态化应对定制行为的大批量重复发生。同时网络、直播工具和各类连接平台让订单的可预测性也在降低，大量的需求可能会在极短的时间内产生，许多生产企业被迫要接受巨大的峰谷流量差异带来的供应链震荡。这些都是制造企业生存环境变革中的共性。想要活下来，企业就必须要具备系统重塑人员组织、运行方式和市场供求等变革能力，使生产系统能快速适应需求变化，同时精简生产过程中的冗余流程与消耗，实现最优生产。而现在，解决这些共性问题的答案荣亮团队已经找到了。

荣亮介绍，卡奥斯的智能工厂方案输出团队，输出的知识沉淀来自海尔多年的信息化、智能化改造实践的积累。这套经验已经形成了企业级的现场方法论，沉淀出了三大产品线，一个是互联工厂的建设方法论，一个是灯塔工厂的建设规划，一个是在具体指标上面提出三联三化的迹象性改造指标。这三大产品线的最终导向都是要将用户需求大规模接入智造全流程，并围绕用户最佳体验展开对定制、研发、营销、采购等七大节点的互联改造，重塑工厂角色，而这也为制造业的革新提供了底层的经验逻辑。即使制造业内部在生产工艺层面千差万别，但从企业管理来看，中国制造业里占比超半的离散型装配制造企业在管理层面遭遇的问题是类似的，海尔这样的家电巨头过往发展中沉淀出的解决方案也因此具有了一定的普适性。

许多有改造需求的企业，痛点与海尔 15 年前、10 年前遇到的境况吻合，荣亮和团队能从海尔在全球多座互联工厂的成功建设经验里给出相应的解决方案，并且基于对企业生产组织和工作流程的颠覆重塑，解决企业实际需求。例如，一家企业找到荣亮团队的原因在于，工厂无法按照设计的产能生产产品，产品的交货期从预计的 2 个月延长到 4 个月。这家企业头痛的问题很快被荣亮和他的同事们分解为具体的知识点，从采购、产线管理、产销协同和产品设计层面都能找到办法来解决问题。

不过，他也承认，这套对外输出的现场方法论目前偏重提升企业管理效率层面，尚难深入每一个行业的制造工艺和生产场景。

一旦深入生产工艺领域，制造业细分门类的千差万别特性与行业门槛立即显现出来，解决方案提供商们又要再次纠结方案和知识的可复用性。作为大型工厂数字化改造项目的集成角色，荣亮服务客户的过程会调用和集成外部技术方案，如工业视觉能力、网络连通能力、人工智能算法工具等。他在寻找技术方案的合作伙伴时就会经常遇到技术提供方因为产品的可复用性，而不愿投入精力深入具体制造业的场景。

这种困扰的解决可能需要更标准化的系统性工具存在，通过相对标准的通用规则的建立，让更多应用方来完成具体场景里的产品开发和创新。在这些工具之外，还有发达的低代码开发环境，由具体行业里成长起来的产业从业者群体通过低代码解决工厂生产场景里的大量个性化的需求。

事实上，国内一些互联网平台的确正在尝试类似的做法。如从在线协同工具向应用开发平台转变的钉钉就希望通过搭建行业化的底座，利用设备上钉、计件日结等产品，以相对标准化的方式帮制造企业实现人和设备及不同业务系统间的连通，实现数据在企业内部的流转。它们希望这套方案搭配上低代码，随着平台里的应用生态的逐步完善，从而形成一套可适配、易拓展的数字生产力工具。

不可忽视的是这些尝试当下仍处于起步阶段，平台们要真正建立繁盛的生态仍需时日。

除了数字化方案提供者们必须面对的商业模式拷问，另一重难题来自行业性规范和标准的缺失。

目前，工厂智能化路径没有形成行业性的标准与范例，巨大的信息鸿沟横亘在数字化服务商和数字化转型实施企业之间。许多企业试图引入外部技术支持时常常发现自己陷入了技术参数与繁杂概念的汪洋大海之中。这些数字化方案的需求方一边困惑于企业的具体问题，又很难将自身的问题与市面上泛滥的技术、系统和方案间建立关联。另外，同样的需求还经常出现价格差异巨大的不同的解决方案，企业的试错成本也很高。即使形成行业性规范或标准，能否在全行业分享和交流也颇为可疑。在以工业know-how 建立起竞争壁垒的领域，行业领先的技术和标准可能经常意味着竞争力，也是企业商业模式成立的基石，企业是否有动力对外分享行业标准需要打上问号。

另外，在制造业的数字化改造进程中，引入新的生产力，开始生产关系的变革可能还意味着企业组织架构层面的融合与重塑。既需要重新定义价值，也需要算细账，权衡投入产出比。一些大型制造业集团即使从企业战略层面来思考和看待数字化改造，也时常遭遇行动价值和投入产出比层面的挑战。

以国内某制造巨头为例，从 2012 年到 2020 年，这家企业花了 8 年时间，耗资几十亿元，把 20 万人和 20 余个分散在全球的生产基地、事业部的业务流程、数据统一。这个巨大的工程是在核心管理层的大力推动下进行的，但项目主导者在接受媒体采访时将数字化改造视作旧城改造，并表示最害怕别人问的问题是几十亿元投进去的产出是什么，数字化带来的收益很难直观演说。

这些都是生产数字化、产业互联网或工业互联网发展过程中的真问题，在短期它们都很难有明晰的解决方案。它侧面反映了制造企业的工厂智能之路是一个长期的系统性工程，顶层设计成了工厂智能之路必须要重视的点。

荣亮认为，企业在建设智能工厂和产线之初应该从全局和企业的战略目标角度来规划方案，之后才能基于目标和投入来敲定具体的策略和实施路径。当下，他接触到了大量来自沿海省份制造企业的需求，这些企业正出于环保、人力成本上涨等各种原因将生产基地向中西部省份迁移。这些企业在建设之初就将产线的信息化、智能化手段纳入了考量中。荣亮核算过成本，相比对旧厂房和生产基地的改造，从零开始建一座智能工厂可能是更合算的选择。

这种动向传递出的信息是，国内正在发生的产业转移可能在以我们预想以外的方式展开。此前许多观察者们设想，中国的产业从沿海向中西部省份的迁移逻辑是追求更低的劳动力资源和更低的土地价格，转移的企业也会以相对落后的产能为主。

但现实的情况是，这些迁移到中西部省份的生产基地里不乏一开始便以智能化工厂为目标建设的新型工厂。它的智能化水平和基础设施水平并不输给沿海的企业，产业并非严格按照梯级的形式从东南沿海向内陆延伸。

学者卡萝塔·佩蕾丝研究认为，技术革命是后发国家在产业上追赶先进国难得的机会窗口，通过利用新技术，后发国家有可能形成新的优势，从而实现赶超和跨越式发展。从当下的智能工厂建设动向里，这个理论也许有应用到我国地域产业竞争层面的可能性。

对每一家正在进行数字化转型的企业而言，工厂里的智能之路都是一场摸着石头过河的实验。这也是一张没有标准答案的问卷。不同行业、不同规模、不同制造模式的企业，推进智能工厂的方式千差万别，"道阻且长"。企业要在深水区里艰难跋涉，要做出短期可能看不到成效却又不得不进行的尝试。

而技术和解决方案提供方也在步入无人区，他们必须直面和解决各种各样的新问题，才能应对发展中的市场。

03

规模：服装产业的数字化样本及其超越

市场咨询机构埃森哲 2018 年在一份报告中感慨，在中国，规模是一件令人着迷的事。巨国效应让观察中国成为一件极具挑战的事，但规模同时又成就了波澜壮阔的美感。

这个发现并不新鲜，早在 1937 年，美国记者卡尔·克劳（Carl Crow）就在《四万万消费者》中有过类似的喟叹——"这个国家如此之庞大和如此之复杂，它永远不会让人感到无聊和平庸，而且人们对她知之甚少。只要多走走，你总会有新发现和新惊喜。"

规模也是工业时代的神迹。从福特大力推广流水线开始，规模效应的形成得益于分工和零部件的标准化。

亚当·斯密在《国富论》中对生产扣针的劳动分工有过经典的描述。一个工人每天至多生产 20 枚扣针，如果将扣针生产程序分解，一个人抽线，一个人拉直，一个人切截，诸如此类，一共分为 18 种操作，每种一位专门的工人承担。这样一个十几人的小组，只要具备最基本的技能，就能在一天内制成 48000 枚扣针。

生产的产品数量增加，其生产成本却并未随之同比例增长，每一件产品的边际成本摊薄，企业自然有动力追求更大的产品数量，规模效应由此而来。1910 年，使用标准零部件的福特 T 型车实现了量产。

在消费互联网时代，互联网公司们提供的软件及数字消费产品并不会随着服务用户的规模扩大而增长，相较于用户体量的增长，产品的运维成本极低，这是网络效应产生的价值，也是互联网产品能实现指数级增长的秘密。

而当数字化进入工厂的生产逻辑里，数字革命如何影响"规模"？在工业革命的源头服装产业里，我们发现了一些迹象——需求端对个性、差异的追求变得前所未有强烈，消费越来越圈层化，这使得从前是生产端所熟悉的大规模—低成本链条变得难以为继，大规模生产带来的可能是会把企业压垮的库存。

数字技术试图抹平这种分裂。SHEIN 是从跨境赛道上杀出的超级明星，它以自身的产品力凝聚而来的消费者和订单为指挥棒，将世界纺织重镇的小工厂们通过数字技术手段整合，实现了分布式制造。庞大的订单被化整为零，在广州周边的中小工厂里，实现了碎片化订单的大规模、低成本生产。

而犀牛智造则是国内互联网平台式的尝试。在蛰伏三年后，阿里巴巴悄无声息打造出了一家被世界经济论坛认可的灯塔工厂。服装产业从未出现过灯塔工厂，而一家由互联网公司完成的灯塔工厂本身就颇具观察性。犀牛需要连接的主体比SHEIN更为复杂，消费者—品牌—犀牛智造—工厂—工人，阿里通过打造这座云上的工厂，试图在碎片化、多样化的消费和广大中小企业的生产能力之间扮演连接者。这是另一种对规模的超越，小订单和小生产能力通过一个平台，实现了多对多的供应。

服装产业里的创新让人窥见了数据成为生产资料的一种途径，它似乎正在打破一个工业时代以来形成的不可能大三角，订单规模、多款式快速上新和成本三者不能得兼的情况正在改变，大规模定制越来越变得可能。

古老的行业，变幻的市场

美国商业史研究学者迈克尔·波特在《国家竞争优势》中提及，几乎所有的产业在世界市场的主导地位都有时间限制，有些产业的优势地位极其短暂，易于流逝。

"在那些劳动成本或者自然资源对竞争优势至关重要的产业也通常如此……投资的平均收益很低，许多国家都有条件进入这些产业……由于进入门槛，这些产业中很容易就会有太多的竞争者……快速转移的要素优势不断地吸引新的进入者，他们的进入促使利润、工资都会下降……发展中国家的这些产业往往难以摆脱边际利润不断下降的尴尬境地……在这种情况下，国家不得不持续面对失去竞争优势的威胁……"

劳动密集型的棉纺织产业便是这样的一个产业，一劳永逸的进入门槛很难与之关联。

中国是世界纺织产业的中心，拥有全球规模最大、最完备的产业体系，生产制造能力与国际贸易规模长期居于世界首位。公开数据显示，2020年，我国纺织纤维加工总量达5800万吨，占世界的比重保持在50%以上，化纤产量占世界的比重超过70%；纺织品服装出口额达2990亿美元，占世界的比重超过1/3，稳居世界首位。

硬币的另一面是，中国服装产业的集中度偏低。银河证券的一份报告显示，纺织服装上市公司占国内纺织服装行业整体比例不足1%。在世界第一的市场规模下，上市公司比例低，中小企业居多，竞争激烈。

如果我们从另一个维度来考察，会发现即使是上市企业中，服装企业的市值也有明显的天花板。

有人曾经做过一个横向对比，盘点了当今全球的服装产业链条接近千亿美元的服饰企业核心竞争力。一种是ZARA这种通过极致供应链管理实现扩张的企业，它的产品品类多，产品价格溢价率不高，技术难度也不高，以薄利多销取胜；一种是奢侈品企业，如 LVMH，它的服饰品类少，但价格颇为高昂，溢价率超高，不依靠任何渠道的品牌能力是它的核心竞争力；另一种是优衣库，以基本款研发及供应链管理并举，产品的研发过程中科技含量高，产品价格亲民，通过量大实现品牌扩张。中国企业在这三种分类中都没有诞生千亿美元量级的公司。

以服装产业为例，中国制造有向更高链条爬坡的可能性吗？回答这个问题可能要从中国服装产业是如何在产业链条里获得当下的位置，以及企业当下发展的困境及机遇说起。它与产业和贸易在地理上的迁移及制造业的全球分工有关。中国要实现服装产业的价值链跃迁，本质是产业发展要改变固有路径，获得新的发展动能。

如迈克尔·波特所言，全球纺织行业中心的确历经了数次转移。近代纺织的工业化生产起源于第一次工业革命时期的英国，1900 年前后美国接力英国成为新的纺织制造中心。二战后全球纺织制造中心转向日本，20 世纪 60 年代后逐步又转移到亚洲四小龙国家和地区。中国在上世纪 80 年代走外向型发展路线，在世界棉纺织产业中逐渐显示了存在感，而生产制造地位的确立与中国 2001 年加入 WTO 有关。

2005 年，欧美开始全面取消中国纺织服装产品配额限制，被钳制住的"世界工厂"的服装产能得到了释放。服装产业的对外贸易迅猛发展，中国顺利成为全球纺织制造业中心。近年来，东南亚国家由于劳动力成本等方面优势，开始承接部分来自中国和其他地区的制造产能，纺织制造中心有向东南亚部分欠发达国家转移的趋势。

经济学者们用比较优势理论解释过纺织产业里的这种生产力地理变迁，日本学者赤松要的"雁阵模型"十分形象地描述了产业从劳动力价格高、土地成本昂贵的地区转移到次发达区域的过程。这种转移和演进在全球范围内形成了相对稳定的分工，纺织产业链的不同环节由不同国家和地区占据——欧美以品牌零售为主，日本纤维研发及面料设计处于世界领先水平，韩国、中国台湾地区在纤维面料生产环节占据了一席之地，中国以面料生产和成衣制造为主，而东南亚和南亚国家逐步承接纺织产业链中的低端制造环节业务。如果用"微笑曲线"理论来解释，中国在产业链条里的位置居于价值相对低的环节。

中国服装纺织产业的位置当然与其发展历程密切相关。回顾20世纪80年代以来的中国服装纺织业发展历程，中国的起点极低，社会整体经济发展水平和发展阶段限制了产业的整体竞争力。

20世纪70年代末到80年代中期之前，整个国家处于由计划经济向市场经济转轨阶段，由于工业生产不发达，实行布票配给制，市场上供应的服装产品数量有限。公开数据显示，1980年，服装产量9.4亿件，人均不足1件的水平。从这个数字也能看到，当时中国国内的服装消费主要以功能性消费为主，满足冷暖需求为最大目标。

1980—1985 年，政府逐步贯彻对外开放、对内搞活的方针，大力发展消费品生产，服装业被列为消费品生产的三大支柱产业之一。据公开统计数据，1980 年服装产量比 1979 年增长了 27%。当时我国的服装出口也在发展，从 1976 年创汇 1.9 亿美元开始起步，1980 年增长到了 16.53 亿美元。1983 年国家取消布票配给制后，纺织品和服装供应限制取消，国内服装市场逐步活跃起来。

我国有丰富的原材料供应来源，以棉、麻、毛、丝为主的服装原材料供应充分，这也大大便利了纺织产业的发展。1986 年"七五"计划后，沿海经济特区及开放城市都开始大力发展外向型的劳动密集型产业，服装产业成了国家重点发展的产业之一。同时，国内的消费市场正经历从消费短缺向商品丰裕的过渡期，服装企业投入少、产出快，因而产业规模得到了快速扩大。

1995 年 WTO 成立，纺织品与服装协定取代了多纤维协定，根据该协定要求，各国之间的纺织服装配额从 1995 年起至 2004 年 12 月必须逐步取消。中国 2001 年加入 WTO，此后中国纺织服装出口拥有了更加宽松的外部环境。到 2010 年时，中国的纺织产业出口占全球份额从中国加入世贸时的 15.6% 提升到近三分之一。

在外部市场快速扩大时，服装的内销市场也在激烈变化中。

经过改革开放以来二十余年的发展，中国人的消费能力持续增长。根据国家统计局统计，城乡居民收入水平较改革开放初期有了明显的提高，城镇居民人均可支配收入从 1978 年的 343 元增长到 2000 年的 5027 元；农村居民人均可支配收入从 1978 年的 134 元增长到 2000 年的 2282 元。中国人的消费观念也从功能消费转向品牌消费阶段，服装领域也不例外。

前瞻产业研究院的一份纺织行业的报告显示，在纺织产业的中游服装生产环节，中国企业有 OEM、ODM、OBM 三种模式，毛利率依次升高。其中，OEM 模式毛利为 5%~10%，生产企业完全按照品牌企业的订单加工，开发和销售环节都掌握在产品品牌所有者手中。ODM 模式下，ODM 企业的毛利率为一到两成，在生产制造环节主动发现客户的需求，并自主帮助对方进行原始设计制造。而在 OBM 模式下，毛利率达到了 35%~50%，企业自身掌控着销售渠道和商业运营。品牌化经营对企业而言意味着更高的利润、更高台阶的发展。从改革开放初期至今，中国大量的服装企业处在微笑曲线的价值洼地部分。

世纪之交，沿海的开放城市宁波、温州、东莞、泉州等地的一批服装企业品牌意识开始觉醒，为了获取更高的利润，做大品牌、占据日渐壮大的国内市场成为它们的目标。

以美特斯邦威、森马为代表的一大批企业建立了覆盖全国的专卖店，构筑了品牌化的商品和传播体系，其中的佼佼者还敲开了资本市场的大门。千禧之后的十年，称得上是中国服装品牌发展的黄金十年。

但产业里的风险同时也在酝酿。WTO 让中国服装出口有了更为有利的国际环境，国内的市场同时也向国际一线品牌开放。

ZARA、优衣库、Mango 等纷纷进入中国市场，外资品牌的全面进驻一定程度上丰富了中国时尚消费市场，教育了中国消费者。国际服装巨头们拥有更先进的管理理念，在设计与品牌运营层面的能力都较本土品牌更为突出，它们的存在也冲击了国内品牌的市场生存空间。

21 世纪的第二个十年，本土服装品牌们纷纷陷入了库存压力和闭店风波之中。2012 年中国服装企业集体遭遇高库存挑战。当年，李宁、安踏、特步这些知名服装企业库存高达几十亿元，美特斯邦威、波司登、七匹狼都深陷高库存漩涡。而这个问题从这时起就成为中国服装企业共同的心病。

对中国服装产业而言，"门口的野蛮人"不仅仅只是跨国服装品牌。电商渠道的兴起、新兴消费群体的成熟、购物习惯的变迁，都在加剧服装品牌企业们的危机。

服装企业的危机并未影响中国服装市场的规模扩张。国家统计局数据显示，2016 年中国首次超越美国，成为世界第一大服装零售市场。这个位置此后几年虽然时有变动，但中国服装消费市场的规模已现，不逊于美国市场的体量让这里也成为全球服装品牌角逐与竞争的最前沿。

危与机并存之际，服装行业也因数字化浪潮的到来正在发生微妙的新变化。

ZARA 的中国门徒

2020 年 8 月初，一则标题为"中国最神秘百亿美元公司的崛起"的报道让跨境快时尚服装巨头 SHEIN 第一次在主流财经媒体的视线中现身。

文中称，"它希望成为线上 ZARA，去年将 300 亿元的服饰卖到海外——大约 1/7 个 ZARA 或者 2.5 个 H&M……在 SHEIN 的第一大市场美国，Google 上搜索它的用户已经是 ZARA 的 3 倍以上，但没有一家媒体机构报道过这个中国公司的突然崛起"。

SHEIN 被类比为线上 ZARA，在于它具备了每天能上线 600 款价格在 12 美元的衣服同时不被库存压垮的能力，从产品设计到上线只需要让人咋舌的 7 天。事实上 SHEIN 不是第一个被称为中国版 ZARA 的服装巨头。在 SHEIN 之前，以纯、美特斯邦威、凡客诚品、拉夏贝尔都曾被媒体视作中国版 ZARA。

新锐的服装公司总会被类比为中国版 ZARA。为什么是 ZARA？

这可以从 ZARA 的成绩说起。时装圈的上新纪录和世界服饰第一的宝座都曾是 ZARA。这家创立于西班牙的服装品牌每年推出超过 12000 种新款服装，只需要两周的时间就可以设计开发出新产品并摆上货架，因而在全球掀起了一股快时尚热潮。ZARA 在 2004 年 5 月进入中国香港，2006 年在上海开设第一家内地的专卖店，从 2011 年起，连续 5 年保持着每年在中国市场净开店近 20 家的扩张速度。

一家服装企业公司被称为中国版 ZARA 意味着，它具备一定的潮流把控力，快速上新，同时发展势头迅猛。无论是以纯、美特斯邦威还是拉夏贝尔都曾在各个层面模仿过 ZARA。

2008 年，以纯董事长郭东林在接受媒体采访时曾经提过，"以纯的模仿对象就是 ZARA，向 ZARA 学习"。而 2008 年上市风头大盛的美邦也被视作中国最接近 ZARA 的公司，为了学习 ZARA，媒体报道过周成建曾专门把一些订单交给 ZARA 在中国的代工厂，并自己到这些工厂详细了解整个运营过程。至于拉夏贝尔，也公开对外宣称"从创立之初就主打'ZARA'模式"，它吸引消费者的方式也是通过快速上新，款式新颖，从而实现门店的快速扩张。

对 ZARA 执念的另一面在于，在 SHEIN 之前，打着中国版 ZARA 旗号的服装品牌们始终未曾到达过 ZARA 的高度。2015 年，ZARA 的母公司问鼎全球服饰第一宝座并持续多年登顶，2016 年 ZARA 的创始人阿曼西奥·奥特加凭借着这一超级品牌，个人财富超越微软创始人比尔·盖茨，成为世界首富。

ZARA 的中国门徒们步伐颇为蹒跚。这些试图仿效 ZARA、打造服装帝国的企业们，品牌化之路走得并不顺畅。

以美邦为例，2008 年 8 月 28 日，美邦成功上市，周成建及其家族以 20 亿美元资产跻身福布斯中国富豪榜第 5 位。美邦的崛起与它的"虚拟经营"模式分不开，美邦自身将生产、销售外包，直营与加盟结合，只保留最核心的品牌、设计和少量直营店，从而撬动上下游资源实现在全国迅速扩张。到 2011 年，美邦财报显示服饰营业总收入达 99.45 亿元，净利润高达 12.06 亿元。2012 年，美邦店铺总数达 5220 家。这也是它最为辉煌的时候。之后它就步入了不断关店、市值狂跌、业绩连年亏损的魔咒中。

拉夏贝尔的情况也类似。2014 年拉夏贝尔赴港上市，2017 年又在上交所挂牌，成为国内首家"A+H"两地上市的服装企业，市值曾一度飙升至 120 亿元。2017 年营收近 104 亿元，是国内营收最高的女装上市企业。它还豪气地喊出"3 年新增 3000 个网点"的口号。但到 2019 年，拉夏贝尔经营不善闭店的消息就经常上财经新闻头条。

效仿 ZARA 的品牌们频繁折戟，背后的原因总结起来是经营不善。某种程度而言，这些企业的命运也反映出了中国服装行业从改革开放后市场化发展阶段以来始终存在的困境和行业痛点。

中国企业重生产制造，企业管理运营能力相对薄弱，设计、品牌及科技含量相对欠缺，最终在激烈的市场竞争里进退失据。即使身居全球最大的服装销售市场，领头服装企业的发展始终存在天花板。

新崛起的 SHEIN 与此前的中国版 ZARA 们有明显的不同之处。

它主打的是海外市场，通过线上销售，与此前的国内服装企业发展路径的差别颇为明显。观察家和服装行业资深人士分析，

SHEIN 与此前服装产业里的快时尚玩家的不同点还在于，它通过对技术的投入成功建立了一套柔性的供应链。SHEIN 的成功离不开数字技术、柔性供应链等关键词。走入公众视野后，SHEIN 的增长并未停止，成立才几年时间就已在估值上超越服装行业的前辈们，还带动了一大批模仿追随者，资本甚至因之燃起对服装厂的兴趣。

无独有偶，就在 SHEIN 被主流媒体关注的几乎同时段，2020年 9 月，阿里巴巴旗下的犀牛智造经过三年蛰伏横空出世。它从改造工厂末端，提升服装厂的数字化技术设施层面开始，依托阿里巴巴电商体系的丰富资源，试图以数字化能力打造服装行业的新物种。

SHEIN 和犀牛智造是数字浪潮里中国服装产业的新面孔。希望通过数字手段来实现规模化扩张的当然不止两家，传统的服装巨头、新兴的 SAAS 产品服务商和各类效仿 SHEIN 做柔性产业链出海的跨境品牌等，都是当下如火如荼的数字革命里玩家们尝试改造服装业部分环节的努力。

这些新的生产组织形式指向非常明确——数字化探索和技术改造尝试给这个竞争激烈又风云变幻的市场带来新的可能性。

被数字技术武装过的玩家们能否拉大中国服装行业整体的骨架，打破世界第一服装市场里的领头企业体量的天花板？这要看行业的顽疾能否被解决。

库存的本质

2017 年，丹麦 TV2 电视节目 Operationx 报道了一则颇为轰动的新闻——2017 年 6 月 15 日，时尚巨头 H&M 公司派出一辆装有 1580 公斤（3483 磅）纸箱的卡车前往丹麦的废物处理厂。报道称 H&M 为处理库存焚烧未出售新衣，自 2013 年起已焚烧了 60 吨新的可用服装。而一切的原因在于生产过剩，服装滞销。H&M 当然坚决否定了这一消息，称处理的只是因为霉菌或不符合化学限制而被送去焚化的停止订单。

这不是 H&M 第一次被指控通过损毁的方式处理库存。2010 年初，这家瑞典时装零售商在《纽约时报》的一篇曝光文章中被指控在纽约 35 街的一家商店里剪毁和倾倒不想要的衣服。当时 H&M 曾承诺将确保这些做法不再发生。

由此可见，供需间的错配是全球服装企业的心病。不过，中国服装市场供需错配的问题颇为突出。

根据媒体公开报道信息，中国服装纺织行业的存货周转期指标近年来一直呈上升趋势。从行业总体表现来看，截至 2020 年 6 月 30 日，沪深两市（A 股）纺织服装板块共 177 家上市公司，存货周转期 232.33（天），比上年同期提高了 35.08%。

存货周转天数指企业从取得存货开始，至消耗、销售截止所经历的天数。它反映了存货在库天数。它的数值越小，代表产品越畅销。存货周转期为 232.33 天意味着服装板块的企业平均需要大半年时间才能资金周转一次。财经媒体分析企业财报时经常会用这个指标来衡量一家企业的现金流。现金周转天数 = 存货周转天数 + 应收账款周转天数 − 应付账款周转天数。

它其实传递的是一个很朴素的道理：越快把货卖出去（存货周转快），越快收到销售款（应收账款周转快），同时压住给上游供应商结尾款时间（应付账款周转慢），那么短期企业手里可支配的现金就越多，企业的财务状况也更健康。

苹果 2021 年 9 月公布的财报数据显示，苹果的存货平均周转天数是 11.13 天。也就是说，苹果全球门店的货每 11 天清空一次。科技公司亚马逊 2020 年这一指标为 27.2 天，它的近 10 年中位数为 37.0 天，而零售周期性行业中位数则为 93.12 天。

177 家服装上市公司平均的存货周转期为 232.33（天），这意味着库存压力大，企业的现金回流难度高。此前被中国服装企业争相学习的、超级供应链巨头 Inditex（ZARA 母公司），2019 年平均存货周转日为 72 天。

高库存、低利润是中国服装行业的重要矛盾，在服装市场消费和企业生产供给之间出现了系统性的错配。供给颇为低效，消费者的需求可能也并未及时得到满足，最终在企业端形成巨大的库存压力。

我们可以从生产端和消费端的不同表征来拆解当下服装行业内存在的巨大的供需错配矛盾。

在生产端，供需错配和矛盾也可能表现为两点：一是生产者提供的大量的服装产品出现滞销，形成了大量的库存；二是一些产品的消费者反馈不错，但因为销售状况超预期是突发情况，造成生产计划无法及时跟上，后端的供应链条无法满足，导致畅销品无法持续稳定供货。

生产端的库存形成的原因可能是多元的。第一，企业未充分考虑目标市场的消费者的需求，盲目生产出了大量不符合消费者喜好或消费习惯的产品。例如审美层面、风格把握层面出现的偏移，没有真正去调查消费者的偏好或者需求。另外，中国人的服装消费当下虽表现为个性消费和品牌消费特性，但其仍然具有功能性特征。在客观季节气候层面出现突变，而产品的供给模式未跟上这种突变时，服装依然可能会出现不符合消费者需求的状况。

第二，服装行业自身的季节限定特性。有行业分析者将服装视作另类的生鲜商品，因为它具有强烈的时效性。春夏秋冬，每个季节都有新品，3个月的季节时长，加上消费者购买习惯，往往是买可以即时穿着的衣服，因此3个月就是时装的保鲜时间。新品在这两三个月里才能以原价销售，一旦过季，它就必须打折出售，实现资金回笼。从当下的现状看，大量的时装做不到真正的应季售罄。

第三，新的消费场景和渠道变迁给服装生产企业连接消费者带来了巨大的挑战。从前，服装的消费场景是，生产企业通过品牌专卖店售卖及通过批发环节到达线下的零售终端，但电商崛起之后，线下的商场百货及服装门店人流量受到了巨大的冲击。如果把人到品牌的购买行为本身视作一种流量的话，从前连接人和货的场域发生在专门店等品牌自身具备覆盖能力的终端渠道，流量能够得到保障。电商崛起之后，这种终端的掌控力不再握在品牌自身的渠道体系中，生产制造品牌也出现了流量的焦虑和瓶颈。这是渠道剧变后的服装品牌们切实遭遇的困境。生产制造品牌无法连接消费者，即使企业生产出的货物和产品符合目标人群的需求，但由于品牌的货架不再处于目标消费者的可触达范围内，购买行为依然不会发生，库存压力依然会出现。

针对这一困境，不少企业也做出了非常大胆的尝试。为了在数字时代重建和消费者的连接，一些服装企业甚至自己下场做起了 APP 和网站。比如美邦就曾经开发过邦购产品。但仅有一个线上终端并不意味着和消费者的联系就此打通，它们只是一个消耗流量的入口，并不是能带来流量的渠道。除了服装企业，服装批发市场也曾经试图重建自己与下游零售端的联系，一些服装批发市场也尝试过建设自己的线上商城。但它们同品牌自建商城一样面临同样的困境，自然也会铩羽而归。

第四，激烈的本土厮杀和肉搏，国际品牌和本土品牌同台竞技，在竞争激烈的情况下，企业会陷入低水平重复建设中。这是过于残酷的市场竞争和内卷导致的重复生产和行业性浪费，也与服装市场的门槛和壁垒不高有关。

总之，库存成了压在中国广大服装企业头上的达摩克利斯之剑，随时会被引爆。

在消费端，供需错配的矛盾可能表现为两点：第一，消费者的需求旺盛，但世面上的产品可能不一定是自己喜欢的，或者产品的价格高，影响了消费需求的释放。第二，在消费意愿充足的情况下，却出现买不到想要的产品或者延时才能买到想买的产品，后者多表现为应季产品无法适时被买到。

由此服装消费行业的供需错配可以被总结为偏好问题和数量问题，前者指向了生产的产品内容，后者指向了产品供给的能力和时机。

要解决这些问题，不同的玩家开出的解决方案并不一致。有人试图从服装厂里的缝纫机及设备环节的标准化切入，打造一座灯塔工厂；也有玩家把供应链的快捷性和高效性视作最高目标，最大限度利用既有资源；还有生产制造企业试图从生产制造环节转型输出数字化转型经验和能力；当然也有新兴创业公司基于软件和算法来寻找市场机会。改变已经开始。

犀牛智造：服装行业第一座灯塔工厂

2020 年 9 月 18 日，世界经济论坛宣布"全球灯塔网络"新增 10 家灯塔工厂成员，阿里巴巴旗下的迅犀试点工厂入选。迅犀试点工厂有个公众更为熟知的名字——犀牛智造。

世界经济论坛对它的点评是："迅犀试点工厂将强大的数字技术与消费者洞察结合起来，打造全新的数字化新制造模式。它支持基于消费者需求的端到端按需生产，并通过缩短 75% 的交货时间、降低 30% 的库存需求，甚至减少 50% 的用水量，助力小企业在快速发展的时尚和服装市场获取竞争力。"

犀牛智造还被视作阿里发力新制造的样板间，阿里在犀牛智造亮相时曾对外表达过从服装行业切入新制造的原因。一是行业市场规模足够大，服装行业在国内是 3 万亿元的市场规模；二是行业的痛点足够强，库存和供需不匹配的问题深深困扰着行业；三是能够发挥阿里巴巴的优势，阿里的电商平台上服装是规模最庞大的类目之一。

而如果要拆解这座服装行业的灯塔工厂，我们应从世界经济论坛的点评关键词出发。最重要的关键词当属"支持基于消费者需求的端到端按需生产"。它意味着生产端能够捕捉消费端的需求，并切实完成从需求出发的订单生产，它的实现当然要借助数字技术和消费者洞察的结合。

从现有的公开报道和对犀牛智能工厂的调研，我们将这种从需求端到生产端的过程分为两部分，一部分是消费者需求的捕捉，另一部分是生产端的工厂如何用数字化技术及手段接受这些需求，并以高效、低成本和高质量的方式完成。

消费者需求的捕捉来自阿里电商平台过往大数据和算法的积累，来自它们对消费者偏好及具体时段流行趋势的综合把握。阿里的淘宝和天猫电商平台每一天都在沉淀着大量的服装行业数据，它与消费者的购买动作、浏览行为等紧密挂钩。除此之外，整个社交平台的一些趋势性数据也都会被纳入这种需求洞察中来。过往的海量消费者交易、浏览行为大数据和全网趋势最终通过犀牛数据团队的分析处理，会形成两种类型的数据产品。

一种是新品赛道层面，犀牛智造自研了基于舆情热点、传媒资讯、市场热度、成交数据的热点机会发现模型及市场增长预测模型，可以通过对不同品类、不同功能性场景的洞察，给品牌做出一些方向性的指引。另一种是具体的款式推荐。根据热点机会，让 AI 与设计师合作形成行业首创的人机协同设计模式，快速生成高精度、可直接用于商家选款的服装设计作品。这些包括面料的款式信息推送到犀牛的商家服务端口，形成 3D 打样的虚拟产品，设计师可以查看虚拟产品做出修改，最后形成自己的新品设计方案。

通过对即时或未来某个短周期的消费者需求的预测和把握，品牌在新品的细分赛道及单品的款式层面都有了相应的指引。相比此前品牌的设计师设计新品、发现新赛道的方式，大数据和算法的能力能更即时、更高效地实现对品牌的目标消费群体的需求及偏好的捕捉。这些信号反馈到生产端，生产出的产品成为库存的概率会更低。

当企业敲定了具体的款式后就可以把订单信息提交到犀牛智造的商家端口，商家可以提交生产需求，向犀牛智造所连接的制造环节发出生产指令。到这一步，生产企业与消费者需求的连接就此建立。

至于生产端如何完成符合消费者需求的订单，高效、快速及少量多类地生产，则离不开对工厂的智能化改造。对工厂的数字化改造也是犀牛智造的一大亮点和难点。

中国的服装产业上市公司比例低，集中度低，生产环节更是典型的劳动密集型行业，中小企业多且竞争激烈。这些工厂的数字化基础薄弱，自动化的设备也很少，从原材料运输到生产缝纫再到成本检测、装包等大量环节都依赖人力完成。

犀牛智造用了几年时间对中国制造相对原始的环节做改造。在工厂建设中，与其他的服装工厂不一样的点在于，IT技术类人才的占比很高。因为讯犀试点工厂除了物理实体的存在，还有一个云上的指令系统，因此它也可以被视作一座长在云上的工厂。

从订单接入环节开始，生产的计划安排就由云上的大脑接管。订单的件数、需要的辅料、交货截止期等信息都会自动从犀牛智造开发的商家端口传输到工厂的自动排单系统里。它能智能调度生产物资来筹备生产，AGV小车拖着布料和各种辅料在工厂的车间里移动。它还能综合判断工厂的生产能力来自动分发订单里的每一件衣服的生产制作任务。裁剪、印花等诸多环节都由更具标准化的机器来完成，这样就保证了每一件衣服的质量。

但服装生产环节的全面数字化并不那么容易，例如布料的自动抓取就是门技术活。

这个环节的难点在于：一是服装是非标品，没有标准化的生产模板，布料的形状多变，光是辨认就需要花费工夫。二是服装面料是软体，具有透气性、延展性和柔软的特性，这导致在整车、手机等制造车间里屡见不鲜的自动化抓取工具到服装行业变得不具可行性。布料透气，传统的负压吸盘不能用。布料又很柔软，延展性强，单点式抓取的夹具不能把布料摆放平整。因此，如何通过机械化的抓取工具实现面料分层抓取、精确自动堆叠，是全世界纺织行业的共同难题。犀牛智造与设备商试验研发了新的静电吸盘、针式吸盘、正压吸盘，它们可以克服布料柔软和透气的特点，轻松实现平整的抓取和释放不同类型的布料。

这座长在云上的工厂，还引入了一种新颖的设备——蛛网式吊挂系统。它的存在让服装厂变得更像钢铁、汽车等自动化程度高的行业里的生产车间。传统流水线通常单线生产运转，一件衣服从半成品到成品一步步流进所有工序，每个工序的工人完成一件再进行第二件。而蛛网式吊挂生产系统，把整个工厂进行集成式蛛网设计，每一条生产线是相互串联的，它会基于生产过程中的实时调度和实时平衡，进行智能的配送和智能的生产。一道工序上有积压，系统会自动分配生产任务到另一个同样工序的工人手中，也可以调配到另一个工序但具备同样生产能力的工人手中。这就减少了生产过程中工人熟练程度不同带来的积压现象。这套生产线上还能同时生产不一样款式的产品，比从前的单线生产效率更高。

缝纫机是服装厂里的重要生产工具，犀牛智造的工厂里配置的是专门向日本重机定制的一种嵌入 PAD 和数据盒子的机器，连接到云端，能够记录剪线与断线操作、起停时间、线和布匹的张力数据。这些数据配合蛛网式吊挂系统，实现云端的智能系统对每一台缝纫机生产能力的调配。

从这些部署和硬件层面的调整能看到，工厂的数字化并不是一蹴而就的。在没有数字化地基的地方，平台企业需要做大量打地基的工作，和工厂一起寻找适合具体产业的硬件工具、软件助手，才能实现物理世界和数字世界的连通。

端到端按需生产，除了让生产的内容符合消费者审美，还改变了单个订单的起订数量。从前服装产业订单最小生产规模的行业记录在500件左右，15~20天交货期，犀牛智造对外公布自己的效率大大提升，每个款式的起订量下降到了100件，7天交货。丰富性和多样性是当下消费者对服装消费的内在要求，每个订单的最小起订量降低对品牌而言意味着库存风险的降低，通过更小的订单、更多款式的测试，品牌能更好把握消费者的需求。这一能力被犀牛智造称为"小单测款"。

基于小订单的销量数据，这座云端工厂的大脑能够更好地为可能出现的爆款产品筹备好生产资源。犀牛智造对外披露，它们拥有通过大数据分析、自然语言处理、图像识别、深度学习等技术构建出的商品库存预测模型，能够为商家发现尖货和潮流趋势，产生精确到颜色、尺码的销售预测和库存控制方案。例如能监控和洞察款式售卖过程数据，做到智能补单、供给侧快速翻单，以满足市场需求。这能应对爆品出现，因而能实现"大单快反"。

一个服装订单从诞生到交付至消费者手中的过程被数字全面解构，在整个流程里犀牛工厂数字化的颗粒度精确到了单件衣服，而此前服装行业盛行的是以单个订单来配置资源。

这些在行业里都是突破，也因此它让服装行业第一次跻身技术密集型企业的一员。但不可否认的是，位于杭州的讯犀依然是一座试点工厂，它是服装行业未来可能性的一种样板。

2021 年 11 月下旬，阿里对外披露的信息是，犀牛工厂已经在三个自营产业园建成了八家工厂，分布在杭州及宿州两个城市。2021 年，犀牛与鲁泰集团在智能制造、面料供给、生态协同等领域的合作，完成了鲁泰工厂数字化改造升级，与此同时，犀牛还和全国几十家工厂合作。

对于这头智能化的犀牛而言，未来要在更大范围内扩张和赋能，智能设备的建设投入和成本都要被纳入考量中。作为一个对接供需双方的平台，只有当改造的成本足以被整体效率提升带来的收益所覆盖时，大量的中国普通中小服装厂才有全面接入这个系统的可能。而这个目标的实现，依然任重道远。

SHEIN: 数字打造的极致供应链

创立于 2014 年的 SHEIN 可能是成长最迅速的百亿美元企业。根据中泰证券在 2021 年 6 月研报中的数据，SHEIN 2020 年实现营收约 700 亿元，近 4 年复合年均增长率高达 189%，是全球最受欢迎的线上购物平台。

而回溯它的成长之路，市场驱动的极致供应链可能是最重要的关键词。中信证券曾在一份 SHEIN 系列报告中总结为：精准营销、流量运营以及出色的供应链管理能力。

精准营销和流量运营，本质是针对消费者端的把握，是对流行的捕捉和对需求的预测。SHEIN 能做到这两点，与它的互联网企业属性善用数字工具有关，也与它出海策略中选择自建平台密不可分。正是这二者让它得以实现对消费者端需求更全面的掌握。

中国的服装企业们把握需求的途径曾经是服装品牌们的订货会。服装企业的区域经销商在企业定期举办的新品会上订货，经销商由于处于市场前端，更熟悉品牌在具体区域的消费群体喜好及市场趋势，因此品牌通过它们的订货行为来进行生产和供货，从而实现从市场上的消费端到生产端的连接。

但随着许多企业经营状况的恶化，加上电商渠道的崛起，线下零售点生意冷淡，末端经销商对市场的感知能力也逐渐丧失。订货会不仅没有有效获知市场反馈的能力，反而变成生产商将库存压力转移至末端经销商的手段。只要经销商订货，一些企业在指标上就将产品视作销售完毕。后果是企业陷入虚假繁荣，经销商丧失了对消费者偏好的捕捉能力，最终被库存压垮。

国外颇为推崇的买手制是另一种把握市场需求及消费者偏好的途径。快时尚巨头 ZARA 也推崇过买手制。在欧美,时尚产业发达,品牌和设计资源扎堆，经验丰富的买手们经常穿梭在各大时装周汲取滋养，感知下一个季节的流行元素、美学风格，最终将这些元素体现在快时尚品牌频繁推出的新品中。这种要素汲取方式也带来过争议，ZARA 曾多次被指控抄袭。

线上平台 SHEIN 连接消费者的方式是互联网化的，通过对用户在线行为的追踪、记录、分析和挖掘，最终形成洞察。它的流量运营策略可以分为对外部流量的利用和对私域流量的运营两类。

在互联网公域流量的利用层面，SHEIN 通过搜索引擎优化、社交平台展示和 KOL 种草，来实现为其独立站点的引流，从而扩大用户体量。

公开信息对 SHEIN 的获客成本有不一样的两种看法，财经媒体晚点在报道中提及，"一般人投广告做到一定程度就可以了，但许仰天骨头缝里的都吃掉，营销成本控制得比同行便宜70%"。精准的成本管控和强大的内容营销能力让它踩中了社交平台流量红利，在主流平台的大规模商业化之前实现了人群的跨圈层扩张。不过也有财经媒体报道 SHEIN 的获客成本要高于绝大多数竞品，SHEIN 经常会采取战略亏损的方式，"简单粗选几个指标就会全量启动投放，不怎么算细账"，但由于 SHEIN 的客单价、转化率、复购率都高于竞品，因此能够承受更高的前端成本。

但不管成本高低，SHEIN 充分展示出了当下消费品牌最看重直面消费者的能力，它摆脱了其他在亚马逊上开店的跨境品牌们对主流电商平台的依赖和掣肘，更有利于在消费者中沉淀自有品牌。基于数据捕捉与挖掘及海量物美价廉产品带来的产品力，最终它实现了用户规模的起飞。

SHEIN 还会通过外部的数据工具，挖掘潜在消费群体的群体性消费趋势，获得商业机会，典型代表有 Google Trends Finder。谷歌在推广自己的这款大数据工具时频繁以 SHEIN 为案例，在一篇推广文案中，谷歌指出自己的工具帮助 SHEIN 成功："消费者喜好瞬息万变，卖家缺乏实时信号调整产品结构；另外，海外不同国家用户的购买习惯、款式偏好都有所不同，卖家难以准确了解不同地区用户当下的新需求。……在与谷歌的合作过程中，Trends Finder（爆款发现器）主要帮 SHEIN 做到了以下三点：实时锁定爆款、帮助选品和广告产品优化、快速了解新市场。"

有一个案例实时锁定爆款，通过锁定国家和关键搜索词，发现具体的国家或区域市场消费者的消费习惯。例如，在某一个时间段，SHEIN 发现印度女性消费者对某一种肉色长裙的兴趣激增，还准确预测了 2018 年夏季美国流行蕾丝，印度流行全棉材质等。

公开数据显示，SHEIN 2021 年 5 月 APP 下载量在超 20 个国家中排名第一，在超 60 个国家中排名前五，是中国出海品牌中快时尚行业第一。如同所有的电商平台，每一个人下载 SHEIN 后，都会浏览、点击和消费，庞大的用户量让点击行为本身形成了用户的偏好大数据系统。SHEIN 对站内流量的成功运营是其商业成功的重要原因。

　　在庞大的用户池里，SHEIN 可以像任何一家互联网公司一样进行用户偏好测试，许多基于电商平台来运营消费者群体的品牌都具备这种能力。例如"批量测品"，它类似于 Facebook 的 A/B 测试，字节跳动也通过 A/B 测试来完善平台的大数据处理能力，磨炼推荐算法。媒体报道，SHEIN 在深圳有一个几百人规模的数字智能中心（AIDC），负责 SHEIN 的个性化推荐算法，它在 2021 年底面向社会的招聘中也在大量急招与大数据、AI 相关的开发和算法工程师，可见其对大数据能力的重视。

　　这种 A/B 测试的存在源于 SHEIN 的推新逻辑。SHEIN 的柔性供应链服务商辛巴达的创始人在对外分享中曾提及，一般品牌是基于预测"找交集"，SHEIN 找交集做得更彻底，它会对市场几乎所有热点机会进行测试，一年上新 30 万个新款，通过在不同群体中进行货品的推送测试，寻找不同区域、不同类型的消费者偏好。

　　基于社交平台和搜索引擎实现获客，在自有渠道上沉淀出庞大的用户群体，一年 30 万个新款，对消费者的消费行为和习惯进行大数据挖掘，最终把抓住的每一个销售机会价值最大化。这就是 SHEIN 运营流量的目的。

　　还需要注意的是它的 30 万新品设计的模式。SHEIN 不同于犀牛智造，它要控货，承担库存成本和压力，每天上新的 SKU 以万计，设计出受欢迎的新品是整个平台能够持续保持吸引力的关键。款式设计层面，犀牛智造主要从赛道捕捉和新款推荐层面来赋能其他品牌，SHEIN 与之颇不一致，它选择了将设计权把控在手中，而将生产环节向外分发，形成链条上的协同。

当设计款式与消费者需求契合，形成了订单之后，SHEIN 会迅速对外分发订单，小批量、多款式、超大数量的订单需要匹配相应的供应链。自己不介入工厂建设和生产，通过其他的供应商代工完成产品制造，这是典型的设计—代工模式。品牌不直接参与制造的优势在于可以集中优势资源专攻自己最擅长的部分。

另外，产业里也拥有现成的制造资源，能满足品牌企业的需求。快时尚行业产品多、单价低又讲究上新速度，同时订单起订量还很小，这需要颇为高超的供应链管理能力。

从 SHEIN 的发展路线看，供应链管理也是它最被外界称道的部分。中国的服装产业此前习惯了期货、较大批量的生产模式，工厂适应这些小批量、多频次的订单需要时间。SHEIN 花了大量的时间与经历来与供应商磨合。亿邦动力网报道，2014—2017 年，SHEIN 重点整合了以广州番禺为代表的中小型工厂，帮助他们实现 IT 系统和数字化升级。经过几年磨合才打造出了年营收 2000 万元的工厂。

SHEIN 的供应链中心在广州，这也是它充分利用产业固有资源的体现，广州所辐射的珠三角是中国的纺织工业重镇，这里有经过改革开放几十年千百次锤炼锻打形成的服装产业优势，能够大规模地快速制造高性价比的产品。

数字化的管理工具在 SHEIN 管理这些大小供应商时起到了关

键作用。SHEIN 自建了一套与大小供应商连接的信息化管理系统，打通终端、生产及面料供应的全流程，便于需求和订单高效发放到供应商，方便向其同步补单需求，优化排产，实现对生产数据的实时监控。

相比犀牛智造希望从服装厂的土壤层开始全面推进数字化，建设高科技工厂，SHEIN 对这些小作坊式的供应商动刀相对较少，主要体现在供应商使用的制造执行系统与自身的订单管理打通层面。另外据媒体报道，它的账期结算周期低于行业平均水平，还会扶持供应商扩大规模、升级设备。

某种程度上，SHEIN 的崛起路径并非以数字化为目的，数字化是它实现商业价值的手段。控货卖货，打造一个线上时尚品牌，才是它的目标。

不可能大三角

除了互联网基因的线上平台试图解决产业内的供需矛盾、提升生产效率，服装生产制造品牌也在进行数字化探索。

2019 年 3 月，中国最大的女装制造商汉帛国际的工厂也在尝试把缝纫机接入互联网，让适应大订单的生产流程能够承接碎片化订单。《三联生活周刊》探访过汉帛国际的工厂，发现订单背后的品牌来自线上平台必要商城。这是一家创立于 2015 年的主打 C2M 模式的电商公司，创始人毕胜创立必要商城初衷就是希望消灭库存，先下单后生产，来经销物美价廉的产品。

汉帛国际上世纪 90 年代创业，最初从代工起步，新世纪之初开始打自己的品牌，之后尝试孵化过设计师品牌。2011 年企业的第二代接班后，它重新走回供应链代工路线。

前端 C2M 电商连接后端老牌服装巨头，这种先下单后生产的模式跑通，会改变服装行业积弊多年的期货模式，算得上真正意义上的以销定产。它与 2013 年兴起的淘品牌，以及 2015 年兴起的网红品牌有类似之处。当年的网红品牌也是先下单再生产，通过网红的个人号召力来集聚订单，达到代工厂要求的最小开版数量。一些大流量网红上新可能还会出现超大量订单。碰到这种情形，链条上的压力不再来自库存，而是原材料备货和代工厂的产能瓶颈。网红或者网红品牌们没有了库存压力，但消费者却要等待大半个月才能拿到质量有参差的产品。

必要和汉帛的尝试不一样的地方在于，没有了网红的引流，订单的数量不会出现超大规模级别的爆款。更大的考验来自订单的零散化，它可能比犀牛和 SHEIN 的模式还激进，订单碎片到不以百件为计量单位，而是极小数量甚至单品生产。汉帛在行业经营多年，是 ZARA、H&M 等品牌的合作伙伴，最终，它同意用一个车间做柔性化尝试，车间里的缝纫机上安装了在线设备，摆放的位置也发生了变化，U 形摆放加上吊挂，形成微型工作站。

《三联生活周刊》报道，一个车间的数字化尝试迈开步伐时，工厂层面也遭遇了不小的阻碍。压力来自两方面：首先车间用来承接柔性订单，就浪费了原本用于常规大规模定制的产能，管理层中有人对此存在意见。同时，由于工作任务每天都变，工人在订单上要花的心思也得增加，许多人不适应工作模式的改变。最终是企业的核心管理层期望在变幻莫定的女装行业里探索柔性产业链的更多可能性，才顶住压力完成了改造。

红领则是从男装领域尝试柔性产业链，实现个性化定制的案例。2014 年《第一财经日报》报道，红领频繁向海外代理商发送定制西装的订单，曾成为跨国物流公司 UPS 在山东省最大的客户。

红领案例里的关键词是"工业化定制"，根据当时它们披露的信息，红领集团研发了酷特智能个性化定制平台 RCMTM（redcollar made to measure，红领西服个性化定制），用大数据系统替代手工打版，"输入顾客身体测量数据和细节要求后，会自动生产所谓的版型"。

2014 年时，红领对外披露这套系统提升了产能，使得一套西服的制作只需 7 个工作日，每天可以生产 1200 套西服，比行业里动不动几个月的生产周期、一天产量几套的水平高了不少。酷特智能个性化定制平台让红领集团在此后几年一直是服装行业里大规模定制的样板企业，许多龙头企业组织去学习。2015 年，复星领投酷特（红领）智能 B 轮融资，2020 年 7 月酷特智能在 A 股创业板上市。

不过，酷特这个男装数字化标杆的尝试可能并非一路高歌。

2021年1月，《亿邦动力》报道酷特智能的线上定制业务酷特云蓝店铺已停止运营。酷特智能当时回应称2021年战略调整，实施"一个品牌战略"，聚焦做"红领"品牌。亿邦分析，C2M的核心在于先寻找订单，再安排生产，以此让公司保持一个比较高的存货周转率，但在疫情到来后，半年报时酷特智能存货增长60%，加上线上定制业务的店铺关闭大半，这让外界开始担忧酷特智能C2M模式的发展前景。

从这些制造业的案例中，我们发现，制造基因的服装厂通向数字世界的路途并不那么顺畅，步伐也迈得艰难。它们的优势之处在于，相比互联网玩家，它们拥有深厚的行业积累，熟悉产业链条。但优势有时也可能是累赘，创新的尝试在初期总是不太成熟，而向创新倾注资源又会影响成熟业务的效益，老牌成熟的传统业务遏制新生力量的"创新者窘境"正是在这样的背景下产生的。因此许多人倾向于创新诞生于现有的成熟商业模式之外。

既然是尝试和探索，这些案例就会在不同层面存在问题，自然也遭遇过一些质疑。

例如，跨境行业自媒体雨果跨境曾报道过一个SHEIN供应商的案例，其中提及SHEIN对供应商的考核体系相对单一，仅计算工厂每月产能，而不考虑不同款式的生产流程差异。生产梭织连衣裙的工序环节和人员配置比生产T恤复杂，但在上下游连接过程中，两种工厂的考核指标却是相同的，最终导致供应商只愿意生产简单的款式，想做出差异化的工厂难以在他们的考核体系中生存。在以快为最高考核指标的体系里，难以保障生产品类的丰富性和多样化，同时对极致性价比的追求，可能也让一些供应商感觉深陷低毛利、满负荷运行的漩涡。这篇报道揭示的境况如果属实，SHEIN 产业链上企业的成长性有待观察，这家强调数字技术改造中国服装产业的企业能否真正意义上解决中国服装产业的问题也需要打上问号。

在犀牛智造的案例里，它需要解决的是重度改造工厂所耗费的成本问题。只有改造的收益超过了成本，这种模式才有可能被大规模推广。

尝试并非毫无意义，所有的新事物都有稚嫩与青涩之时。

辛巴达创始人大风在 2021 年的一次分享中将大量快速上新、极高性价比和高周转零库存三点视作服装产业里的大三角。"低成本的大量快速上新是第一角，极高的性价比是第二角，高周转低库存是第三角。大量快速上新意味着高投入，高性价比又意味着低毛利，在高投入低毛利的情况下，如果企业要赚钱，就必须有很高的效率且同时有很低的库存积压。"大风称 ZARA 和 SHEIN 是服装行业里真正完成了这个大三角能力建设的企业。

在本文的观察视觉中，数字化技术正让服装产业构建了一个新的针对服装产业供需现状层面的不可能大三角。碎片化订单、快速制造多款式产品与成本这三者是很难同时满足的三大目标——只要有足够多的投入，快速制造多款式产品且体量很小不算难题；快速生产很多款式的产品且要求成本低并非不可能完成的任务，只要形成规模效应，分摊到单件产品的成本也能压下来；以相对低的成本生产很小的订单则是前工业时代的常态，不加上款式多且速度快的限定词，它可能只是手工作坊。

而现在，成本、速度和更小的规模三者得兼，正因数字技术的应用而有了实现可能。

超越规模

个性化和成本在工业界是一个互斥的命题。企业的优先级在追求低成本和品种多样化之间游移，很难将二者并列。个性化的反面当然是规模，规模确保了稳定的产出、质量和标准；个性和差异则将一家企业区分于另一家，最终铸就企业的竞争力。

这是工业时代以来的守则，大多数企业所追求的差异也是有别于其他规模产品的差异，个性化的限度依然被框在生产和工程层面的成本线之上。如果希望从机械工程工艺层面实现柔性制造，它意味着这种工具一定是多用途的，而非专门化的，从生物学层面说，它意味着冗余的存在。

乔纳森·斯威夫特在《格列佛游记》中提到巨人们看到格列佛时的反应曾这么说——

第三位智者说："似乎没有什么生存方式是适合他的，他行动笨拙，不会爬树，也不会掘洞。他无法维持生计，也没有能力从敌人手中逃脱。"

　　校长说："如果他是活生生的动物，那么我们必须承认大自然有时也会出错。"

　　他们都说："没有……他是自然界中的怪胎。"然后鞠躬离开了房间。

　　巨人们对人类这种生物体形的嘲讽指向了人类这个物种在技能层面的相对平庸。看起来，这个物种似乎不特别适合任何一种生存环境。人类的奔跑速度不快，不是游泳高手，不是挖洞高手，也不擅长在树梢间游荡，牙齿的咬合力也不够强，狩猎能力也不够强。但人类是第一种拥有多项技能的生物，拥有大量的能力冗余，最终正是这些冗余让人类成为地球的主导生物。

　　回到工业制造的柔性工具层面，一个高度柔性化的系统，意味着对某方面效率的牺牲，最终带来的是成本层面的损失。要么，它就只能在约束条件下进行有限范围的产品制造，如汽车产业里的大规模定制。设定某些部件可定制，颜色、车内的配饰、规格等进行定制。这是标准化产品在有限范围内的个性化，它的排列组合有限，最终每一种排列组合依然能形成规模化的订单，形成批量化的产品。

　　在服装行业这种非标准化又单价较低的领域，生产一种专门的器械，全自动式实现柔性是不可能的选项。正是因为它的非标准化，产业里的柔性和变动往往是通过人来实现的。

人的双手和大脑是最擅长处理柔性需求的组件，人对褶皱与花纹的区分、对不同规格面料的分辨、对轻薄面料的抓取等，都仿佛是与生俱来的、隐藏在生物本能里的能力。大脑作为最精密的计算组件，能在最短的时间判断并处理这些复杂的需求。而上述流程要被机器和算法理解，则需要非常长的链路，对计算的要求很高，从而构成了一个复杂而颇具难度的挑战。也因此，有人说，服装产业是最难被数字化的行业之一。

因此，在服装产业里的数字化和对柔性的探索，从来也不是以对人的完全取代为目的的。机器或者说数字化手段完成的，是以对供需匹配的失灵、对信息的不对称、对生产效率带来不必要浪费环节的优化为背景的。

大规模生产的资源利用效率最高，但消费需求又追求差异和个性。大规模生产带来的可能是会把企业压垮的高库存，生产端所擅长的大规模—低成本链条变得难以为继。所谓对规模的超越，是更小的规模成为企业获得灵活性和某种确定性的根本。这样，通过大数据的预测和对从需求到生产制造环节的管控，服装产业在成本、速度和最小的规模之间达成了某种平衡。小规模定制的大规模重复成为可能。

犀牛智造、SHEIN、汉帛国际和辛巴达们都在尝试用新的技术来解决需求端和供给端之间的尖锐矛盾。至于最后谁能真正解决问题，也许最终解题方并不来自当下的任何一种模式。但至少改变和尝试已经在进行中。

　　回到开头迈克尔·波特的那个问题，一个产业的竞争优势从何而来？中国服装产业的答案可能是，最初它来自劳动力密集的低成本优势，但随着市场的发展和技术的应用，从设计到市场的创新机制被打通，进而对生产、设计、制造、管理和营销等所有环节进行尝试。激烈的竞争中，企业家们苦心孤诣、殚精竭虑，江山代有才人出，但在这个市场却只能领三五年风骚。最终，它成就的是一个关于进化和筛选的故事。

04

融合：被打破的边界 和需求驱动生产

第一财经在《2021线上新品消费趋势报告》中指出，按照人均GDP衡量，中国当下的发展水平与20世纪70年代末的美国及20世纪80年代的日本类似，处于消费者追求个性化、高端化、品牌化、品质化的阶段。

除了社会整体消费能力的攀升，数字技术的应用可能是催发中国市场消费变化的另一个重要驱动力。"泡在社交媒体里的品牌"完美日记招募大量数据工程师，对社交媒体上的舆情数据、市场中竞品的公开数据、自身销量数据进行消费者分析，根据模型分析出来的结论进行生产。跨国巨头欧莱雅利用电商平台的色彩知识库，更新了口红色号，用更快的速度开发出了更符合消费者偏好的产品……

正如服装市场上正在发生的数字技术帮助服装产业解决供需不匹配和控制库存难题一样，在庞大的生活消费领域，**数字技术正全面改变生产和消费的关系。DTC、产消融合、新零售、C2M，你可以用当下流行的无数个新兴词汇来关联这些案例中所发生的变迁。**

这些新玩法严格来看并不发生在工厂的车间，但它又与产品制造、创新、品牌等广义的工业制造能力紧密相关。**品牌及生产商们用新技术、新方法努力满足消费者需求，体现的是从市场到创新的逆向反馈过程。**在它背后，其实是一个更为久远的话题——产品和消费者的关系变迁，生产和消费之间的界限。

生产和消费、产品和消费者关系之间的张力在工业时代到来之际就已存在。20 世纪上半叶最大的工业国美国，是工业革命后产品与消费关系变动最激烈的发生地。技术蝶翼曾经留过印痕——福特的流水线与大规模生产带来的生产繁盛刺激了生产制造商对市场研究和商品营销的需求。营销的繁盛又推动了调查机构、专业的消费者研究组织及学说的兴起。品牌通过分销代理商销售产品给消费者，也通过新生的市场研究和调查机构捕捉消费者偏好。大规模生产，大规模分销，这是工业革命带来的生产—消费关系演变。随着产品丰裕，相较从前的被动地位，消费端逐渐获得了一定的主动权。

　　发生于上世纪美国的变化几乎在所有国家的工业化和产品丰裕过程中重复。改革开放以后，中国大力发展市场经济，社会整体从生产社会向消费社会转变，自然也沿袭了这一轨迹。

　　今天，数字作为新的影响因子出现了，数字技术不仅重塑了消费渠道、行为和形态，而且重新刻画了不同代际的消费者。

　　更深刻的变革是，数字化让制造与消费的连接方式变得多样化，原本单一的生产主导消费的关系开始松动，泾渭分明的鸿沟开始弥合。

　　当然，它可能也带来了新的问题。一方面，数字时代碎片化的需求让生产制造变得同样碎片，产品的生命周期可能会更为短暂。大众品牌变得更为稀有，所有的生产可能都将面向独特的分众市场。另一方面，消费文化也在驯养消费者，所谓的更了解"消费"的生产行为是否意味着更无孔不入的消费时代的滥觞呢？此外，随着个人隐私保护意识的崛起，数字隐私也越来越得到重视，追踪和定位消费者的商业模式合规性也正遭遇法律层面的一些挑战。

　　不管怎样，这里已经是最鲜活、最热闹、最登峰造极的试验场。

DTC 品牌和长在云上的公司

　　消费者与生产方之间的互动正因数字技术发生变化。

2017 年 6 月，耐克集团在一份声明中发布了"直击消费者"（consumer direct offense）战略。耐克称，希望能以更快渠道向顾客提供个性化服务，更迅速地回应消费者的需求，理想的状态是强化耐克与客户之间一对一的关系。"通过消费者的直接沟通，我们在数字市场上的竞争力越来越高，针对关键市场，提供比以往更快的产品。"该公司 CEO 马克·帕克（Mark Parker）称。"直击消费者"策略的核心目标，是将耐克网站账户的客户转化为会员，相比普通用户，会员的用户黏性更强，消费额是普通用户的 3 倍多。

此后耐克就开启了一系列买买买策略，通过技术来实现与消费者的连接，挖掘更多消费者数据，深入了解消费者喜好，灵活控制库存。

2016 年，耐克收购总部位于纽约的数字设计工作室 Virgin MEGA，当时科技媒体分析这次收购可以帮助耐克开发新鞋发售平台 SNKRS APP。2018 年 3 月，耐克收购消费者数据分析公司 Zodiac，Zodiac 可以通过消费者的历史交易记录预测顾客未来的购买习惯。2019 年 4 月，耐克收购能提供 3D 扫描与深度学习技术的 Invertex，该公司可以利用 3D 技术、AI 技术为用户提供在线的扫描量体导购。Nike Fit 就是 Invertex 的技术帮助实现的，这款应用能够启用一项 3D 扫描功能，准确预测消费者应该购买多大尺寸的鞋。

2019 年 8 月耐克收购了零售预测服务企业 Celect。耐克首席运营官埃里克·斯普朗克（Eric Sprunk）当时曾在接受媒体采访时表示，Celect 融入耐克的移动应用程序和网站，耐克将会更好地预测客户想要什么款式的运动鞋和服装，并了解他们想要什么时候买，想从哪里买，"我们必须提前预测市场需求，因为没有 6 个月的时间来准备，只有 30 分钟"。

两个月后，耐克又宣布收购西雅图体育内容平台 TraceMe，这家公司由 NFL 西雅图海鹰队四分卫拉塞尔·威尔森（Russell Wilson）创办，主要是开发帮助粉丝与体育明星、名人互动的应用程序 TraceMe。该公司还是赛事预测平台 Tally 的母公司，Tally 可以对正在进行的体育赛事进行实时预测。当时美国科技媒体分析，耐克是"对 TraceMe 的原始技术感兴趣"。

耐克的案例体现了国际巨头在数字时代的敏锐性和灵活性，它呼应的是本世纪初从美国兴起，随着互联网等新型基础的完善而逐步进化的 DTC 浪潮。DTC，"Direct to Customer"（直接面向消费者），指的是品牌方绕过第三方零售商，直接销售商品给消费者的商业策略，省去了零售商、分销商和批发商的中间环节。直接面向消费者的主要优势在于它关注消费者，与消费者建立良好的关系，这样可以保持较高的客户保留水平，从而带来了更强的品牌忠诚度。

2021 年北美 DTC 远程医疗电商 Hims 在纽交所上市，其后 DTC 品牌迎来了集中上市潮。眼镜电商 WarbyParker、宠物品牌 BarkBox、鞋服品牌 Allbirds 都接连上市，DTC 也从小圈层知晓变成商业社会焦点。

咨询公司罗兰贝格（Roland Berger）在一份报告中将 DTC 品牌定义为三大特点，分别为缩减中间渠道、消费者需求导向和创新营销。其中，缩减中间渠道意味着 DTC 模式下的企业逐步降低原有"品牌商—代理 / 经销商—零售店"的网络依赖，丰富新店态如自营电商、虚拟体验终端、线下快闪店等形式。消费者需求导向则指 DTC 模式下的企业以消费者需求作为决策的出发点，精准、及时、灵活地满足消费者的需求。创新营销植根于新时代的消费模式，DTC 模式下的组织（公司或品牌）更重视社交媒体营销、品牌理念和消费体验。

中国市场的特殊之处在于，这里拥有用户体验和覆盖率在全球称得上一骑绝尘的电商基础设施，消费品牌们在更精细化投入和全渠道销售等层面的探索有着不输美国市场的可能性。美妆领域的完美日记、咖啡饮品赛道的三顿半和永璞等一大批新消费品牌都是这个领域崛起的典型案例。

值得一提的是，在中国的案例里，直面消费者不仅与消费者运营有关，也不只是让线下广告营销及售卖转变为线上行为，还意味着需求导向的生产。**消费者与生产方之间的互动关系从原本的生产—市场关系演变为共创式的双向多元关系。**

完美日记的崛起是一个典型案例。它诞生在广州，用极短的时间实现了上市，是中国最年轻的化妆品上市公司。2016 年，一群中山大学的毕业生开了家名为逸仙电商的公司。2019 年双十一成交额超过一众国际美妆大牌，登顶彩妆榜，这是第一个双十一登顶的国货美妆品牌。公开数据显示，完美日记天猫旗舰店粉丝突破 1000 万花费时间不过 2 年 2 个月，创下全行业时间最短、速度最快纪录。北京时间 2020 年 11 月 19 日晚，国内美妆品牌完美日记母公司逸仙电商正式在美国纽交所挂牌上市。

在分析完美日记的崛起时，经常提及它的高性价比和它的高成长所依托的中国制造的供应链红利。但除此之外，完善而便利的电商基础设施及数字化环境也是不可被忽视的。数字技术贯穿其产品开发到消费者运营的全流程，而这加速了这些品牌的成长。

此前有人将完美日记的流量运营路径视作"一家长在社交媒体上的公司"，但这显然没有意识到这个品牌从新品开发环节开始就已经将数字技术和消费者需求考量在内。

公开资料显示，完美日记拥有几百人规模的技术团队，他们的职责除了支持互联网公司日常运维，还包括通过数据爬梳分析、监测、预测消费者行为和美妆趋势，指导新品开发。该公司高层曾表示，"很多人都会第一时间想到，完美日记营销做得好。但实际上，产品力才是我们的核心竞争力"。完美日记每个月会研发 3~5 款新品，通过加快产品推陈出新的速度来提高复购率，仅2019 年，完美日记就在天猫旗舰店上架了近千个 SKU。相比之下，国际大牌的产品研发速度和上新频率以半年甚至一年为单位。而这一研发速度的实现，与数字技术的应用密不可分。从这个意义上讲，它更像一家长在云上的消费品公司。

新消费品牌如永璞咖啡则是与天猫平台的数据洞察合作。永璞的创始人铁皮透露，它们的柚子口味咖啡研发就是通过电商平台的数据来分析大众对于柚子的接受度，最终开发出了2021年夏天的新口味咖啡。

从这些品牌的案例里可以看到，先有数据化的消费者洞察，而后再与品牌自身具备的生产制造经验相衔接，消费端的需求和偏好成了更为前置的要素。许多人会好奇，数字技术是如何在需求探索阶段便成为不可或缺的生产资料的。

事实上，生产—消费关系变动是一个长历史周期的进程，从工业革命的纺纱机器改进到福特的流水线应用，技术的改进更明显的成效在生产端，技术的进步驱动着生产能力的提升，带来了产品类型和形态的丰裕。

当时对消费端的挖掘更多是通过新生的代理组织、市场研究机构和市场营销部门来完成。虽然这些组织的存在满足过规模化大生产带来的生产商争夺消费者的需求，但认识消费者本身如此困难，以至于一代又一代品牌都曾在这一问题上折戟。

而大量的通过传统手段来完成的消费者认知和洞察不如工业生产流程那般严密精确，很难具备高度可量化、可复现、可分析性。消费和生产分别处于泾渭分明的两个方向，先生产后消费，最终形成了工业时代永恒的矛盾。

当下的消费者表达方式创新是全新的尝试，需求驱动的生产正在成为可能。

流水线、规模化大生产和消费者主权

> 是品牌寻求客户，而不是客户寻求品牌。
>
> ——20世纪50年代美国广告公司扬罗必凯一位市场研究者

福特创造力的源泉来自他对机械在人类社会解放过程中的重要地位具有极具穿透力的认识……马克思所梦想的，福特实现了……一个人在拥有购买力的时候就是市场的顾客，就像一个人在对国家事务有影响力的时候就是一个共和国公民。这样，在消费者控制了市场的时候，自由竞争就来临了。在福特的帮助下，美国工人成为消费者。

经济学家和商业史学者们对福特和大规模生产带来的社会影响的论述可谓汗牛充栋。小阿尔弗雷德·钱德勒援引过20世纪20年代一位法国人的言论，来描述当时亨利·福特所享受到的巨大的社会声誉。

纵观整个20世纪，消费都被视作商业经济最主要的推动力之一。《纽约时报》评价称，经济形势起伏，人们买什么、花多少钱买、是否愿意保持购买欲望等，在很大程度上决定着美国商业活动的规模与范围。而让"美国工人成为消费者"这一历史功绩被安在了一个汽车制造商人亨利·福特的头上，这的确是极高的评价。

让福特声名远扬的当属 1908 年 T 型车的诞生，它最大的创新之处在于生产制造技术和理念，"制造汽车的方法是使一辆汽车和另一辆汽车相似，使所有生产出的汽车都相似——就像大头针厂出来的大头针没有差别，从火柴厂出来的所有火柴都相似一样"，福特自己解释。

福特的一位密友评价，"标准化是他的习惯，他会将所有的鞋子、帽子、衬衫均做成一个模式。这不能够增加美感，但却能极大降低生活费用"。福特在生活和工作中笃信的理念，同样也贯彻到了汽车制造领域，福特公司以标准化、流水线生产的方法来制造汽车。

1908 年，亨利·福特率先采用了连续作业的方式，生产日后广受欢迎的 T 型车。数以万计的汽车，每一辆都是黑色，一样的大小、重量和制作方法。在此后长达 20 年的时间里，福特公司只专注于 T 型车一种产品。

组装流水线极大缩短了汽车制造时间和成本，使得 T 型车可以以极低的价格出售。当时的记录显示，1913 年，组装一辆 T 型车需要十二个半小时，一年后，流水线开始全面运转，组装时间缩短到一个半小时。流水线投产第一年，T 型车售价为 850 美元，到 1924 年，售价为 265 美元。1925 年，第 1000 万辆 T 型车在福特密歇根工厂驶下流水线时，美国家庭可以只用它诞生之初约三分之一的价格购买一辆车。

价格的变化带来了汽车生产量和整个产业的起飞。1899年，全美大概只卖掉了2500辆汽车，汽车在美国还是利基市场，30家公司为一小部分富豪消费者生产汽车。30年过后，汽车行业发展为美国最大的产业。1929年，汽车产量超过了450万辆。

流水线和标准化这套美国制造系统当然没有停留在汽车产业，它蔓延到了工业制造的各个领域。成衣、缝纫机、软饮料等数不清的消费品实现了大规模生产，新技术让已有产品变得更廉价、更精美、更易获得。从前被视为奢侈品的钟表、弹簧床，在20世纪成了必需品，穷人也消费得起。1930年，汽车、洗衣机和收音机等在19世纪还闻所未闻的商品进入了当时的世界第一工业大国美国的城市和农村中产家庭。

消费品的价格降低，产量提高，同时福特还努力提升工人工资。由此，正如那位法国人所言的，福特将美国工人变成了消费者。福特自己在1931年写道，"这个时代的机器生产丰富了我们的生活，给了我们前所未有的选择机会。我们的标准化仅仅是出于便利的考虑。标准化绝不是雷同，它为我们的生活带来了前所未有的选择机会"。

选择机会，意味着消费者拥有了更多的权限。企业史学者德鲁克就认为，随着产品种类的大量增加，生产制造企业竞争也随之加剧，市场导向成为企业组织模式新的基础，顾客满意成为企业追求的唯一目标。

美国企业史研究学者小阿尔弗雷德·钱德勒在《看得见的手——美国企业的管理革命》中也认为，与以产品为中心的先制造再销售的哲学不同，企业开始向以顾客为中心，先感知再反应这一哲学转变。企业的工作不再是为自己的产品找到合适的顾客，而是为顾客设计适合的产品。

在规模化大生产带来的生产—消费这组变动关系的天平开始倾向消费之前，生产者一直掌握着主动权。学术领域对这两者间关系的论述并不鲜见。

亚当·斯密在他的《国富论》里就以"消费者主权"的概念来阐释变动中的生产与消费关系。马克思也指出，在短缺是社会的主要特征时，生产对消费就占据支配地位。"无论我们把生产和消费看作一个主题的活动或者许多个人的活动，它们总是表现为一个过程的两个要素，在这个过程中，生产是实际的起点，因而也是起支配作用的要素。消费，作为必需，作为需要，本身就是生产活动的一个内在要素。"

1911 年约瑟夫·熊彼特在他的《经济发展理论》中提到了生产和消费者需求间的关系时称，在一个没有交换的经济系统内，每个人生产物品都只是为了直接满足自己的消费需要。这种情况下，个人对产品生产需要的性质和强度，在实际可行的范围内，对生产起着决定性作用。给定的外部条件和个人需求显然是经济过程的两个决定性因素，它们之间互相配合，共同决定了经济的结果。

但没有交换这一前置条件在现实情形下几无可能。在前工业社会，农业和手工业占主导，人类生产能力相对有限的状况下，产品供应与社会需要之间处于供不应求状态。物资匮乏带来的短缺状态导致了生产占据更为主动性的位置。人们并不能依据自己的需求来消费，而是根据社会能生产什么产品、产品的多少来消费。这属于典型的"生产决定消费"阶段。

工业革命和机器大生产改变了主要工业国的物资短缺局面。随着市场上可供选择的产品数量和种类增多，消费逐渐活跃，消费者的需求开始日益被重视。主要工业国家相继进入一个生产供应充足、物质产品丰裕的时代，这是加尔布雷斯口中的"丰裕的社会"，也是鲍德里亚口中的"消费社会"。

消费社会与生产社会是一组相对应的概念。生产型社会里生产在整个社会制度安排中占主导地位。物质生产力的低下和生活资料的总体匮乏遏制了人们的消费欲望和消费能力，整个社会遵循着"先生产后消费、重积累轻消费"的逻辑。消费型社会，则是以"消费"为中心的社会，消费成为经济生活中的主导力量。

经济学家哈耶克也对"消费者主权"做过阐释，提出了"消费者主权"理论。它的要点是，生产者听命于消费者，即生产者应该根据消费者的意愿和偏好来安排生产，在生产者和消费者关系中，消费者是起支配作用的一方。消费者主权理论强调市场具有向生产者传递消费者意愿和偏好的功能，市场的拥护者认为其能促进高效生产。

丰裕社会里，产品极大丰富，卖方市场转变成了买方社会。最理想状态下，生产什么、生产多少理应由消费者的消费来决定，而如果生产的产品脱离了消费环节的需求，它就成为工业生产者最头痛的存在——库存与滞销，由此带来了成本的提升和效益的下降。正是通过这一链条，生产逐渐演变为消费的一个环节。最极致的情况是，先有了消费的需要，然后才进行生产。这样，消费的位置逐渐变得重要，客户开始变身为上帝。

随着物资匮乏时代的终结，产品种类繁盛，消费者的地位被强调是顺理成章之事。但也应该意识到，工业时代里对消费者的重视仍然停留在产品被顺利售卖的层面，经济学者们口中的"消费者支配生产"的阶段仍未到来。

市场营销的崛起和麦迪逊大街的时代

比起了解产品，我更希望了解消费者。

——1930 年美国《印刷者油墨》一位撰稿人总结 20 世纪以来的市场发展

生产—消费关系的变迁，当然不只是象牙塔里学者们估屈的理论设想。在现实的经济生活里，为了吸引消费，生产商可谓不遗余力。

《纽约时报》记载过一个生产制造商为了吸引顾客而做出努

力的案例——1893 年，亨利·海因茨在芝加哥哥伦比亚世界博览会上租下了一大片展区，十几名工作人员分发腌菜、番茄酱、开胃小菜等样品，引来了大批好奇的人群。到 1900 年时美国公司每年花在各种广告上的钱已经达到了 4.5 亿美元。

虽然亨利·福特认为自己给公众提供了更多的选择，但不可否认的是福特汽车公司在二十余年里只生产同一款 T 型车。产品进入了个性缺乏的时代，竞争变得激烈。

富有消费人群开始不愿意购买批量生产因而变得不再稀缺且更容易负担的普通商品。当时具有批判意识的传媒观察家们不吝于用讽喻言辞评价这些制造商们的尝试——广告商试图引诱消费者，通过模仿富人的消费习惯，从而获得地位感和权力感。

为了赢得客户，企业雇佣广告公司给量产的商品打广告，从而将量产商品笼上"独特"的面纱。广告营销界大亨们趁机贩卖自己的独特主张，努力使消费者相信，两种在技术上相同的产品，A 品牌要比 B 品牌好。

奥美公司的传奇创始人大卫·奥格威在一次美国广告代理协会午餐会结束时讲道，"让我们牢记，决定一个产品在市场上的最终地位的是其品牌的特性，而不是产品之间的细小差别"。

所有的制造商、分销商和连锁店主都开始发现，认识产品的最终售卖对象变得前所未有得重要。对消费者的研究以及面向潜在消费人群进行广告投放成了专门的经济部门。

从上世纪 20 年代开始，顺应着生产和消费的变化，主要工业国的经济生活里新的部门和组织开始出现，最突出的当属市场营销部门和消费者研究部门的兴起。

调查机构之所以浮出水面，在于随着广告营销机构的崛起，生产制造商和广告商同时需要降低广告不被消费者接受和看到的风险。广告的风险指向的依然是丰裕社会里产品泛滥的现实。生产制造商为了卖出产品竭尽全力改革自己的销售方式，他们关注到了销售支出中流向广告和超级销售员的比重正在日益增长，也开始进行投入产出分析。

正是在产品逐步走向丰裕的历史背景里，美国的零售百货之父约翰·沃纳梅克发出了那句经典的抱怨，后来被无数的企业家们再三引用，"我花在广告商的钱有一半是浪费掉的，可麻烦的是，我不知道是哪一半"。

当时广告界名人大卫·奥格威的经历和盖洛普的声名某种程度上或许能反映在世界第一工业国里市场调查这一工种从无名到滥觞的历史现实。

"我的职业生涯开始于普林斯顿，跟随伟大的盖洛普博士做调查工作。之后我当上了广告稿文案撰稿人，据我所知，我是唯一从干调查起家的创意高手。"奥美公司的传奇创始人大卫·奥格威在畅销全世界的自传《广告人的自白》里回忆。

奥格威口中的伟大的盖洛普博士，是上世纪在美国政治经济生活中扮演重要角色的调查机构盖洛普公司的创始人乔治·盖洛普，也是当时广告领域唯一的大多数美国人家喻户晓的名字。在广告史研究者马丁·迈耶口中，他的名字比"民意测验"这个词更早出现。1948 年当大卫·奥格威决定在纽约成立自己的广告公司之前，他担任乔治·盖洛普的广告对象研究所所长达 9 年时间。

马丁·迈耶在他的著作中提及，这种机构事实上在流水线普及之前就已出现，但直到 20 世纪 30 年代，工业企业才总体采用，它满足的是行业对系统化信息的需要。

一位广告公司内部的调查人员回忆这一职业的重要性变迁时也提及，"我们曾经得花费好长时间说服我们自己公司的人注意我们，更不用说让客户注意我们要用多长时间了"。但人们突然意识到，如果市场调查能达到预期的目的，它就能消除广告的风险，由此这一机构开始具备了存在的合法性。

当时主流媒体报道的一些数字也佐证了调查机构在提高广告营销精准性上的作用。

1928 年 7 月 8 日《纽约时报》的一篇报道称，美国商人开始热衷于计算在分销上出现的成本浪费，该报道援引时任商务部部长赫伯特·胡佛的数字称，每年因营销效率低下而打了水漂的资金高达 80 亿美元。

巨大的浪费带来了调查机构与生产制造商关系的变化。从无人问津到流行一时，市场调查机构与制造企业关系的转变在于企业的营销风险和商业环境发生了变化。

各式各样的市场营销及调研机构深入挖掘消费者的偏好及其需求，服务于生产制造商。前文提及的《纽约时报》报道里提到过这类机构的发展盛况——

拥有 15 种技术杂志的麦格劳希尔出版公司组建了一只市场顾问团队，为其广告客户提供诸如市场环境和怎样用尽可能小的支出换取最大数量购买者的建议。出版公司对各城市购买力进行了统计研究，包括零售店、银行、汽车、电灯等诸多市场指数。美国商务部也通过全美范围内的营销手段做了一些开创性工作，它……跟踪那些如何让销售更有效率的公司数量。1928 年，这些公司的数量达到了"令人咋舌"的 544 家。

服务于生产制造商的市场营销机构、调查机构崛起最直观的证据当属一条位于纽约的街道命运发生的变化。

麦迪逊大道，由于这一时期的社会需求，开始形成了以广告和传播为主的产业集群，这条路也从纽约的一条以美国总统命名的普通街道变身为广告人的圣殿。在麦迪逊大道附近有两个美国最大的广播电视网，云集了几乎所有主要杂志的广告销售办事处及世界知名的时尚杂志编辑部。马丁·迈耶记录，二战前，麦迪逊大道就是广告业的大本营，到 20 世纪 50 年代，美国工业企业的广告约有一半由麦迪逊大街上的公司承办。

除了市场营销和调查机构崛起，统计学、社会学、心理学这些新生的学科知识和手段也纷纷被引入产品分销和市场营销之中。

例如，乔治·盖洛普在成立自己的调查机构前参与过的广告公司扬罗必凯公司和当时的另一家广告公司麦肯·艾瑞克森都有自己的市场研究部门，每个部门有2500多名全职或兼职采访员。麦肯·艾瑞克森公司也是第一家认真做"动机研究"的广告公司，致力于将临床精神病学技术应用于市场营销问题。

可以说，规模化生产让批量分销成为必不可少之物，规模化生产也让营销成为一门科学，规模化生产还让调查机构和市场与消费者研究风靡一时。正如生产制造厂商的产品是通过代理商、分销商流入消费者手中一样，生产制造厂商对消费者的认知、研究和影响也主要通过大量熟悉消费者、传媒环境和当时媒介传播特点的机构来完成。这是前信息时代，生产是对消费环节意识和偏好捕捉的最直接手段。

洞察消费动机与会说谎的数字

对购买者来说，使用价值和产品的性能是第二位的，他购物的真正原因是内心深处的冲动满足感，这种冲动是潜意识的，自己也说不清。

——"动机研究之父"，心理学家、营销专家欧内斯特·迪希特

随着广告业日益职业化，塑造百万人日常生活的手段越来越

依赖具体的数据。20 世纪 20 年代，人们称赞市场调查为广告业最伟大的成就之一。 当时的观察家评价，广告业最大的飞跃就是闭门造车的撰写手段输给了市场调查的方法，对公众思想的直觉性分析开始被消费者调查所取代。

在广告公司、市场调查公司等第三方机构之外，消费品公司内部也成立了市场研究部门和团队，五花八门的工作方法层出不穷，目的只有一个——弄清楚消费者喜欢什么产品，为什么选择一件产品。

一本讲述宝洁中国在华创业历程的书中提到过一个片段，或许能直观展现消费者研究在跨国公司里的位置以及这个部门的工作方法——

发现巨大的消费者需求，然后投入巨大的资源，从而生产出具有巨大市场影响力的产品。为了达到这个目标，在北京技术中心，消费者行为研究部的工作就显得非常重要。他们不仅要走出同方大厦，走近消费者，去询问消费者的需求，更要准确地理解消费者所表达出的具体愿望。

……

在玉兰油天然凝翠美肌系列推出的过程中，宝洁北京技术中心就邀请了 18~25 岁的年轻姑娘们一起进行座谈。这个年龄段的姑娘时尚活泼，在研发中心的接待室里你一言我一语地展开了讨论，纷纷表达自己对于新产品的诉求，也激活了研究人员头脑中的创意细胞。……中心的技术人员关注产品研发的每一个细节，对于玉兰油沐浴液，香味是否喜欢？手感是否顺滑？色泽和透明度是否满意？甚至沾水后泡沫的形状等都在研发人员对消费者询问的范围之列。

在这个片段里，可以看到，即使到了 20 世纪 80 年代，跨国公司进入新的消费市场，依然高度仰仗和依赖市场调查与研究技术。这些手段与 20 世纪 30 年代左右的手法并无本质性改进。对全球领先的消费品牌而言，发现消费者需求并实现这些需求，是这些工业企业及消费品公司打败对手、赢得市场竞争的密码。

对消费者的行为进行专业、全面的研究是制造企业们最关注的问题之一，各类方法一经发现，很快就在生产制造商、广告营销机构和社会调查组织里被无数次重复。

可以说，在前信息时代，对消费者意愿与行为的分析是生产制造商、媒体、调查机构和广告公司的共谋。机构招募数量庞大的人群专门面向各类消费人群做访谈，从而洞察消费动机。

不同机构的操作手法有细微的差别。例如，知名广告公司智威汤森在上世纪四五十年代的常规做法是对有代表性的家庭进行调查。马丁·迈耶在他的专著《麦迪逊大街》中记录，1939 年，该公司从全美范围内挑选了 5500 个有代表性的家庭，建立了消费者购买调查组作为样板。该公司向被选中的家庭支付报酬，后者必须每月回答智威汤森公司的问卷，报告他们购买的食品、化妆品、服装和其他该调查机构感兴趣的商品。完成各类调查表的家庭每年将获得价值 50 美元的商品。

另一家美国市场调研公司的方案与智威汤森类似。它的调查工作主要面向遍布全美的 7000 多个家庭。这些家庭通过填写购物周记，反馈价格和包装尺码信息。全体家庭成员都是单独的被记录对象，这些记录每周寄回。这些购物记录也有酬劳，数额与智威汤森公司相当，每年约 50 美元的商品。为了吸引不愿意做调查的中产家庭，他们也提高过相关标准。

而 1923 年成立的 A.C. 尼尔森公司则采用了另一种调研方法。以他们最先涉足的药房行业为例，他们建立了一个永久的药店受访者样本群作为全国药店的代表，付给每位受访者费用以获得查看药店发票和商店存货的权利，从而判定药店里每一种产品销售量的大小。他们对药店行业的数据研究颇为专业，《药品指数》1933 年创刊，一年后扩展到食品、副食品商店领域。1937 年，在美国仍处在大萧条的余波中时，尼尔森的收入突破了百万美元大关。

但这些调查行为里依然有局限性。

很多时候，人们出于各种原因会伪饰自己的行为。一位市场调查者举的例子是，"调研时遇到的问题是，当你问人们问题时，他们不说实话。我记得，为核实人们为什么退出读书俱乐部的理由，我们寄出一份问卷：你们读过这些书吗？我们放进去三四个假的书名，而在这些书名上挑钩的与在那些畅销书上挑钩的人一样多"。

乔治·盖洛普有过一句经典名言，"几乎没有一个研究人员能用这种正当性的问卷方式从受访人中得到所有答案"。**市场调研机构希望弄明白人们的态度多大程度上预言了他们的购买行为，但最大的问题是，消费者自己的判断可能也不可靠。**

一个颇为出名的测试证实了这并非虚言。它由美国无限电公司、福特汽车公司和大西洋精炼公司一起完成——它们给想在一两年内购买电视机的人群发放卡片，让他们把最喜欢并最可能购买的品牌的卡片放在一边，把四张评价很高并可能购买的卡片放在第三个盒子，把其余的归为不加考虑的选项，放入另一个盒子。之后，采访员上门验证这些受访家庭的购买行为。15% 的人购买了他们认为最喜欢的品牌，22% 的人购买了他们认为可能购买的四种品牌之一，59% 的人购买了他们采访中认为最不喜欢的品牌。

预测的不准确性不仅体现在购买大件商品上，在小的日用品上，人们的态度和品牌选择行为之间的关联也有点不可捉摸。1954 年，杜邦公司做过一个测试，他们在一个超级市场入口拦住 5200 名要走进超市的女性，让受测试者在打算购买的品牌上做记号。之后在出口处对这些人篮子中的商品与入口时的购买意愿进行比对。最终的结果显示，只有十分之三的人购买了她们预计购买的品牌，剩下十分之七的人进超市后改变了主意。

生产制造商依据消费者的调查数据进行决策，最后的结果与初衷背道而驰的案例在广告史中并不鲜见。最知名的当属1985年可口可乐依据调查数据决定更换新口味，最终却被大众反对的案例。

上世纪七八十年代，可口可乐被百事可乐的年轻化形象所挑战，在各种测试和调查中，消费者看似都偏向百事可乐的口味。1983年开始，可口可乐配方部门开始秘密研究新口味并调研了几十万人群。调查结果是，被调研者都更喜欢新的口味，这种新口味的可口可乐也比百事可乐的口味更受欢迎。于是1985年4月23日，可口可乐公司总裁罗伯托（Roberto）正式宣布推出新可口可乐，同时停止生产老可口可乐。上市后的一个月，可口可乐公司每天接到超过5000个抗议电话，反对意见如同潮水般涌向可口可乐公司。最终可口可乐公司停产了新的口味产品，老口味的可口可乐又重见天日。

这个商业史上的经典案例正是基于消费者调查问卷所引发的。事后观察者和分析家们从各种层面分析研究了这一商业史上的案例，得出的结论有些指向了数据调查的严谨性不足，有些则指向大众心理并未被充分研究的各类潜在效应。

调研数据和行为背道而驰背后的态度—行为差异，也受到了社会心理学界的广泛关注。社会心理学家们倾向于认为，访谈和许多报告测试都是关注外显态度，而没有真正关注个体的内隐态度，后者需要在认知压力和其他间接的手段中才能表达出来。当内隐态度与外显态度有冲突的时候，很多行为都是内隐态度引起的，因而才会造成态度—行为间的不一致。

　　制造商和广告商们被迫意识到，消费者在市场调查中所给出的结论与其内心真实想法可能存在很大差异。**在营销和市场调查作为一个行业和一门学科越来越走向科学化的背景下，这种背道而驰成了工业生产制造商与广告营销企业共同头疼的问题。**

　　由此，认识消费者成了工业时代繁琐、复杂却又必须完成的作业。即使对消费者的观察和研究策略在一些时候被发现是失灵的，但对生产商而言，停止这些策略研究却又是万万不可能的。

让行为和金钱来说话

　　人们会有感觉，人们会有偏见，人们会有主见。当你掌握了详细的数据，就能够在行动前做出更明智的决定。

　　　　　　　　　　　——美国加州大学伯克利分校经济学家哈尔·瓦里安

　　广告巨子大卫·奥格威有一句经典名言，"市场调研的困扰之处，就是人们不思考自己的感受，不表达自己的想法，也不按照自己说的话去做"。

　　既然简单表明态度的问卷调查可能有误差，如何更科学地捕捉用户行为和用户态度呢？当代营销专家们认为，应该充分运用大数据分析、云计算、用户画像等数据手段进行分析，因为调查问卷可能会说谎，但用户行为往往能反映真实问题。

中国云计算的先驱人物、阿里巴巴的王坚博士在自己的著作《在线》中讲述过一个关于微软的 office 产品创新和获取用户态度的故事，大致能体现出捕捉用户态度如何从工业时代的市场调查过渡到互联网时代的在线数据抓取。王坚是工业心理学出身，在加入阿里之前任职的单位是微软亚洲研究院。由于对微软旗下的 office 产品这项创新印象深刻，离开微软多年后他依然提及了这种变化带来的触动。

微软在产品上市之前，会针对用户做可用性测试，观察用户的使用习惯和反馈，来探究软件和产品是否能满足用户需求及其易用性。这个测试从 windows 到 office 一直延续，最初它的完成是让典型用户进入专门的可用性实验室。通过观察、摄像和问卷等各种手段，记录用户行为。产品发布之前，微软要进行多轮测试，通过数据统计和分析，找到软件的问题并进行修改。

从这种测试中我们依然能看到工业时代崛起的调查机构研究方式的影子，盖洛普、尼尔森、智威汤森的痕迹依然明显。

王坚评价微软的这种测试方法有其可取性，相比新品上市前的盲目，细致的用户调查能覆盖部分用户需求。但它的弊端也很明显——它只能覆盖一部分用户。进而他认为，微软最大的遗憾是，永远无法知道用户在真实场景下是怎么使用微软软件的，因为通过用户可用性测试永远只能看到部分用户在部分场景的使用习惯。

而从 Office 2003 开始，情况开始改变。Office 2003 上线之前，微软开始把用户使用软件的行为数据和机器配置自动记录的信息通过互联网发回微软。只需提前预设好问题，微软想要的信息就会自动获得。数据反馈由此变成了常态化的事情。

微软前项目管理总监、微软重要技术人物詹森·哈里斯，一直负责改善 windows 操作系统的用户体验。他在 MSDN.COM 上的博客记录，Office 2003 发布后一共收集了 13 亿个使用片段，每个使用片段都记录了一段固定时间内所有的用户反馈数据。微软通过这种技术，第一次知道了 word 2003 中最常用的 5 个命令是粘贴、保存、复制、撤销和加粗。这 5 个命令加在一起占据了 word 2003 所有命令使用量的 32%。

这种用户行为反馈第一次超出了工业时代的范畴，王坚评价它做了半个互联网产品的事。

互联网产品公认的特点是，它们从诞生开始就是在线的，任何一次用户行为都必须实时反馈到互联网公司，从而在界面上体现其变化。互联网公司得到用户行为的代价几乎是零，网站和网页设计天生就会让用户行为数据沉淀。对这些互联网公司而言，它们不操心能否真实记录用户的行为，它们要操心的只是数据要存储多久。

互联网产品的出现始于 1995 年，网景公司和微软开启了互联网商业化的浪潮。商业网络和各种应用如同生物体一般繁衍，不仅在美国，而且扩散到全世界。从亚马逊、谷歌到中国的搜索引擎百度、电商平台淘宝，所有的这些互联网产品的持续发展壮大都离不开基于 cookie 来实现的网络追踪技术。这是一种很小的文本文件，网站放置在浏览器中，帮助网站记录用户在之前访问的时候浏览了哪些内容，cookie 不断进化，当用户在网上进行商业活动时，它也会追踪用户的行为。

互联网产品的在线属性和追踪能力沉淀下来的数据被科技记者们描述为"摸准了当代文明的脉动"。《连线》和《产业标准》杂志的原创始人之一约翰·巴特尔（John Battelle）2003 年首次把谷歌描述为人类意图的数据库。

"一个又一个链接，一次又一次点击，搜索就这样建立起人类历史上最持久、最庞大、最具代表性的文化产物——人类意图数据库。" 约翰·巴特尔写道，"人类意图数据库其实很简单，它就是每一条键入的查询条件，每一条受到关注的搜索结果和每一条被当作搜索结果的数据链集合。" 把这些数据放在一起，就得到一部后网络时代文化的实时历史——一个庞大的点击流数据库。

约翰·巴特尔认为，人们访问 Google 这样的产品并键入关键字进行搜索的行为会暴露人们内心潜藏的意图。例如当人们想要去某地旅游的时候，他们会键入相关的关键词进行搜索。如果把所有的网络搜索历史记录搜集起来，将形成一个存放人类意识的场所，这是一个庞大的数据库。在这个数据库中，可以发现人们的渴望、需求、向往和偏好，还可以对它们进行调用、归档、追踪和利用，以满足各种需求。

意图数据库，让"在线"的用户行为成为比单纯的用户调查更为可靠的态度晴雨表。谷歌将这种趋势图通过 Google Trends 对外公开，普通用户可以在这类产品上查询信息的流行程度。

谷歌当然不是唯一的意图数据库。百度、雅虎，几乎所有的门户网站、社交平台、电商平台，某种程度上都在捕捉着人类的意图。基于群体性的用户行为构成的大数据，互联网公司们将反馈出的信息提供给品牌与各类商业公司作为决策参考。经由这些关键词构建成的意图数据，人们和各种商业力量获得了比工业时代更广的信息获取渠道，从而洞察社会群体对具体事物的行为和态度。

奥美公司全球 CEO 杨明皓也发表过对互联网公司所捕捉到的用户行为的看法。他认为，广告公司应该将数字手段视为有史以来最大的访谈小组，这是一个极其庞大的客户洞察来源，以获知行为背后的人群是谁，他们喜欢或不喜欢什么，他们使用产品的历程为何等。

由此，互联网公司的产品，取代了调查机构、广告公司的调研，成为更精准捕捉用户意图的角色。在约翰·巴特尔眼中，"意图数据库"是极具竞争力的工具，它能够辅助 Google 向用户投放定向广告时进行决策，它能改变市场营销的经济模式，将市场推广费用从不可知变成可知。

谷歌公司曾经的首席执行官埃里克·施密特也表达过搜索引擎对企业市场推广带来改变的看法。施密特认为，市场推广是美国企业经营中最后一项不可预计的成本。而 Google 从事的是完全可控的市场营销服务，有人点击你的广告，你才需要付钱。广告商们不再购买某个电视频道某个时段的广告，而是购买直达消费者消费意图的通道。这个消费意图是通过消费者自己的搜索历史和各种习惯得出来的。因此，同杂志和电视广告不可预计、不可追踪相比，搜索看起来变得颇具吸引力。

电商的购买行为所构成的大数据的价值也基于同样的原理。淘宝、天猫和亚马逊这样的平台上用户的购买行为、点击行为及浏览行为构成的意图大数据比传统的态度调查对生产制造商更具参考价值，因此逐渐取代了价格高昂的传统媒介。

王坚评价过，让用户自身行为作为决策根基具有重要价值。他认为，搜索引擎让用户的点击变成了在线行为。谷歌把离线的广告变成在线广告时，点击的商业模式就诞生了，点击有了全新的价值，谷歌因此成了最有影响力的互联网公司之一。

"在线"属性，开启了消费者认知和行为捕捉的新时代。

从"麦迪逊"到"硅谷"

影响消费端、洞察消费端的主体从广告代理商—传统媒介所组成的结构向线上媒介倾斜后，权力的天平也在发生变化。

2018 年 11 月 2 日，《华尔街日报》在一篇文章中指出，数字颠覆把麦迪逊大街弄得一团糟，麦迪逊大道和硅谷之间的战斗正在酝酿。广告代理集团曾经是在线广告热潮的受益者，现在却面临着生死存亡的威胁。广告主们正在改变他们购买广告的方式，麦迪逊大道上的世界正让位于品牌接触消费者的新方式，例如通过数字媒体来向消费者营销自己。

不同类型媒体广告份额

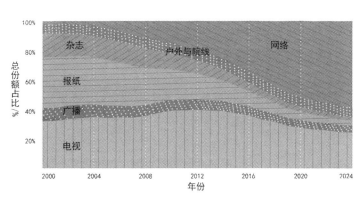

资料来源：Campaign 中国。

从全球的数据看，2000 年互联网广告的份额几乎可以忽略，但 20 年过去了，它的占比份额过半，互联网公司的"在线"属性，让它们成了麦迪逊大街门口的野蛮人。

广告主们也在缩减传统广告支出。本世纪第二个十年里联合利华和宝洁都多次宣布减少广告支出。2016 年可口可乐也曾宣布减少 10 亿美元代理费，并称将这部分预算投入全球品牌建设和与消费者面对面的媒介上。这些快消巨头曾经是传统广告市场里的最大金主，但它们越来越倾向于将预算投向新的媒介渠道。

2015 年宝洁时任首席财务官 Jon Moeller 曾对媒体表示："我们正在把更多的广告投入转到数字化媒体、搜索、社交、视频和移动上，因为消费者在这方面花的时间越来越多。"Jon Moeller 认为，总的来说，数字媒体的 ROI 高于电视或者印刷媒体。

与之对应的是线上广告份额的增加。2000 年 10 月谷歌的 Adwords 服务使广告业大规模进入竞价时代，这种在搜索结果中展示的广告，按照效果来付费。谷歌不是这种模式的发明者，却在互联网产品里大规模推广及应用，此后在线广告每年以惊人的速度增长。2010 年时谷歌的年收入超过了 300 亿美元，其中大部分都来自广告收入。10 年后的 2020 年，谷歌的广告收入为 1470 亿美元，10 年时间增至 3 倍以上规模。搜索引擎、社交网站、视频平台和电商平台都成长为新的营销中心。当下，三大科技巨头——谷歌、脸书和亚马逊，已经占据了美国广告行业的大半壁江山。

技术越来越成为广告的重要竞争力。互联网广告服务中小商家时，关键点不再是创意、策略和人工服务，而是以数据为支撑，以流量规模化交易为典型特点。从这里开始，沟通生产和消费的角色逐渐从人的创意和服务向机器、算法与创意服务并举过渡。

这种现象并非美国独有。2008 年，瑞典成为互联网广告额首次超过电视广告的国家。在中国，同样的趋势也在上演，2011 年，中国网络广告规模首次超过报纸广告。

艾瑞咨询的报告显示，2020 年中国网络广告市场规模达 7666

亿元，同比增长率为 18.6%。 艾瑞的调研显示，超过六成的广告主在最新一年的营销新技术投入占总预算占比在 10% 及以上，同时，超过七成的广告主在营销新技术的预算投入较疫情前有明显增长，并且有两成左右的广告主增长幅度在 30% 以上。

广告不再只是广告公司的事，而成为许多互联网巨头的现金牛业务。根据移动营销综合平台 Morketing 的数据，2021 年上半年国内互联网公司广告营收排名第一的阿里巴巴收入体量达到了 1446 亿。除未上市的字节跳动之外，阿里巴巴、腾讯、百度、京东和拼多多占据了前五的位置。

国内互联网公司 2021 年上半年广告营收情况

序号	公司名	Q2广告营收（亿元）	Q2同比变化（%）	Q2广告营收占比（%）	2021上半年广告营收（亿元）	2020上半年广告营收（亿元）	上半年同比变化(%)	备注
1	阿里巴巴	810.02	13.74	39.37	1446	1166.21	23.99	此项为客户管理收入，其中包含营销服务和展示广告、淘宝客计划、佣金收入等
2	腾讯	228.33	23.08	16.51	446.53	362.65	23.13	
3	京东	189.85	35.10	7.48	331.05	235.8	40.39	
4	拼多多	180.80	63.55	78.45	321.92	165.47	94.55	此项为在线营销服务及其他收入
5	快手	99.62	156.15	52.05	185.20	71.62	158.58	
6	美团	72.16	66.91	16.49	128.81	71.87	79.23	

续表

序号	公司名	Q2 广告营收(亿元)	Q2 同比变化(%)	Q2 广告营收占比(%)	2021上半年广告营收(亿元)	2020上半年广告营收(亿元)	上半年同比变化(%)	备注
7	小米	45	46.2	5.13	84	58	44.83	
8	微博	32.65	47.48	87.44	58	40.04	44.86	
9	爱奇艺	18.25	15.08	23.99	37.42	31.23	19.82	

资料来源：移动营销综合平台 Morketing 数据。

广告营销最风光的时代已成过去。但在物质产品和供给大充盈的年代里，向消费端传递生产端信息的动作总是有必要的。

美国大众研究学者詹姆斯·特威切尔在《美国的广告》中对于广告业遭遇种种冲击的后果下过一句断言："只要商品是可以互换的而且其数量过剩，只要生产商愿意为短期的利益（尤其是新产品）支付费用，只要他们有越过零售商而和消费者直接对话的需要，而且只要广告的确能够偶尔穿过媒体的喧嚣与观众建立联系，广告将仍然是市场营销的核心工具。"这一判断是对物质充盈时代里生产和消费关系链条的再次确认。

广告依然存在，只是传统和数字的力量对比已经发生了变化。不过，二者也并非泾渭分明的对立角色。奥美公司全球 CEO 杨明皓也认为，通过互联网手段洞察而来的用户行为数据并不比其他数据有用，只有当把意图与内容连接时，魔法才会显现。一些传统广告巨头们纷纷拥抱数字化，拓展数字潜力。

另一方面，具备数字洞察能力的企业也在积极汲取老牌机构的能力。2018 年 9 月，阿里巴巴的天猫新品创新中心 TMIC 宣布与尼尔森、凯度 TNS、GFK、益普索、AdMaster 等十家权威市场调研公司组成生态联盟。公开报道提及双方合作时称，联盟将形成全量、全参数、全渠道的生态数据模型，赋能品牌 360 度全链路——洞悉消费者心理，捕捉消费趋势，精准指导新品研发、上市引爆及长期运营。

科技巨头们积极接触传统广告巨头的最新动作当属阿里巴巴和腾讯对 WPP 的入股传闻。2021 年 11 月底，一则消息称中国科技巨头阿里巴巴、腾讯以及华人文化产业投资基金（CMC），有意购买全球最大广告传播集团 WPP 中国业务 20% 的股份。WPP 是全球最大广告传播巨头，旗下公司包括奥美、智威汤逊、扬罗必凯、凯度、群邑等知名广告公司和市场调查机构。作为传统广告代理集团，了解"用户和媒体"是其固有优势。

阿里和腾讯与之接触，一方面可以补齐互联网公司缺乏而传统代理机构擅长的创意和内容发现领域的能力，另一方面老牌代理机构受众掌握的品牌客户以及服务这些客户的经验和能力都是新兴平台所看重的。

用数据化手段捕捉需求与创意、策略的融合越来越成为新旧消费者感知及接触单元里的共性需求。可以说，在感知与影响消费端层面，工业时代和数字时代的两种能力正在合流。

知识图谱："围猎"消费者

我们这一代最聪明的头脑都在思考如何让人们点击广告。

这是硅谷科技奇才杰夫·哈默巴赫尔（Jeff Hammerbacher）离开 Facebook 时在《商业周刊》的一篇报道里留下的金句。这句话由于拥有强烈的反差感，成为许多人批评互联网泛滥的广告及商业模式原罪时的弹药。

杰夫·哈默巴赫尔出生于 1983 年，23 岁时加入了 Facebook，一手组建起数据分析队伍。他的话能掀起轩然大波还在于，他是"数据科学"（data science）一词的提出者之一，也被人们称为"数据上帝"（data god）。

被称为"数据上帝"的人留下的金句揭示了当下几乎人人皆知的事实——数据正在影响消费端的判断。它过于普及，几乎成了当下不证自明的定律，在科技公司的宣发文案和观察者的分析文章里都能见到它的痕迹。而这个常识的背后，是以大数据挖掘、深度学习算法、推荐算法和知识图谱、知识库等为关键词的数字技术在起作用。

以与交易和消费者最近的电商平台为例，它连接的是产品和人，产品的维度和 SKU 千千万万，人的消费能力、消费偏好及意愿也千差万别，在无穷多的产品和亿万的消费者之间做好匹配成了平台的数据智能希望解决的问题。

阿里巴巴披露过其数据智能团队挖掘用户需求的逻辑。2020年3月，阿里巴巴的数据智能团队披露了一篇论文"AliCoCo: Alibaba E-commerce Cognitive Concept Net"，这篇论文被国际顶会 SIGMOD 接收，也是阿里第一次对外披露自身的电商认知图谱。阿里将之取名为 AliCoCo，这篇论文论述了阿里是如何构建链接逻辑的。论文的导言提及面对用户多样化的需求，电商体验依然还称不上"智能"，很多用户的需求依然没有得到很好的定义。

阿里的搜索推荐事业部认知图谱团队在一篇公开文章中提及，电商体验中经常被诟病的问题如重复推荐、买过了又推荐、推荐缺少新意等问题出现的原因在于，这些推荐系统更多的是从用户历史行为出发，通过 i2i 等手段来召回商品，而不是真正从建模用户需求出发。而无法从用户需求出发，究其本质，根源在于电商技术所依赖的底层数据，缺少对于用户需求的刻画。具体来讲，电商平台管理商品的体系，是一套基于类目—属性—属性值（CPV, category-property-value）的体系，它缺乏必要的知识广度和深度去描述和理解各类用户需求，从而导致基于此的搜索、推荐算法在认知真实的用户需求时产生了语义的隔阂，从而限制了用户体验的进一步提升。

阿里的数据智能团队试图构建的大规模的电子商务认知概念网络"AliCoCo"，用户需求被表达成短语级别的电商概念，有一套定义完备的分类体系和原子概念实例去描述所有的电商概念。电商平台上的所有商品都会和电商概念或是原子概念相关联，从而实现更精准地对用户需求的捕捉和更智能的反馈。

从这些公开释放的信息里我们能清晰看到,如何更准确地定位行为主体的意愿和需求并将消费属性的产品与之关联是算法的核心目标。事实上,这也是广义的消费者(无论是实体产品的生产和消费,还是数字世界的使用和体验)在互联网世界里所面对的现实处境。

在数字世界里识别用户的消费者标签和属性,从而将与之匹配的虚拟或物理产品推送至用户面前,搜索引擎、电商、社交媒体以及各种内容消费平台一直在重复这套检索和匹配的动作。有人说,这些个性化的推荐和定位体系,使得互联网不仅仅知道你是一只狗,它还了解你的品种,想卖给你一碗上等的粗粒狗粮。

而在这些动作背后,个性化推荐、知识图谱等数据挖掘技术的作用不可忽视。

在维基百科的官方词条中,知识图谱是 Google 用于增强其搜索引擎功能的知识库,它是一种揭示实体之间关系的语义网络,可以对现实世界的事物及其相互关系进行形式化的描述。互联网企业里,巨头谷歌最早提出以知识图谱来提升搜索引擎性能。2012 年,谷歌推出了一款从 Metaweb 中衍生而来的产品,名为知识图谱(Knowledge Graph)。它能在互联网上编码并关联碎片化知识单元,通过构建由知识点相互连接而成的语义网络,让用户能够更快更简单地发现新的信息和知识。

2014 年谷歌将这种语义网络升级为自动化的知识库

（knowledge vault），通过演算法自动爬梳网络上的资讯，并利用机器学习将资讯整合成知识，让用户能够更快更简单地发现新的信息和知识。通过这种复杂的算法优化性能后，搜索引擎能回答诸如北京目前的气温多少度、明天是几月几日、中国的首都在哪里等类型的问题。

知识图谱一经提出便迅速成为工业界和学术界的研究热点，大量的互联网公司也积极开发各种基于知识图谱的应用。微软、谷歌、脸书、阿里巴巴、亚马逊和百度乃至美团，都在建设基于自身平台属性的通用或细分领域的知识图谱。

所有的这些动作，都可以视作各类平台们绞尽脑汁用更加细致的消费者画像、大数据推荐算法来向潜在的用户兜售产品，延长使用时间，从而贩卖更多产品和广告的努力。

这正如意愿经济的提出者多克·希尔斯提过的一个颇为形象的比喻。希尔斯称，在当下的消费环境下，每个人都是带着品牌烙印游荡的小牛，每一头母牛都认为你是它的小牛，希望给你打上它的烙印。这个比喻包含着非常强烈的批判意识，也形象地点出了当下的消费特征，无论是搜索引擎还是电商平台的推荐网络都在努力辨别消费者。消费属性让一个用户变得具备了前所未有的价值。

向技术要红利

除了线上捕捉偏好，在中国当下的商业生态里更重要的改变在于生产端开始把线上的需求反馈到新品设计中，这种尝试意味着消费开始直接反作用于生产，也是消费互联网连接产业互联网的体现。

消费端反作用于生产，它的实现除了需要数字技术捕捉洞察，更需要企业和相关平台思维方式的转变。前文提过完美日记利用全网的消费者偏好大数据，通过分析、监测、预测消费者行为和美妆趋势，指导新品开发。而利用技术手段，寻找消费者更喜欢的颜色的做法并不止完美日记一家。国际巨头和大型电商平台也积极投身这波创新的技术流浪潮。阿里巴巴、京东和拼多多等都提出过要将需求端和市场反馈与生产端打通，这些企业也披露了不少相关的案例。

以阿里巴巴为例，天猫新品创新中心（TMIC）的数据就曾推动了不少品牌的新品研发进度。2021年2月，欧莱雅集团旗下的美宝莲推出了新款唇釉，包含梦境绯红、枫糖茶红、木质蔷薇、枕边雾橘、悸动红梨等十款雾绒色号，这些名字颇具社交传播属性，推出后也颇受欢迎。

这是一次特殊的上新，特殊之处在于新品的研发过程。品牌对外的宣传文案里提及的10款色号是色彩专家为中国女性肤色独家定制的。颇具黑科技色彩的是，这10款色号是从2000个色彩知识库中捕捉出来的，这个色彩知识库的完成是由欧莱雅原有的品牌色号库与电商平台阿里巴巴的新品创新中心（TMIC）技术联合研发而成。欧莱雅将 87 个品牌的所有口红色号开放给了 TMIC，TMIC 通过图像识别等技术，结合淘宝天猫的消费洞察与消费者的使用反馈，将色彩知识库扩充至 2000 多个。

该过程与传统的跨国品牌的新品创新流程并不一致。作为一家跨国公司，欧莱雅进入中国时的市场目标就是"让每个中国女性都拥有一支口红"。而作为一家国际性的美妆企业，每推出一款新口红，通常都有严格的生产过程，要经过一两年的筹备才能完成包括色彩和人群的适配度、消费者反馈、产品的安全性及稳定性等多个流程。

口红产品的特殊性在于，颜色的流行指数与群体性肤色、人群的审美偏好等生理及社会心理因子密切相关，也是消费者决策时最重要的参考指标。美宝莲历史上有些产品沿袭了美国市场的成熟色号，最有名的当属在国内有"死亡芭比粉"之称的玫红色系口红，它随着国际品牌的全球扩张而被带到中国市场，却也是黄种人肤色难以驾驭的色号。

欧莱雅通过技术扩大了色彩的知识库，将色彩的颗粒度从 87 扩展到 2000，大大提升了消费者洞察的精准度。色号大爆发之后，从这个结合了中国消费者反馈的色彩库里研发出的新品自然也能更贴近中国消费者的审美和需求。而通过技术来推动新品开发还提升了开发的速度，该品牌高管在接受媒体采访时提及，此前的流程是线性的，需要半年乃至数年，现在集中在几个月就能完成。这种速度明显更能适应瞬息变化的中国市场。

消费者反向影响生产端，驱动创新的案例还有"修颜小黑管"。TMIC 从电商平台的数据基于对 10 万样本量的研究，洞察到男士粉底有巨大的市场空间。不少男性消费者希望能够掩盖脸部皮肤的瑕疵，但市场上大多现有产品功效与宣传营销无法触达男士消费者痛点。欧莱雅结合天猫 TMIC，通过 1638 位 18~34 岁生活在一到三线城市的消费者参与联合创新，围绕调研、产品功能、配方、命名各个环节来保证产品设计、配方创新、营销策略等紧密围绕男性使用群体的需求，最终成功研发出了修颜小黑管产品，市场反馈也颇为热烈。

电商平台京东公布过一个案例，称通过平台的数据和用户反馈，推动过一款电竞用户专用的显示屏的开发流程创新。该企业通过统计的用户搜索和点击习惯发现，电竞发烧友群体对曲面、电竞和高分辨率的高端显示屏关注度和需求量很高。这个人群的偏好里最显著的需求是显示器的长宽比例大约在 21 ∶ 9，价格相对不能太高。但在市场供给中，生产厂商并没有专门生产面向电竞爱好者的性价比款产品，很多消费者苦于价格贵，购买积极性不高。

从生产端的角度，要开一个新的规格的产线，开模成本为1500 万元。生产企业由于对消费者市场的需求判断很难准确把握，因此在高昂的成本压力下，不太有动力生产面向专门市场的性价比款产品。京东通过平台的数据，推动了链条的效率优化，上游生产商开模最终推出了一款颇具性价比的新屏幕产品。这款产品为消费者带来了接近50%的价格优惠，也将面板厂、代工厂、品牌方各方的毛利率提升了20%。这也是数据驱动的消费反向作用于生产的典型案例。

这些典型案例也是中国市场剧烈变化的体现。麦肯锡在《未来十年塑造中国消费增长的五大趋势》中提及，中国消费者正置身于一个技术更迭、人口变化和新消费行为层出不穷的前沿市场。中国的消费市场在人口结构、社会变化以及科技进步的驱动下，正逐渐呈现出复杂化、多元化的趋势。

自改革开放以来，中国的生产制造企业的成长历程汲取过两波时代红利：一波人口红利，一波市场红利。人口红利和后发者优势让锐意进取的品牌们通过汲取发达市场的经验，以极低的劳动力价格实现了跨越式发展。不可忽视的是这种成长中包含了廉价劳动力资源带来的低价优势，随着中国市场人口红利的消失，期望依靠廉价劳动力资源而形成的低价优势在这片市场上越来越难。

市场红利当下仍然存在，社会整体的消费能力也在提升，2017年底召开的中央经济工作会议上明确提出，我国中等收入群体超过3亿人，大致占全球中等收入群体的30%以上，这个群体对品牌和产品的要求越来越高，他们个性化、多样化需求的满足需要更精准地被挖掘。而这些需求对生产端能力的要求是传统的中国品牌相对欠缺的。

如何挖掘激烈变动的市场里潜在的消费者需求，如何在人口红利不再的情况下赢得市场竞争，这是生产端最大的考验。向技术要红利成了当下科技进步背景下各类制造品牌必须要解决的新命题。

从世界工厂到中国创新

庞大激烈变动的市场催生出了对运用技术来创新的需求，而创新带来了消费者层面的良性反馈，最终一条市场—数字技术—创新的通道逐步贯通。这种快速反馈机制可能是中国的消费生态在全球消费市场里独树一帜之处，也带来了更为深远的影响。

最突出的一点是，数字创新能让中国从"世界工厂"变身为中国创造，国际品牌不再只是"引进"潮流，而是更多地在中国本土市场制造潮流。

中国此前一直被视作制造中心。"世界工厂"的标签是对制造资源和制造能力的突出强调，也是中国在产业链里居于相对低端位置的体现。这种发展路线曾经带来过沿海一批城市的崛起，中国生产的产品随着外向型经济的发展而源源不断输出到全世界。但这个过程里，中国制造也被贴上了低端、低价和低品质的标签。

跨国公司将中国视作生产基地，跨国公司们的创新、研发等关键环节都在海外总部，中国市场贩卖的是来自国际大牌的成熟市场验证的产品。

但随着中国市场重要性的提升、数字创新环境的凸显，这里的经验也越来越被视作一些品牌的创新引擎。突出的案例是美妆巨头欧莱雅集团对中国市场的重视度提升。

2021 年初，法国美容巨头欧莱雅集团宣布重新规划各市场的地理范围，正式成立了北亚区，覆盖三个国家市场——中国、日本、韩国。中国上海升级为集团北亚区总部。

这种升级的特殊性在于，日本和韩国一直是东亚时尚行业的潮流发生地，中国此前相对这两地一直是从属和追随的姿态。上海升级本身意味着，中国在时尚制造领域的话语权也在提升。

2021 年 9 月的一次峰会上欧莱雅的对外发声更能凸显中国区的角色变化。会上，当时新成立的北亚区发展方向首次公布——以中国为北亚总部市场，激活中日韩"美妆黄金三角洲"，为区域协同发展注入动能。

欧莱雅中国首席执行官费博瑞在峰会的对外发言中提及了以中国为引擎的北亚区的重要性："北亚区目前已贡献了全球美妆市场约 30% 的销售额占比……是欧莱雅集团全球增长的核心引擎之一……欧莱雅将充分发挥三个国家的独特优势，把握'美妆黄金三角洲'的五大战略机遇——（1）在数字化浪潮、代际变迁和她力量崛起'三浪并发'大潮下，成为美妆消费新物种的'Z 世代'；（2）随着文化资产增长、中国自信蓬勃、国际影响力提升而快速上升的'中国美'浪潮；（3）以完善的产业生态和宽松的市场准入为支撑，快速响应并引领潮流的'韩国美'；（4）以工匠精神文化、科学专研态度和成熟的监管法规闻名，持续深耕专业优势的'日本美'；（5）以颠覆式的创新和不设限的个性表达，对亚洲年轻人有着强烈共鸣的'西方美'，为整个区域的协同增长创造动能……"

欧莱雅对外强调中国市场作为欧莱雅北亚区总部，在"美妆黄金三角洲"中扮演的角色是"举足轻重的枢纽作用"，"尤其是在中国Z世代消费者的驱动下，中国的美妆创新生态中的技术、场景、资本、政策和消费者需求形成多环联动，也成为北亚区日渐扩大的品牌组合的进化孵化器"。

中国区升级的根本原因除了中国的庞大市场，毫无疑问，技术、场景、政策和消费者需求的多环互动，成了中国市场重要性提升的杠杆。

变化不只体现在欧莱雅这一家跨国企业上。妮维雅母公司拜尔斯道夫集团东北亚董事总经理薛薇也曾在公开采访中提及，该公司每年都有近百个专利产品，如何将这些产品转化成接近消费者需求的产品，将是中国的创新中心一个非常重要的角色。

数字化浪潮和实践经验使中国市场成了创新的始发地，而非潮流跟随者的角色，这与外企刚进入中国市场时的场景有着天壤之别。

而如果究其根本，可以看到跨国公司中国区地位提升的另一重背景是，中国的数字创新环境已形成了某种稳定的生态。物流、支付和云计算等数字基础设施完善，它们支撑着一波依靠技术红利诞生的本土品牌崛起。这些本土消费品牌来势汹汹，为了不丢掉中国市场的份额，跨国公司必须从中国的土壤里汲取营养来正面迎战对手。这是面对强大的本土对手时全球品牌被迫的迎战之举。

跨国公司对中国角色和定位的变化，体现了中国制造在数字背景下的新可能性。市场和需求端的厚度、深度与变化的烈度，让中国制造有了反向创新从而实现升级的可能性。

结语：新的挑战

2021 年 4 月苹果开始在 iPhone 推出了一个新的功能——"应用程序跟踪透明度"（ATT）。用户可以在一个弹出式窗口里选择是否同意被应用程序追踪。苹果的应用程序跟踪此前是通过苹果的生态广告交易标识 IDFA(Identifier for Advertising)系统查看的，这个系统可以看到用户何时点击广告以及下载了哪些应用程序。

IOS14 的 IDFA 隐私政策调整后，应用程序在获取相关的权限时，会有弹窗出现提醒用户是否进行授权。如果用户未授权，广告商将无法访问 IDFA。据显示，新政策调整后，被追踪的用户比例从 2021 年初的 73% 下降到 6 月底的 32%。

无独有偶，2021 年 8 月，《中华人民共和国个人信息保护法》获得通过，这部法律同年 11 月起正式实施。数字咨询机构德勤分析称，这部法律的出台和发布，开启了中国隐私权及个人信息保护的新时代。针对个人信息野蛮掘金的时代已经结束，为了更好地满足合规要求、客户个人权利以及企业自身管理需求，企业应进一步从全面的视角，加强个人信息安全和隐私保护的能力，将隐私保护要求嵌入设计阶段，建立隐私管理小组和领导成员，指导后续环节的执行。除此之外，隐私同意的获取和用户体验的平衡点将是企业产品设计考虑中不可或缺的一部分。

这部法律发出后，中国互联网协会也向互联网业界发出倡议，要求严格遵守法律规定，贯彻落实法律要求，要求互联网企业"确保个人信息处理合法合规，预防和处置侵害个人信息权益行为，发现问题及时采取补救措施"，并开展合规审计评估，接受社会公众监督。

2021年11月下旬，腾讯旗下所有APP暂停版本更新。坊间传闻APP暂停更新与11月开始实行个人信息保护法有关，所有APP都要大整改以保护个人信息。腾讯当时回应称，正持续升级APP对用户权益保护的各项措施，并配合监管部门进行正常的合规检测。

这则新闻表明，用户权益保护正越来越成为互联网企业需要从产品设计阶段开始关注的要点。这也意味着，类似2018年李彦宏在中国高层发展论坛上的那段引起过轩然大波的言论愈发丧失了生存空间。当时李彦宏称："我想中国人可以更加开放，对隐私问题没有那么敏感。如果他们愿意用隐私交换便捷性，很多情况下他们是愿意的，那我们就可以用数据做一些事情。"

某种程度上，中国数字生态的繁盛与个人信息野蛮掘金的大时代背景相呼应。用户追踪和 cookies 曾经是互联网商业模式的根基之一。无论是商业公司的举措还是国家立法的动作，都是对公众日益增强的个人隐私意识的回应。它带来的效果也立竿见影。一旦用户不同意自身的行为被追踪，不愿意自身的身份和标签被互联网应用捕捉，具体用户的消费者属性也将变模糊，平台公司和生产企业们所期望的更精准的需求捕捉也将受阻。

以需定产，将物理世界的客观需求汇集，并反馈到生产端，让机器生产用户需要的产品，这种希望通过用户数据来反馈生产的做法在电商平台率先开始了探索。它向前迈出了一步，但它只是落下来的第一只鞋子。

1996 年美国大众文化研究者詹姆斯·特威切尔忧心忡忡地发问："受到大肆吹嘘的信息高速公路上走下来的会是什么？"他的答案里包括人机互动意味着地毯式广告的终结，生产制造商可以针对不同人群播出不同的广告。除此之外，消费者还可以选择是否接收广告。

今天地毯式广告还没有消失，但消费者选择是否接收广告的可能性在增加。某种意义上，不被定义为消费者也是消费者主权的一部分。这也是需求驱动的生产所遭遇的挑战与拷问。

第二部分

数字时代的大国焦虑

研究技术革命周期发展的学者卡萝塔·佩蕾丝将技术革命视作国家打破原有实力分布的重要契机。她认为，技术革命的范式转换期为工业国家打开了赶超与跨越式增长的机遇之窗。这样的案例发生过不止一次——德国和美国在钢铁、电力的浪潮中取得了领先地位，日本也在 20 世纪七八十年代实现对多个工业国的超越。

数字革命给当下的工业大国带来了怎样的挑战？新的产业逻辑是否会让传统强国被甩出既定发展轨道？固有的国力格局是否会发生变化？这些都是科技革命和产业剧变前夕的热点话题。我们在这一部分选择了美国、日本和德国这几大世界工业强国作为观察对象，两位海外观察员带来了他们视野里看到的大国在数字时代的焦虑。

不同的国家在数字时代的焦虑点截然不同。2010 年，美国麻省理工学院的创新经济生产委员会（Production in the Innovation Economy）的学者们问出了那个问题——如何保证下一次科技革命的底层创新仍然发生在美国？他们论述，美国过往创新和市场间的关系是"在这里（美国）创新，在这里（美国）生产"。随着生产逐渐被转移到美国境外，创新和市场间的关系是"在这里（美国）创新，在那里（离岸）生产"。这群精英们认为，制造环节和市场迭代反馈本身藏着与创新密切相关的因子。新一次科技革命来临之际，他们越来越担忧一点：未来工业从创新到生产间的关联会不会演变成"在那里（离岸）生产，在那里（离岸）创新"，即从市场到生产到创新之间的机制是否会让其他国家在数字时代实现对美国的超越，世界创新中心的位置从而发生转移，这大概是美国精英最为忧虑的点。

2021 年底，美国哈佛大学肯尼迪政府学院的学者格雷厄姆·艾利森提交了一份《伟大的竞争：21 世纪的中国与美国》的报告，这份报告将中国作为美国在 AI 领域的"全方位竞争对手"，同时也是美国有史以来最强大的竞争对手，并将 AI 看作未来 10 年最有可能影响安全和经济的关键技术。这意味着科技领域里中美的争锋还将继续。

相比而言，制造业大国德国的焦虑点指向的是他们的优势产业的可持续性。汽车、中小企业联盟所代表的德国制造是德国的优势产业，伴随着特斯拉和中国电动汽车的凶猛追击，德国汽车产业在数字时代还能保持优势吗？ 2011 年提出的工业 4.0 是德国对数字时代的回应。10 年过去后，工业 4.0 似乎并未化解汽车大国的忧虑。自 2015 年以来，中国电动汽车销量一直领先于欧洲，2020 年欧洲首次实现了反超。国际能源署在《2021 年全球电动汽车展望》报告中显示，欧盟的碳排放标准收紧和部分欧洲国家的购车政策补贴力度加大，是欧洲电动汽车销量明显攀升的主要原因。某种程度而言，绿色环保的欧洲给重排放的德国汽车产业的数字转型带来了新的动力。

除此之外，被视作 AI 竞争相对边缘地带的欧洲也正在奋起直追。由 Global Data 汇编的一份调查数据显示，在 2021 年 10 月至 12 月的 3 个月里，欧洲是科技行业机器学习招聘增长最快的地区，占机器学习工作总数的 9.4%，高于去年同期的 7.7%。全球机器学习领域工作增长最快的国家是德国。在截至 2020 年 10 月的 3 个月中，该国机器学习招聘广告占所有招聘广告的 1.5%，而在截至 2021 年 10 月的 3 个月中，这一比例升至 2.5%。传统汽车大国将在未来的数字时代前途黯淡？这样的断言似乎为时过早。

而老牌制造强国日本，面临的境况异于德国。日本并不缺底层创新，他们也曾在半导体、高端制造领域引领过世界发展趋势。但经历了"失落的三十年"，全面错失互联网时代且同时面临严重的少子化危机后，这个大国在数字时代相对步履蹒跚。但日本在数字时代并非毫无武装，它过往扎实的产业积累也让它在数字时代具备了强大的潜力和发展基础。同时，由于人口和国土环境的特殊性，日本在数字时代的焦虑和国家对策都有强烈的现实对照，以人为本的社会 5.0 成了日本国家层面数字政策的最大特色。

总之，在这场新的革命面前，大国的焦虑和关切点各不相同。而从国家间的力量转移来看，数字化会带来几重疑问：创新的模式是否会发生改变？传统的优势是否可以保持？供应链的分布是否会发生变化？有人说，新冠肺炎疫情暴发后，预测未来成了越来越危险的事。这些问题在当下可能并不会有确定的答案。

　　但借由关注世界主要工业大国当下的数字政策，思考这些国家过往的优势、既有的禀赋和资源，考察其是否为变动的未来预留创新的可能性，或许也能为这几个主要工业国的数字未来提供某种层面的确定性参考。同时，我们也希望通过这些观察，找到某种中国发展的镜鉴。

05

美国：数字时代如何维持科技领先优势

"美国如何确保自己在未来的技术和产业中，特别是在与中国的竞争中处于世界领先地位，这对美国的经济繁荣和国家安全至关重要。"2021年1月15日，美国总统拜登就职首日在白宫网站上发表了一封致总统科学顾问兼科技政策办公室主任埃里克·兰德的信，信中要求埃里克·兰德和他的同事们重振美国的国家科技战略，同时还提到了这样一段话。

这段话指向了美国科技政策的核心——在新兴技术和未来产业竞争中的领先性和世界创新中心地位的稳固性。

这既是拜登政府此后执政期里的科技政策先声，也是特朗普政府从 2018 年开始对中国展开的科技打压的延续。同时它反映了一个现实——美国精英间已经达成了共识，即使美国的总统发生更迭，上任的拜登政府也并未全盘否定特朗普政府时期的中美关系框架。

某种程度而言，这句话还可以被视作美国在数字时代和对未来科技、产业竞争焦虑的最好总结。对这个超级大国而言，对数字时代的焦虑，是对创新中心地位丢失的焦虑，是对产业和科技引领作用降低的焦虑。

为什么美国如此强调创新中心地位？为什么数字时代里美国会忧虑创新中心地位的丧失？被美国视作最大竞争对手的中国从哪些层面正威胁到美国的科技竞争力？美国政府采取的一系列举措到底效果如何？我们应如何看待当下的中美竞争？这些问题都是本章所关注的焦点。

我们回溯近半个世纪以来美国经济和创新领域发生的变化发现，上世纪 80 年代时，美国社会也有过对竞争力衰退和创新能力丧失的担忧。彼时，随着劳动力价格上升，离岸制造盛行，美国的跨国公司们纷纷剥离国内的制造业资产。当时日本制造风靡全球，美国的汽车和钢铁产业在全球竞争中节节败退，消费类电子领域美国的公司们也表现不佳，美国社会由此掀起过一阵焦虑思潮。今天看来，当时盛行的"日本买下美国"的惊叹和美日之间的贸易摩擦、科技战，与今天美国在数字经济时代遭遇挑战时的姿态和反应如出一辙。

由此可见，美国具有强烈的"美国优先"意识，始终追求全球经济影响力和创新中心地位。一旦发觉自己在新兴产业和科技竞争中出现了相对衰落的迹象，就会启动反射神经，全力应对潜在的对手，确保美国在创新和新兴产业中保有竞争力。

20 世纪 90 年代后，全球信息科技产业高速发展，由此而来的互联网经济浪潮从美国向全球扩张，美国社会因制造业衰退而产生的"衰落焦虑"和"创新中心旁移"的担忧得到缓解。2008 年美国次贷危机爆发，美国经济系统的稳定性面临严峻威胁，美国社会开始重新审视经济和科技领域的潜在对手。2010 年中国取代日本成为世界第二大经济体，同时中国的制造业产值也超过美国，成为世界第一大制造业强国。随着中国轰轰烈烈的数字经济浪潮，中国也被动成为新科技革命浪潮里美国最大的竞争对手。

美国对创新中心地位丧失的焦虑并非今天独有。事实上，在奥巴马总统任期内美国就开始以立法和行政手段来推动先进制造业的优势地位，加速美国国内创新。到特朗普执政期间，它变得更为显性，美国一方面启动了对竞争对手的打击，同时积极以产业政策刺激和引导制造回流。新上任的拜登总统延续了这一思路，以保持美国在先进制造和数字时代的领先优势。对中国而言，美国在数字时代的大国焦虑成了当下科技产业发展最大的外部不确定性。了解美国的大国焦虑，有助于以长期视角看待中美在科技产业里的未来走向。

另一方面，美国作为当今世界最强大的国家，在科技、制造和新兴产业及前沿领域依然拥有巨大的优势，全世界的资源和人才依然源源不断流向这个国家。由于其系统性科技战略，在可预见的未来里，美国在很多领域依然将引领全球产业发展。应当意识到，美国对创新中心转移的忧虑论调本身有利于其动员内部资源凝聚共识，因而，当下我们应以更为全面理性的视角来对待"美国衰落"论调。

新冠肺炎疫情暴发以来，各国普遍强调产业链安全，注重生产制造和战略产业的本土布局。随着俄乌战争突起，欧洲局势紧张，中美科技竞争也在增加新的变数。美国很有可能加速布局本土科技，在关键高科技领域进一步与中国脱钩。未来全球的产业链条在一些环节可能将呈现两套体系并行的状态。对中国的科技产业而言，我们要在中长期的时间里与美国展开复杂而又旷日持久的竞合。

产业空心化和危机

2016 年，亿万富翁、商人唐纳德·特朗普以"美国复兴""让美国再次伟大"为竞选纲领赢得了美国总统大选。在任期里，他喊出了激进的口号："我们希望美国的公路、桥梁和铁路以及其他所有东西都由美国的铁、美国的钢、美国的混凝土和美国人的双手来建造。"

无论是竞选政纲还是这些颇具关注度的口号，都是对美国所面临现实的解决方案——这个世界上最强大的国家正遭遇着制造业流失、产业空心化、就业不振等一系列危机。一些典型的工业城市成为衰败的代名词，"铁锈地带"的破败仿佛给这个国家蒙上了一层阴影。

最出名的当属底特律，底特律曾经是美国制造的代名词。在以大规模生产、蓝领工作岗位和汽车为标志的机器时代，底特律也是美国最富裕、最先进的城市。但从20世纪下半叶开始，底特律逐渐成为失业之都。废弃的工厂、遗弃的住宅和被遗忘的人们，让底特律变身为一座愤怒之城。从2000年到2018年，底特律的人口增长比例为 -29.3%，这意味着这个曾经的工业中心流失了近三成的人口。这种衰败和人口流失并非孤例，在加里、弗林特、萨吉诺和扬斯敦等城市，21世纪前18年里，人口的负增长数据都在两成以上。

到2018年，针对产业空心化、制造业流失等一系列国内问题，特朗普政府发起了对中国的贸易制裁，认为美国发生的一系列问题，罪魁祸首是中国抢走了就业机会、市场和创新空间。但如果观察其制造业的发展和产业转移，铁锈地带和产业空心化迹象近半个世纪之前就在美国开始出现。

以铁锈带的概念为例，它出现于上世纪80年代。1984年，美国总统候选人沃尔特·蒙代尔（Walter Mondale）在一次总统竞选活动演讲中第一次使用了"铁锈"这个概念。当时他谴责里根在贸易问题上的立场，特别是取消钢铁进口配额，这使得钢铁行业陷入危机。"里根的政策正在把我们的中西部工业变成一个生锈的碗。"沃尔特·蒙代尔说。"铁锈带"这个词从此作为一个专门术语在美国指向了后工业化的中西部地区——它们曾经以制造业为基础，在国家的经济生活中占据重要位置，但从 20 世纪下半叶开始却逐渐走向凋敝，人口不断减少，产业衰落。

美国《时代周刊》将 1977 年 9 月 19 日的黑色星期一视作铁锈地带最具象征意义的日子。当时俄亥俄州的扬斯敦钢管公司倒闭，导致约 4 万人失业。扬斯敦的人口在 20 世纪 70 年代达到顶峰，之后一路下降，它也是典型的"铁锈城市"。

为什么从 20 世纪七八十年代美国开始出现铁锈带？第二次世界大战期间，美国作为世界反法西斯阵营的兵工厂，同时也是本土未遭遇战争的唯一超级大国，以自身的制造体系和工业生产能力源源不断地为反法西斯同盟提供物资支持。到二战结束时，美国的工业制造能力和产品影响力达到了前所未有的水平。

以汽车产业为例，1955 年，美国的汽车年销量第一次超过700 万辆，三大汽车巨头福特、通用和克莱斯勒销售的汽车也占了世界汽车销量的最大比重。1960 年 1 月，美国经济在全世界的主导地位达到了最高峰，29% 的美国工人受雇于制造业。

之后，随着德国的汽车企业开始追赶，欧洲生产的具有多样性的汽车产品逐渐取得了市场的胜利。20 世纪 80 年代丰田汽车的精益制造理念以更灵活的成本体系、市场价格及产品类型，在美国市场节节逼进，丰田汽车在美国市场销量占到 20%。麻省理工学院当时组织了一批专家教授，对美国制造业的问题进行研究，当时他们发现，除了汽车产业、微电子、家用电器等领域，美国产品从品质到效率层面都遭遇了日本、西欧等国家的挑战。1986 年时，美国在半导体生产中的份额从 10 年前的六成降到四成，当时在 DRAM 芯片里，日本公司占据了四分之三的市场份额。1987 年美国从海外进口的产品远大于出口，贸易逆差达到了 1610 亿美元。

同时，20 世纪 80 年代也是美国金融政策发生转折的节点。美国政府逐渐放松了对金融市场的宏观监管，高速发展的金融业对制造业产生了"挤出效应"。由于劳动力成本高，员工人数和用工成本会降低企业的估值，资本市场倾向于给轻资产企业以更高估值。这推动美国企业将公司里利润率相对低的业务线出清，制造环节成为最先被转移到大企业集团之外的部门。

在这一背景下，全球制造业分工格局随之发生深刻变革。美国国内产业逐渐向价值链的市场和研发端延伸，低附加值的中间制造环节逐渐外溢到亚洲国家。新一轮的制造业转移浪潮出现，"东亚四小龙"崛起，到上世纪 90 年代，中国也接收了外溢的制造产能逐渐成为"世界工厂"。

进入 21 世纪后，美国本土的产业结构更是呈现出更为鲜明的"去工业化"特征，而金融业则突飞猛进。2007 年前后，美国金融衍生市场过度膨胀，第二产业空心化带来了严重的金融危机，2009 年 10 月美国的失业率最高飙升到 10%，2009 年第二季度

GDP 同比增速为 -4%。在这一背景下，制造业及其带来的产业创新成了此后美国历届政府关注的重要话题。

制造业转移，创新土壤丢失？

产业空心化带来了巨大的弊端。美国精英们认为最大的弊端是就业流失导致中产阶层萎缩，消费不振，经济活力不足。

1960 年时美国经济和美国制造业在全球的影响力达到顶峰，一项数据显示当时美国有 29% 的人口受雇于制造业。工人受雇于欣欣向荣的产业，他们的收入提升为制造商新创造的产品提供了广阔的市场，从创新到制造到市场之间形成了一个完整的链条。

但产业空心化大背景下，从 1980 年到 2020 年，制造业就业占整体就业人数比重不断下降。制造业就业流失也带来了需求的萎缩。2009 年 6 月 26 日，通用电气首席执行官杰夫·伊梅尔特（Jeff Immelt）呼吁美国将其制造业的基础就业人数增加至劳动力的 20%，并指出美国在某些领域已经外包太多，无法再依赖金融部门和消费者支出带动需求。

美国国内开始呼吁重视制造业的重要性。2010 年美国麻省理工学院成立了一个专门的组织——麻省理工学院创新经济生产委员会（Production in the Innovation Commission，PIE），牵头调研制造业与创新间的关联。他们得出的结论是，为了让美国继续从创新活动中获取最大化利益，美国的制造业也必须欣欣向荣。换言之，制造业与创新紧密相关，美国必须重建被掏空了的制造生产系统。

由于 2010 年中国事实上已经成为全球第一制造大国，所以这份调研中中国也成为美国最大的潜在竞争对手，中国正在形成的创新土壤和对美国创新中心的潜在威胁在报告中也占据了颇为重要的讨论篇幅。

PIE 指出，纵观美国的工业生产体系，能看到一个千疮百孔的现实。工厂空空荡荡，有些已经破损坍塌，比起这些，更为可怕的是推动新企业诞生的生产能力和技术消失了。

调研认为，美国的离岸制造对美国的创新地位有重大影响。制造业规模和就业人数急剧下降，苹果、高通和思科这些优秀的新企业把产品生产放到了海外，即使它们主要的利润来源还是美国。同时，虽然和全球竞争对手相比，总部在美国的企业在生产力和质量方面并没有落后，但是企业的生产模式变成了"美国发明，离岸制造"。这种在此地创新、在异地生产最大的危险之处是，随着美国把科学技术的商业化转移到国外去进行，美国本土进行新一轮创新的能力就会越来越弱。

PIE 认为，大多数场景下创新植根于产业过往的土壤中，制造环节本身对创新至关重要。沿着从实验室到产品这个链路来追本溯源，会发现制造业企业的流失带来实验室的流失。颠覆行业传统的巨大创新可能源自发明者和制造商之间的互动。

因此，PIE 认为，"美国发明，离岸制造"这种合作方式对美国企业和美国都是有风险的。他们担心持续让中国把控生产制造环节，随着中国市场的壮大，对投资者的吸引力增加，可能会让中国从依靠廉价劳动力和低成本产品来获得市场优势进化成新的创新中心。

这个组织将中国的创新模式解读为，中国具备把知识密集型创新市场化的专长，具备逆向工程能力，即把一个成熟的产品重新设计，使它变得更快、更有效率。他们总结为，中国能够把先进复杂的产品设计迅速推动到规模生产和商业化的阶段。同时中国也擅长按照设计生产出一个全新的产品，或者设立一个全新的生产流程。一旦中国市场壮大起来，围绕着中国市场本身，企业能不断进行产品创新。这些逆向的创新过程可能会导致下一轮的产业革命的标准性创新发生在中国。换言之，他们担心的是中国打通创新—制造—市场的链条，最终让创新过程由"美国发明，离岸制造"变成为"离岸制造，离岸创新"。

两位研究美国创新机制的学者威廉姆·邦维利安和彼得·辛格将创新的方式做了归类，得出的结论是无论是此前日本还是当下中国的做法，都是一种从产业出发的创新模式，这也是二战之后原本制造体系见长的美国所忽略的。二战后美国的重点在前端研究和研发支持，联邦政府、国防部投资和支持重大研发，最终带来了航空、核能、电子、航天、计算机和互联网多个领域的创新浪潮。随着美国在制造产业驱动的创新上的突破，他们也在努力增强前端和研发层面的创新支持，而这是当下美国创新的强项。

无论是制造业产业创新延伸到研发端，还是"美国发明，离岸制造"变成"离岸制造，离岸创新"，美国社会逐渐形成的共识都是，产业空心化和制造业流失对美国的创新土壤影响重大。它还被关联到了产业链安全和国家安全层面，一位学者接受媒体采访时曾表示，"过去30年的大部分时间里，美国的大部分供应链节点被外包并转移到亚洲，主要是转移到中国。企业和供应链网络专注于优化成本，从而失去了对弹性、可持续性和国家安全的关注"。

这些论调成了特朗普上台和美国对华发动贸易战的前情提要。无论如何，从转移国内困境和凝聚社会共识的角度，美国社会都将中国视作美国科技及创新的竞争对手，开始了一系列手段来维护创新中心地位。

推动制造回流，抑制对手

2021年6月8日，美国白宫发布了一份名为"构建弹性供应链、重振美国制造业及促进广泛增长"的评估报告，对半导体和先进封装、大容量电池、关键矿产、药品和原材料四类关键产品的供应链风险做出了评估。这是拜登伊始签署相关行政法令后的产物，又被称为供应链百日审查报告。

美国的观察家们评价，这份报告和拜登政府把"供应链"这个让大多数美国人颇为陌生的词语带进了美国的公共议题中。"供应链"也成为拜登政府执政推动美国制造业回流、重新打造美国新兴产业优势的重要关键词。

该报告认为美国供应链中长期存在漏洞，其中半导体和先进封装、大容量电池、关键矿产、药品和原材料四种关键产品的供应链风险被归结于五大原因，它们分别为美国生产制造能力的不足，私营市场的短期主义，盟友、伙伴和竞争对手的产业政策，全球资源的地理分配不均，以及有限的国际协调。报告中多次将矛头指向中国，认为中国加剧了美国的供应链风险。

由此，它提出要恢复美国在技术和生产能力上的总领导地位，主张对行业进行逐一投资，其中包括投资 500 亿美元以升级国内半导体制造业，投资 200 亿美元以建设国家电动汽车充电基础设施和新型联邦车队，同时为消费者提供税收减免，并投资 200 亿美元用于公交体系的电气化。

拜登政府在施政思路上也与这份报告吻合。2021 年 3 月拜登刚上任就公布了一项规模 2.3 万亿美元的基础设施计划，核心是修缮公路和桥梁、扩大宽带网络接入和增加研发资金等，其中他还提议国会拨出 500 亿美元补贴美国半导体产业制造与芯片研发。

2021 年 6 月，美国国会参议院又通过《2021 美国创新与竞争法案》。这项法案牵动千亿级美元授权的"一揽子"法案，授权美国政府在未来 5 年内投入千亿级规模的美元资金从总体上增强美国科技。可以说，拜登政府的科技政策思路鲜明地体现了国家支持和推动产业发展的决心，它也呼应了前文提及的推动从制造业产业层面的创新，后者正是美国当下创新模式中所欠缺的。

事实上，美国对制造业的强调从奥巴马总统执政开始。2009年4月，奥巴马总统提出了"重振美国制造业"战略构想。为推动制造业回流，自奥巴马政府时期就开始出台一系列措施来推动先进制造业的发展，连续三任总统都在这一议题上有相应的动作。

美国政府层面出台政策助力先进制造业发展一览（不完全列表）

2009 年	《重振美国制造业框架》《复兴与再投资法案》
2010 年	《美国制造业促进法案》
2011 年	《先进制造业伙伴计划》
2012 年	《先进制造业国家战略计划》《国家制造业创新网络计划》
2014 年	《振兴美国制造业和创新法案》 美国国会以法案方式确定了《国家制造业创新网络》，主张建立研究所，聚合产业界、学术界和联邦及地方政府等多个主体
2018 年	《评估和增强美国制造业和国防工业基础以及供应链弹性》报告
2018 年	《美国先进制造领先战略》，报告从影响先进制造业创新和竞争力的九大因素出发，提出将"技术、劳动力、供应链"三方面作为保障美国先进制造业领先地位的核心要素，并针对每个要素确定了未来四年需要达成的战略目标、优先技术选择或行动计划及相应的联邦政府执行部门
2021 年	美国参议院通过《2021 年美国创新和竞争法案》，主张通过关键领域的投资来增强美国新技术实力
2021 年	美国众议院通过《国家科学基金会未来法案》

资料来源：公开资料整理、美国白宫官网。

　　奥巴马总统执政期间的制造创新从最初想法提出到最终完成，包括确定具体实施规划的细节，历时近5年时间（2012—2016年）。学界评价这个政策是一个边构想、边建设、边完善的过程，既有自上而下的政策、法规、战略的贯彻，又有自下而上的来自企业、政府、学术界的集思广益，但它在先进制造政策方面的效果并不明显。

　　而特朗普总统执政期间的振兴制造业策略表现如何？《美国前景》杂志联合编辑、学者 Robert Kuttner 评价称，它"充满本土主义色彩、在战略上缺乏连贯性。关税政策不仅针对中国出口的商品，同时也针对其他几个关系亲密的国家"。这些动作让特朗普一直没有真枪实战地采取措施以振兴国内制造业。

　　而拜登的重塑供应链的主张，体现了美国准备重拾产业政策工具的尝试。国家计划在美国的自由经济模式下显得"离经叛道"，但美国的观察者们认为无论是从美国历史经验还是当前国际形势来看，拜登的政策在风险和危机前都大有可为。2021年6月主张2000亿美元工业补贴的《美国创新与竞争法》以68票对32票在参议院获得通过，这可能也显示了美国人对以产业政策的方式来重拾创新中心地位思路的认可。

　　美国精英阶层意识到了产业政策和政府力量在保持创新中心地位上的重要性。他们秉持的观点已经逐渐从自由市场理论中转向，开始认为，那些已经能够盈利的或者在短期内能够盈利的科技研发，可以交给企业和市场，不需要国家扶持；对于那些有意义但暂时看不到市场前景的事情，则需要由国家来扶持，例如半导体产业就是他们认为需要扶持的产业。

除了促进制造业回流，保障供应链安全，美国还对竞争对手中国采取了一系列的限制和打压，使用了包括美国商务部的实体清单制度、《安全设备法》、知识产权交易和禁止特定外国主体收购美国新兴技术企业等。其中实体清单作为美国出口管制的"黑名单"，被列入的实体需要获得商务部颁发的许可证，才能购买美国技术。在特朗普执政期间及拜登政府任上，这些工具如同挥舞的大棒被多次使用。

制造业回流了吗？

在产业空心化背景下希望重新召回制造业的努力显然要克服重重困难。跨国公司出于降低成本、追求更高利润的目的主动将制造剥离出美国，还有一部分制造业就业流失则是因总体成本不及对手而退出竞争，这都是市场的自然反应。

而要让制造业及创新回流，需要克服一系列现实困难。两位研究创新政策的学者威廉姆·邦维利安和彼得·辛格就认为，制造业回流美国，的确存在一系列的先天不足。

首先美国既有的融资体系限制了中小企业和制造业初创公司获得创新支持。由于向海外市场扩张和生产的压力，跨国公司限制了它们在美国的生产投资。这些企业在国外已经拥有成本较低的生产设施，它们可能不愿意承受回流的高成本代价，即使回流有可能产生先进生产工艺的创新，但创新本身也有风险。

此外，美国过去主流经济政策不关注制造业，公众也不鼓励下一代在制造业工作，现存的知识和人力资源结构支持高度分散的劳动力市场，并没有组织起来为培养未来制造业所需要的高技能劳动力的土壤。

同时，由于此前政府在生产层面的投入较少，激烈的全球竞争下，美国大部分制造业的大多数中小公司根本无力承担研发的附加成本。

另外，制造业供应链的复杂性很高，美国的公司已经败给国外竞争者，那么短期内供应链很难快速渗透、重组和重建。如果要引进先进的制造技术，中小型的生产商可能也难以负担成本，而大型的跨国企业集团则倾向于在国外低成本生产。

美国以产业政策激励制造业回流还可能面临政策和既有治理体系层面的一些冲突。学者 Robert Kuttner 认为，美国政府可能要背弃对世界贸易组织做出的许多承诺，这些承诺包括要求世贸组织的成员国们放弃政府补贴、在政府采购上将《政府采购协定》的 48 个成员方与国内生产商一视同仁。拜登将需要在供应链报告所主张的政策和当前的数个贸易协议之间做出选择。

在这一系列限制下，美国的创新政策运转到底如何，制造业是否正在回流美国？事实上，这也是全世界在关注的问题，一些专门的咨询机构如科尔尼管理咨询公司监测了相关的数值变化。

这家机构发布了一项专门的指数——回流指数，来比较美国国内制造业总产值数据和从亚洲 14 个低成本国家或地区进口的数据。2020 年 4 月，该公司第七次发布美国年度贸易回流指数报告，总结的是 2019 年的新数据变化，这也是观察特朗普政府发动贸易战之后政策影响的一份重要报告。该报告认为，通过对过去几年的美国制造业数据分析，2019 年呈现出的新迹象是美国制造业正大规模撤出亚洲低成本国家或地区（LCCs—Low Cost Countries）。

2013 年科尔尼中国进口多元化指数首次发布时，美国从中国的进口占比为 67%。到 2019 年第四季度，中国进口占比降至 56%，6 年时间下降 1000 个基点。美国从中国减少并转向亚洲其他低成本国家或地区进口的 310 亿美元商品中，有近一半（46%）转移到了越南。

当然，该机构也认为，这一数据上的变化并非完全意味着美国从越南进口量的增加真的都是把生产从中国转到越南。其中有大量数据显示，为规避关税，中国生产商先将产品从中国运往越南，然后再原样或经小幅改动后以"越南"产品转运到美国。

这份报告认为，中美贸易战确实促进了 2019 年美国制造业回流指数大幅增长，当然并非所有变化都对美国制造业有利，美国制造业仍面临许多重大挑战，例如贸易战也会导致美国出口量下降。

而到了 2021 年，这家机构再次发布了基于 2020 年数据的报告，数据呈现出了与前一年并不一致的趋势。2020 年，美国从 14 个亚洲低成本国家或地区（LCCs）进口的制造业产品占美国国内生产总值（GDP）的 12.95%，高于 2019 年的 12.08%。疫情暴发，美国制造业普遍停产，严重抑制了全球对美国制成品出口的需求。美国生产的放缓也增加了美国对低成本船舶进口的依赖。2020 年夏天，美国国内产出回升，使得第三季度的回流指数回到正值区域。但总体而言，这家机构认为新冠肺炎疫情使得最新的科尔尼回岸指数变得复杂而难以简单从数值上做解读。

另外，他们也观察美国企业主们的回流意愿。在调查制造业的高管时这家机构发现，许多企业打算在未来三年至少重振部分制造业，一些高管表达了减少对任何一个国家（尤其是中国）制成品进口依赖的强烈意愿。这也呼应了拜登对供应链安全的强调。他们判断，这意味着，即使新冠肺炎疫情结束，许多公司可能依然将"中国 +"战略提上日程——继续依赖中国满足其大部分采购需求，同时还要培养更多的贸易伙伴，以降低过度依赖单一采购来源的风险。

新冠肺炎疫情还给制造业回流带来了新的困难。过去三年美国国内劳动生产率提高的趋势被疫情所打断，该机构访谈的超过一半的工厂经理表示，新冠肺炎疫情相关的要求，如社会距离和频繁的定期消毒，对工厂的劳动生产率产生了负面影响。

此外，许多人曾以为新冠肺炎疫情导致的休假、裁员和失业率上升，将缓解劳动力（尤其是熟练劳动力）的长期短缺。但事实上却并非如此，科尔尼在调查中发现，56% 的受访工厂主表示，与疫情暴发前相比，疫情中更难找到和雇佣合适的工人。许多员工宁愿选择留在家里照顾家人，因为拜登政府针对失业给出的补助和刺激政策几乎能覆盖他们的开支。还有一些人则为了避免被新冠病毒感染而拒绝工作。

截至 2022 年 3 月初，2021 年度的美国制造业回流指数并未释出。过去的一年新冠肺炎疫情影响继续，在新冠肺炎疫情不断肆虐的局势下，一系列可变因素使得曾经本质上只是二元选择的离岸或回流变成了一个更加复杂的决策集合。拜登政府试图重新振兴制造业的尝试将充满挑战。

长期的竞合

美国有评论人士将当下拜登重视供应链安全、重塑制造业的尝试视作对罗斯福总统遗产的继承。作为领导二战走向胜利的总统，将拜登类比罗斯福，这显示了美国社会对科技政策和产业政策的决心。它意味着，不管这些政策的最终效果如何，它们已经是美国政界和工业界的长期选择。

被美国认定为"战略竞争"对手的中国（拜登政府上台后，在对话关系上用"战略竞争"取代了特朗普政府的"大国竞争"）势必要长期面对这一局面，这意味着，中国也需要以长期视角来全面认识美国的创新能力和中美科技竞争。

2021 年 12 月，哈佛大学肯尼迪政府学院学者 Graham Allison、Kevin Klyman 等发布了一份中美科技竞争的报告 "The Great Tech Rivalry: China vs the U.S."，系统分析了中美双方在前沿科技领域的竞争格局。

报告认为，中国迅速崛起，挑战美国技术制高点的统治地位。报告用了一系列数据和论点来论证这种挑战——2020 年中国生产了 2.5 亿台电脑、2500 万辆汽车和 15 亿部智能手机。中国除了成为制造业大国之外，还成为在人工智能（AI）、5G、量子信息科学（QIS）、半导体、生物技术和绿色能源等 21 世纪基础技术领域的重要竞争者。

应该意识到，美国的这些智库报告的确反映了中国科技领域的中长期趋势，但报告中也渲染了浓重的"中国威胁论"。例如，这份报告中指出，在一些竞赛中，中国已经成为世界第一。在其他领域，按照目前的发展轨迹，中国将在 10 年内超越美国。中国的全社会模式正在挑战美国在技术竞争宏观驱动力方面的传统优势，包括技术人才管道、研发生态系统和国家政策。

以中国半导体产业当下与世界最先进水平间的差距为例，美国智库报告中提出的"10 年内全面赶超式的判断"可能与实际情况存在差距。

某种程度而言，渲染"中国科技威胁论"，是美国智库树立的一个凝聚共识，是获得更多资源来重振产业的"靶子"。中国当下的科技发展仍然要栉风沐雨，以脚踏实地的态度砥砺前行才能在很多高精尖领域实现国产替代。

而美国的制造业发展水平仍然不可小觑。当下全球的商业力量中，市值超万亿美元级别，且与制造相关的企业只有苹果和特斯拉。它们虽然将制造环节分散到了世界各地，但是核心知识资产依然在美国。

它们所贡献和引领的创新模式，依然是从美国的创新土壤里产生的。2021年第二季度苹果一家公司就拿走了全球智能手机利润的四分之三。而特斯拉的电动车旋风更是搅动了全球汽车产业的格局。这两家公司分别引领了移动互联网和智能出行这两大消费级市场的创新方向。它们的存在让人很难做出"美国创新中心地位一去不复返"的论断。

另外，美国当下依然在源源不断地吸收世界各地的人才，他们也是美国创新力的重要来源。世界银行2016年发表的一篇研究论文《全球人才流动状况》中指出，2010年，约有2800万高技能移民居住在经合组织国家（即经合组织成员国），较1990年增幅近130%。美国、英国、加拿大和澳大利亚4个经合组织国家成为其中近70%移民的目的地。而美国一国就接收了流向经合组织国家的高技能移民的近半数以及全世界高技能移民的三分之一。2010年，美国接收了1140万名高技能移民，占经合组织国家接收移民总量的41%。公开资料显示，2020年，美国的移民净流入人数约为24.5万，而本土人口的净增长为14.8万。这一人才流入的格局并未发生改变。

　　由此，在可见的将来，美国将依然是世界上创新最强劲的国家之一，在数字经济领域的巨大影响力也大概率将继续。由于此前的全球分工体系，中美的科技角力将呈现复杂的竞合格局。

　　变数还在增加。随着东欧局势发生异变，俄罗斯和乌克兰之间的战争爆发引发了国际局势紧张，这给中美科技竞争增加了新的不确定因子。未来美方对供应链安全的强调有可能以更为激进的方式展开。中国制造和中国科技发展如何顶住外部压力，寻找新的发展空间，并走出一条科技强国之路，这也是中国科技和相关产业需要克服的现实挑战。

06

日本：人口老龄大国和数字时代的社会 5.0 政策

2021 年全球咨询机构 Gartner 在日本的分支机构公布了一项调查，该调查称日本公司的数字化努力正在加速，但仍然落后于全球趋势线大概两年时间。

该机构的调查显示，在全球企业中，数字业务转型处于"成熟"阶段的比例从 2018 年的 33% 上升到 2020 年的 48%，而日本企业在该阶段的数据表现则从 2018 年的 23% 增长到 2020 年的 37%。相比而言，2018 年至 2020 年，日本企业继续落后于全球企业平均水平约 10%。作为全球性的调查机构，Gartner 数据反映了日本在数字化领域的普遍表现——动作迟缓，滞后于全球发展水平。

　　某种程度而言，这个国家的人口特征正显著影响着它在新的数字革命中的表现。根据日本总务省 2021 年 9 月的数据，该国 65 岁及以上老年人口在总人口中所占比例达 29.1%，同比增长 0.3 个百分点，这一占比创历史新高，继续在全球高居榜首。人口结构的变化成为日本地方空心化、人手不足、经济低迷等诸多问题的症结所在。

　　自然它也影响到了数字经济这一崭新赛道里日本的表现。作为世界第三的制造大国，日本长期凭借其优越的产品性能和可靠的产品质量享誉全球。但由于反应迟缓，在数字经济领域，从前的制造大国日本表现相比中美而言，并不突出。

　　以二维码为例，这项技术的发明本是从日本开始，它的发明过程也体现了日本制造所具有的强大优势。不同企业、不同部门之间在组织上的亲密协作，对制造现场的密切关注、深入洞察和持续改进，让日本企业在产品创新和流程创新层面具备了强大的优势。但随着新的技术革命的展开，漫长时间里积累而来的经验如同这个国家的人口老迈特性一样，反过来成了新一轮数字化的阻力。推翻已有系统的成本和新建系统带来的效益成了天平的两端，需要被再三权衡。这也应验了学者克莱顿·克里斯坦森所言的"创新者的窘境"，对于某种生态系统的过度优化，使得它应对另一个特定的"生态系统"时往往会遭遇失败。

　　但丰厚的经验也并非只是负担。这个老牌制造强国依靠厚实的技术储备、逐渐复苏的研发投入以及日本政府近年来的大力推动，在新兴的数字化竞争中依然具备不容忽视的潜力和地位。

另外，正因为人口老龄化的特性，日本国家层面的数字政策也具有浓厚的人本色彩。特别是作为岛国的危机意识以及人口结构变化带来的广泛深度的挑战，使得日本面向新一轮的信息化竞争中选择的方案自成一系。超越生产制造和经济领域，将社会问题的解决和国民福祉的提升作为核心的未来社会5.0方案就是日本区别于其他国家数字政策的典型特色。

某种程度而言，日本是中国社会的镜鉴。根据国家统计局2022年1月披露的最新数据，2021年我国60岁及以上人口为26736万人，占全国人口的18.9%，其中65岁及以上人口为20056万人，占全国人口的14.2%。这是中国65岁及以上人口占比首次超过14%。同时，2021年中国总人口数量净增仅48万。这意味着中国老龄化社会正以比预想更快的速度到来。

老龄化社会是否会让中国在新技术革命面前重现日本式的相对保守与反应迟缓？而日本社会的数字政策对人本精神的强调，又能否为中国社会未来的发展方向提供某种借鉴？这些问题值得深思。

二维码的诞生：日本制造的优势

2011年，支付宝率先将二维码支付引入中国。短短几年，基于二维码技术的手机支付迅速融入中国人的日常。"扫一扫"不仅成为人们的口头禅，也成为当下数字经济时代深具标志性的话语。如今，虽然二维码支付已经"飞入寻常百姓家"，但很少人知道，最初的二维码是1994年日本电装公司的一名技术人员发明的，其原本的用途是与手机支付毫无关联的汽车制造领域。而讲述二维码的前世今生，还需从丰田汽车公司的"看板管理"提起。

从一方小小二维码诞生的过程，我们可以一窥日本制造的特点和优势，也能看出今天日本面对数字经济挑战时的特征。

"看板管理"的发明和普及

总部位于日本爱知县的电装公司现在是一家世界知名、拥有近17万名全球员工的大型汽车零部件制造商，在世界各地设立的研发、生产及经营据点总数超过200个。如果将时间倒流到1949年，彼时的电装只是丰田汽车公司内部的一个业务部门。同年的12月16日，电装正式从丰田汽车剥离独立。尽管在行政上与丰田汽车已是两个不同的并列个体，但在商业上彼此之间却始终保持着千丝万缕的联系。当时，丰田汽车公司正在实践中不断孕育更加先进的管理经验和生产模式。其中，时任副社长的大野耐一在赴美国考察时，便从超市货物管理中受到启发，开创了著名的"看板管理"。

所谓的"看板管理"，就是丰田汽车根据实际或者预测的订单数量，将生产指令直接下达至制造流水线的最后环节，然后从最后环节开始倒推，将本环节所需的配件数量推送至各自前道环节的有关部门，在生产信息上形成从最后的装配工序逐次向前追溯的流程。工厂按照这种信息流程进行生产，可以促使每个环节的各个部门只在必要的时间，以必要的配件，生产必要的部件数量，从而大大降低了库存，也有利于优化人力配置。在信息技术还不够发达的那个年代，那些生产信息就被记录在一张张被称为"看板"的纸板上。每一条"看板"实际就是一条生产指令，上面详细记载着应该生产和运送的产品名称、数量、时间、目的地、放置场所、搬运工具等所有信息。由于"看板"总是随着货物实时移动，因此也被称为"看得见"的管理。

1963年开始，丰田汽车公司在其所有工厂导入"看板管理"模式。两年后，又要求与它关联的供应商也逐步引入这套生产管理模式，以配合丰田"看板管理"的彻底实施。可以说"看板管理"体现的正是丰田汽车长期以来倡导的JIT（just in time）生产经营理念，在全面实施后对缩减成本、提高效率起到了显著作用。但"看板管理"并非一劳永逸，在带来好处的同时，一些问题也逐渐暴露出来。比如"看板管理"使得每个环节的"下单"和出货频率大幅增加，直接导致货品交纳，特别是包括不同类制品一起交付时，单是确认货品就需花费大量的人力和时间。同时，"看板管理"在实施中产生的大量"看板"，在某种程度上也造成资源的浪费。注意到这些问题并尝试解决的，正是作为丰田汽车重要零件供应商之一的电装公司。

产品创新和流程创新催生的活力

当时，毕业于名古屋工业大学、隶属电装生产管理部的野村政弘意识到了以上问题，于是萌发了将"看板"电子化的想法。经过一段时间的研究探索，野村终于和他的同僚在已有条形码的基础上，设计开发出适应当时"看板管理"的 ND（取自 Nippon Denso 首字母）条形码。随后，电装公司还生产出专门用于读取该类条形码的机器，完成了"看板管理"现场第一阶段的电子化。而接棒野村政弘，进一步推进"看板管理"电子化的则是日后发明二维码的原昌宏。

1980 年，原昌宏从法政大学工学部电气电子工学科正式毕业，之后进入电装公司的电子应用机器事业部工作。身为技术人员的原昌宏有一天接到电装旗下西尾工厂一名工作人员的电话，向他"抱怨"条形码读取器经常读取失误的问题，希望技术部门能够改善这个情况。为真正了解问题，原昌宏深入工厂调研，发现伴随全球分工深化和日本经济的高速增长，公司的制造规模不断扩大，1977 年以来采用的 ND 条形码日显局限，已难以适应膨胀式增长的信息管理需求。为了将更多的信息记载到"看板"中，只能不断增加条形码的长度，直接导致在有限面积的"看板"里，条形码以外的文字信息被印刷得越来越小，给作业人员带来了识别上的困难。此外，由于传统读码器只能读取一定位数的条码，也意味着通过延长条形码长度以增加信息记载量的方法仅为权宜之计。当原昌宏目睹工厂人员在现场逐一读取海量条形码的艰辛时，他认定形势已经迫切要求开发出一种能够承载更多信息、更加容易被识别，并支持在传输带上流动读取的新型信息码——这便是现在我们使用的"二维码"。

其实在当时，条形码的发明地美国对于开发储蓄容量更大的二次元码也开展得如火如荼。相比传统水平排列的一次元条形码，新的二次元码增加了垂直信息的嵌入，因此形象地被称为"二维码"。电装公司关于研发新型信息码的项目在经过一段时间的筹备后于 1992 年的夏天正式启动。研发人力除了原昌宏在内的两名电装技术人员，还获得丰田中央研究院的支持，最终组成一支四人的研发团队。两年后的 1994 年，现代意义的二维码终于成功诞生。鉴于这一新型信息码具备高速读取的显著特点，经过内部投票正式将其命名为 QR（取自英文 Quick Response Code 首字母）码。

和 ND 条形码一样，二维码的诞生最初只是为了更好地适应汽车制造的现场管理，但随着信息化浪潮的推进，它作为信息工具载体的潜能不断被开发，甚至在许多发明者本人都无法想象的领域得以运用。2002 年，世界首台可直接读取二维码的手机在日本正式发售，意味着二维码应用开始从制造领域向日常消费领域迈进。2006 年，日本 ANA 航空公司率先导入二维码式乘机券，二维码在交通运输领域也开始"大展拳脚"。2011 年，随着支付宝将基于二维码技术的电子支付引入中国，彻底改变了 14 亿中国人的消费模式。2019 年，东京都营地铁浅草线自动安全门安装改造工程在创新性地采取二维码相关技术后，相关建造费用惊人地降低到传统方式的万分之一。如今，二维码技术已在标准生产、智能管理、交通运输、电子支付等各个领域被广泛运用，成为数字经济时代不可或缺的"神器"。

科研投入与组织协作铸就的日本优势。

日本学者坂村健总结了信息通信领域的三种创新：产品创新、流程创新以及社会创新。产品创新，即新产品的发明创造；流程创新，指的是生产工程和生产工艺的变革；社会创新，则是基于前两者创新后进一步引发的行业相关制度和文化的改变。对比欧美发达地区，日本在社会创新领域虽显弱势，但在产品创新和流程创新方面却展现出非凡实力。而这种产品创新和流程创新方面的活力，又源于战后经济积累后得以不断加大的研发投入，以及富有日本特色的组织协作优势。

在研发投入上，从 1970 年到 1990 年，日本年研发总费用由 1.2 兆日元激增至 13 兆日元，研发费用 GDP 占比也从 1.6% 提升至 3% 左右。在组织协作方面，就如上文所述的丰田汽车公司，成功将自己的生产管理模式导入相关的供应商和服务商，使得上下游企业之间形成更加紧密、高效的生产协作系统，这种举措就算在现在也属罕见而困难的壮举。而作为其供应商之一的电装公司也在与丰田汽车的交涉、磨合和合作中不断地推动"看板管理"的完善。

从"看板管理"的开创到 ND 条形码的诞生，再到二维码的发明，可谓生动地呈现了日本制造的组织优势。那就是不同企业、不同部门之间在组织上的亲密协作，对制造现场的密切关注、深入洞察和持续改进。

这种组织优势连同丰厚的研发投入，注定要开花结果，直接促使了 20 世纪 70 年代以来日本"电子立国"战略取得巨大成功。1973 年，夏普公司推出世界首台使用液晶显示屏的计算器。1983 年，日本精工发布第一台使用 2 英寸 TFT-LCD 液晶屏的彩色电视。其后，日本企业又率先研制出 3.2 英寸到 14 英寸大小的 TFT-LCD 液晶屏，将液晶显示大规模地使用到手机、电视、电脑等产品制造中。到了 1990 年，日本企业在当时 IT 制造最具代表性的液晶面板领域的世界份额一度达到了惊人的 95% 以上，而整体半导体产业的世界份额也达到全球的一半。

从生产技术上看，一块 TFT-LCD 面板的制造大致可分为薄膜电晶体制造、液晶面板制造以及模组组装三大部分。每个部分又分成多个步骤，需要用到曝光、真空、蚀刻等各种先端设备，整个流程下来多达 300 道的工序。鉴于每种制品所搭载使用面板的规格和技术要求不尽相同，要成功生产出一块液晶面板，再使得这块面板完美地融入一件特定的商品，就需要产业链上下游各级供应商、制造商、销售商之间，以及不同企业自己内部进行无数次不厌其烦的沟通、摩擦和匹配——而这正是日本制造相较于当时欧美企业的组织协作优势。

与条形码的发展史类似，虽然首先发现液晶材料的是欧洲，率先研发出液晶显示器的是美国，但真正对液晶显示进一步研发、改良和推动其大规模商业化的却是日本。

理解日本制造的这些特点和优势，不仅对于分析日本在早期电子战略上取得的成功不可或缺，也对于读懂当下日本为何在新一波数字化浪潮中相对滞后至关重要。

失落的三十年：电子大国的危与机

虽然二维码最初由日本人发明，但在之后基于二维码技术的手机支付日本却落在了世界的后头。日本经济产业省将无现金支付分为信用卡、储蓄卡、电子钱包（包括交通 IC 卡）以及手机支付四大类。按此定义，2016 年日本民间消费总额中无现金支付的比例仅为 20% 左右，最低的鹿儿岛县不到 15%，最高的东京都市圈也仅为 30%，明显落后于其他主要先进国家 40%~60% 的水平。而同为东亚地区的韩国高达 96.4%，位居世界首位。中国凭借 2011 年后基于二维码技术电子支付的快速普及，无现金支付占比也达到 65.8% 的世界先进水平。

在日本现有无现金支付格局中，信用卡占据了绝对主流。日本 MMD（Mobile Marketing Data）研究所发布的 2021 年 1 月消费者调查显示，将现金和信用卡作为常用支付手段之一的日本民众比例分别高达 90.8% 和 73.3%，而使用过二维码手机支付的仅为

33.3%，有近三分之一的人甚至不清楚二维码支付的具体用途。鉴于多年来信用卡系统在日本社会已经发展得相当完善，当前日本无现金支付落后的主要原因在于手机支付的普及度过低。

相比传统现金消费手段，基于二维码等新技术的手机支付在缩减相关成本、提高支付效率以及活络消费市场方面具有突出优势。据统计，仅日本全国约20万台ATM机，每年所花费的维护和设置费用就近4120亿日元。认识到这一事实，日本政府决意推进无现金支付社会的建设。2018年日本经济产业省发布《无现金社会展望》，提出到2025年无现金支付比例提高到40%以上的中期目标，和未来达到80%以上的远景目标。同年，日本成立了无现金社会推进协会，之后又实施面向中小微经营者的无现金系统导入经费补贴，以及面向消费者的二维码手机支付金额返还等政策，希望通过官方加民间团体的力量共同加快无现金支付的普及。但仅从展望目标上看，即使日本于2025年成功将无现金支付比例提升至40%以上，与其他先进国家相比仍有不小的差距，无现金支付社会的建设可谓任重道远。

失落三十年的数字化滞后

从20世纪90年代初泡沫经济破灭至今，日本经济增长陷入了持续低迷的怪圈，被称作"失落的三十年"。这一期间，从数字化看，不仅是消费领域，曾经以服务周到、组织高效著称的日本行政机构和企业也落入相对滞后的窘境。

在社会管理方面，日本长期以来缺少一个统一的个人信息管理系统，日常生活中民众依据情形分别使用住民票、社保卡、护照、驾照等五花八门的证件作为身份证明，给行政效率的提高造成了阻碍。2016 年，日本政府终于启动统一的个人号码卡建设，希望一人一卡系统逐步覆盖社会保障、税务、防灾等各个领域。但截至 2020 年，个人号码卡的发放率仅为 25% 左右，实际应用的比例更低。

2019 年底暴发的新型冠状病毒肺炎，将日本社会数字化运用的弱点暴露无遗。疫情期间，东京都病例通过传真机收集统计的事件被媒体报道后一时成为热门话题。日本政府允诺发放给每一个居民的 10 万日元历经"曲折"，一些地方在启动申请不久后就因系统运行不良等原因被迫关闭网络渠道，有些地方甚至出现书面邮寄申请快于网络申请的奇怪现象。此外，受根深蒂固印章文化的影响，许多经济社会活动脱离不了书面程序，不仅不利于工作效率的提升，也成为疫情期间日本居家工作模式难以推广的重要原因。

在生产制造领域，2018 年日本总务省发布的一项国际调查显示，日本企业实施基本信息化建设的比例低于美、英和德等国 10 到 25 个百分点。在引入人工智能、物联网等前沿技术以促进业务提升方面，同样落后于以上国家。具有传统优势的信息通信产业在新一轮数字化运用上的相对滞后，加上美国以及中国、韩国等后发国家的双重夹击，全球份额持续下降。半导体制造就是一个典型的例子。1990 年日本还在世界半导体生产十强企业中强势占据 6 席，但到了 2018 年前十榜单已经难觅日本企业的踪影。此外，白色家电、黑色家电等多个领域也先后被中国、韩国赶超，逐渐在世界贸易中丧失竞争力。

如果说在第三次产业革命兴起初期，日本依靠厚实的研发投入和卓越的组织优势占领了高点，那么随着 20 世纪 90 年代之后这两大支柱的削弱，日本信息通信产业增长的相对失速也就不足为奇了。

首先，经济泡沫破裂之后，日本实际经济增长陷入低谷，企业财务恶化，导致官方和民间的科研投入乏力，科研费用 GDP 占比 10 年间仅提升了 0.3 个百分点。长期的通货紧缩，持续低迷的国内消费市场，以及新兴国家依靠价格优势的不断进逼，使得日本企业普遍失去了原先"攻城略地"的进取态度和创新精神，转而倾向固守已有的"一城一池"。

其次，持续的经营不振，迫使不少企业开始裁员，导致二战后形成的终生雇佣制逐渐瓦解，雇员因此不再像之前那样对企业绝对忠诚，为企业付出全部的心血和智慧，在某种程度上也给原先密切、细腻、耐心的组织协作模式带来了消极影响。更关键的是在第四次工业革命浪潮中，依靠大数据、人工智能等技术兴起的智慧化、自动化活动正逐渐变成主流，使得原先依靠组织协作创造新价值的空间被不断挤压。一些原本需要企业或者部门间反复协商磨合得出的生产意见，通过新技术即可快速得出最适化的方案，人力因素变得愈来愈不重要。

最后，一个令人矛盾的事实是，日本企业早期建立的完善的生产管理系统，反过来削弱了新一轮数字化的动力。推翻已有系统的成本和新建系统带来的效益之间必须被充分地权衡和考量。而在产业经济省实施的一项调查中，针对新型数字化所带来的预期成果，大部分企业的回答局限于生产效率的提高，显示许多日本企业对于新一轮的信息变革仍缺乏深入的洞察和谋见，也意味着企业更容易低估新一轮数字化改造所能带来的效益，并因此放慢改革的步伐。可以说日本在前一轮信息化竞争中赢取的"桂冠"，某种程度上却成了它在新一轮数字化变革中的一种"负担"。

老牌电子大国的遗产和潜力

日本自身并非对这种困境无动于衷。相反，作为资源匮乏、自然灾害频发的岛国，刻入骨髓的危机感可能成为扭转形势的关键。日本政府做的其中一件事是客观认识本国的现状。从 2008 年开始，日本总务省紧密跟踪并发布信息通信产业国际竞争力指标，2016 年起又结合发展形势区分了传统信息通信产业和新兴物联网关联产业两大部分，为日本数字产业发展提供重要的信息。

从总务省最新的报告看，日本信息通信产业总体世界份额虽然持续下滑，但凭借之前储备的丰厚遗产，在不少领域仍拥有不俗实力。

IOT 产业方面，2019 年日本整体的世界份额为 18.5%，居全球第三位；IOT 之下的五大分领域均居世界前四，反映了日本在新一代信息技术产业上的布局较为完善。其中，智能工厂占比 35.4%，高居世界第一；基于物联网技术的健康医疗占比 25.8%，仅次于美国，居世界第二；清洁能源占比 12.2%，与德国相当，仅次于中美；智慧城市占比近 10%，位居中、美、韩之后；车辆网方面相对弱势，占比仅为 2%。传统 ICT 产业整体份额维持在 8.5% 左右，同样居世界第三位。其中，服务应用、关键设备、家电及自动办公设备表现优于整体水平。另外，根据《日本经济新闻》发布的 2020 年全球主要商品·服务市场份额看，日本企业占据全球第一的品类虽然较上一年减少了 4 个，但剩余的 7 个品类中包含了电子摄像头、互补金属氧化物半导体（CMOS）传感器、偏光板、复印机和手机锂电池等信息通信领域的重要商品。

另外一些指标则表明了老牌电子大国拥有的潜力。2019 年，日本通信信息产业相关研发据点超过 1000 家，约占世界总数的五分之一，研发据点及研发费用仅次于美国，表明日本在信息技术方面的科研投入正逐渐恢复。信息通信产业相关并购数量也实现正向增长，并购件数占世界 8%，并购总额占世界 11.5%，反映出日本信息通信产业依然拥有较强的活力。

当前，日本在信息通信产业保留的优势很大程度集中在上游材料生产和专业设备制造环节。比如在半导体生产领域，虽然日本企业的全球份额已从巅峰时期的 50% 下降到目前的 10%，但依靠占据硅晶圆、洗净液、感光材料、蚀刻气体、封装材料等上游材料约 50% 的世界份额，依然具有举足轻重的地位。而 2019 年世界半导体制造相关设备企业 15 强，也有超过一半的企业是日本企业。

日本信息通信产业市场份额

资料来源：基于公开资料整理，作者自制表。

总体而言，虽然受经济增长持续低迷和旧有体制惯性等因素影响，对比中美两国的强劲表现，日本在以数字化为重点的新一轮信息技术革命中略显步履蹒跚，但依靠厚实的技术储备、逐渐复苏的研发投入以及日本政府近年来的大力推动，日本在新兴的数字化竞争中依然具备不容忽视的潜力和地位。特别是作为岛国的危机意识以及人口结构变化带来的广泛深度挑战，使得日本在新一轮的信息化竞争中选择的方案具备浓厚的日本特色，那就是超越生产制造和经济领域，将社会问题的解决和国民福祉的提升作为核心的未来社会 5.0 方案。

超智慧社会 5.0：面向未来的抉择

2016 年 1 月日本内阁正式决议出台第 5 期《科学技术基本规划》，备受瞩目的是规划中首次提出"社会 5.0"的概念。关于下一代信息技术竞争的日本方案也随之浮出水面。

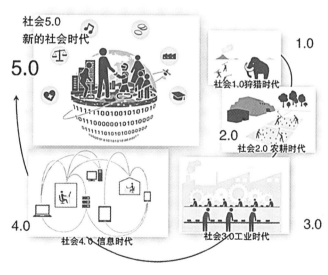

社会阶段沿袭路线图

资料来源：日本内阁府。

数字化竞争的日本方案

规划从技术和组织的角度将人类历史分为过去的狩猎社会（Society 1.0）、农耕社会（Society 2.0）、工业社会（Society 3.0）、当前的信息社会（Society 4.0），以及正加速到来的超智慧社会（Society 5.0）。有别于当前信息社会 4.0 中虚拟网络和物理现实相对分离的状态，超智慧社会 5.0 依靠快速发展的大数据、人工智能、高速通信等技术实现万事万物互联，能够实时自动地根据人类的多样化需求提供丰富多彩的服务及问题解决，使得生活变得更加舒适、活力和有质量。简而言之，社会 5.0 是基于网络空间和现实世界的高度融合，实现经济和社会协调发展，以人为中心的社会。

由于超越了单纯的信息通信领域，将社会问题的解决同经济技术的发展放在了并列的位置，社会 5.0 实际上成为一个国家综合性的发展方案。为实现这一复杂的发展工程，日本规划明确了三大支柱，即基于虚拟和物理空间的融合提升社会发展的可持续性和强韧性、开展社会设计的创新和新知识的创造、实施支撑未来新社会发展的人才培育。同时设置了 120 个左右的指标，以衡量和评价社会 5.0 的进展。如果做一个梳理，可以发现自社会 5.0 提出以来，日本政府逐步构建了一套涵盖法律法规、重大规划、重点项目和组织领导的支撑架构。

架构的最顶层是法律法规。日本近年先后制定了《高度信息通信网络社会形成基本法》（"IT 基本法"）、《官民数据活用

推进基本法 》等信息通信相关的法律法规。特别是 2020 年 6 月经日本国会决议通过，将原《科学技术基本法》修订为《科学技术创新基本法》，突出社会创新和自然创新同步发展的理念，为社会 5.0 提供了最重要的法律合法性支撑。

伴随《科学技术基本法》的修订，2021 年 3 月出台的第 6 期科学技术规划更名为《科学技术创新基本规划》。第 6 期规划延续并进一步深化了社会 5.0 的发展蓝图，提出日本要适应新形势、新变化，加快推进数字化转型，构建国民安心安全、富有韧性可持续、实现个人多样化幸福追求的经济社会结构，在世界范围内率先实现未来社会 5.0 的建设目标。在综合性的五年规划之外，根据需要制订一系列重点专项规划，比如 2017 年出台《世界最先进 IT 国家创造宣言·官民数据活动推进基本规划》。

法律法规和重大规划之下，则是重点项目的策定和实施。在社会 5.0 的大理念框架下，当前实施的包括战略性创新创造项目（SIP），旨在推动对科学创新从基础研究到实用化的全覆盖支持；官民研发投资扩大项目（PRISM），致力以财政资金撬动民间资本，力争使日本研发费用的 GDP 占比由当前的 3.5% 左右提升至 2025 年的 4%；"摄月"研发项目，则是瞄准一些未来性、颠覆性技术的发展。专门领域的主要项目则有"AI 战略 2019""量子技术创新战略""生物技术战略""材料战略"等等。

为推动某项重要政策的实施，日本往往在国家层面成立由内阁总理大臣领导的组织机构，如综合科学技术创新会议、IT 综合战略本部、知识产权战略本部、健康医疗战略推进本部、宇宙开发战略本部、综合海洋政策本部、地理空间信息活动推进会议等等。2018年，有感于中央政府各省厅条状管理模式不利于诸政策落实，又成立了"统合创新战略推进会议"，由内阁官房长官担任议长，立足超越各省厅本位主义，加强创新发展政策的协调实施。2021年，为全力改善日本数字化运用滞后的窘境，成立直属内阁的数字厅，作为日本数字化发展的最高指挥机构。

超智慧社会 5.0 的进展和想象

社会 5.0 提出以来，日本全力推进高速通信、人工智能、大数据等核心基本盘技术发展，并在生产制造、社会管理领域开展广泛的试验和运用。

高速通信。社会 5.0 的万物互联，首先离不开高速、稳定的通信网络。在世界各地 5G 运用方兴未艾之际，日本同时将目光瞄准次一代的高速通信技术。2020 年初，日本总务省召开"超越 5G 推进战略恳谈会"，召集各方代表研究次一代技术的备选路线、支援措施等，企图在高速通信领域占得先机。以恳谈会研讨成果为基础，6 月推出了"超越 5G 推进战略：6G 发展路线图"，提出在未来 5 年政府至少投入 500 亿日元用于成立发展基金和推动共同研究设施的建设，力争到 2025 年关键技术取得进展，2030 年正式投入使用，年度创造附加值达 44 万亿日元。

次一代通信技术将在连接性能上大大提升，能够同时连接的数量及连接速度将是 5G 的 10 倍，主要通信速度则快 100 倍，延迟速度却缩小至 1/10，为真正的万物万联提供最主要的硬件环境。此外，结合光通信以及量子通信技术，次一代通信也将变得更加低耗环保、节约成本和安全可信赖。最重要的是，次一代通信将具备自律性和扩张性等新特征，即能够随时随地自动计算和构建最优网络，以及超越海陆空限制，真正实现空间全覆盖的连接。

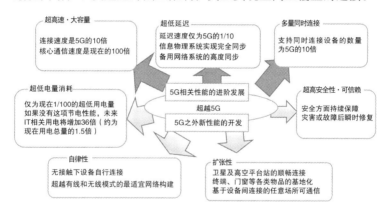

超越 5G 特征概览图

资料来源：日本总务省。

人工智能。著名物理学家霍金曾经忧虑地说道："开发人工智能可能导致人类灭亡。"他的想法代表了不少西方人士对于快速进步的人工智能的疑虑。与此相比，日本文化似乎蕴含了更多适合人工智能发展的积极因素。无论是 1964 年日本制作的第一部电视动画《铁臂阿童木》，还是日后风靡世界的《哆啦 A 梦》，主角均为具备人类智能的机器人（猫），使得人工智能在日本社会中更多地呈现出积极友善的形象，营造了有利于人工智能发展的环境。于是，早在 1993 年日本产业技术综合研究所（AIST）就开始研发一款海豹型机器人。该款机器人不仅拥有大大的黑色眼睛、雪白柔软的皮毛，还被设计成与人类婴儿相仿的重量，加上身体各部位嵌入的触觉、视觉和听觉感应器，能够与人类进行良好的沟通和互动。2004 年正式投入商业市场之后，短短几年内有超 1000 台被引入日本、欧洲及美国的养老院、医院及儿童场所，发挥出积极的社会效应。

近年来，为推动人工智能领先发展，日本政府先后策定实施"AI 战略 2019""AI 战略 2021"，二者一脉相承，通过实施教育、研究体制改革等举措，致力于推动人工智能在社会保障、农业、防灾、物流、交通、地方活化等领域的研究和实用。目前，日本人工智能发展面临的突出问题是人才的短缺。根据日本产业经济省估计，到 2030 年日本高端 IT 人才的缺口将达到 54.5 万人。为此，日本将人才培育作为人工智能发展的重点支持方向。2017 年10 月，日本成立深度学习协会（JDLA），同时推出两种资格鉴定，即面向专业工程师的 E（engineer）资格鉴定和面向一般经营者的 G（generalist）资格鉴定，希望在数年里培养 3 万名深度学习领域的工程师、10 万名拥有相关知识并能运用到产业经营中的人工智能人才。

大数据。随着以数字化为重点的新一轮信息技术革命的推进，数据已经成为土地、资本、人力、技术之外的第五大生产资料。

为加快大数据的发展，特别是解决日本在数字化运用上相对滞后的问题，日本政府制定了《官民数据活用推进基本法》《数据程序法》,并成立由内阁总理大臣主持的官民数据活用推进战略会议，积极推动行政手续电子化、电子契约普及化，以及官民数据开放共享和融通运用。

当前，在推动消费者个人数据合法商业运用方面，日本走在了前面。2018 年 6 月，日本总务省联合产业经济省，出台了《信息信托功能认定相关指南》，次年又根据实际操作情况迅速修订出台了"第二版"，为个人数据的商业收集、合法利用提供官方指引。与此同时，日本 IT 团体联盟成立了"信息银行推进委员会"，在官方指南的基础上开展"信息银行"的资格认定工作。根据规定，获取资格认定的机构，可按程序开展个人数据委托业务，代替个人管理数据的商业流通和使用，个人也将从数据租赁中获取一定收益。截至 2021 年 3 月，委员会累计完成 7 家的认定工作，在个人数据的实际商业化运用上迈出了重要的一步。

AI战略（基本方针）
·基于尊重人性、多样性、可持续性三大理念，建设 社会5.0，促进可持续发展 ·贯彻三大理念，围绕人才、产业竞争力、技术体系、 国际化设立四大战略目标 ·坚持目标导向，实行面向未来的基础、产业和社会 基础、伦理等相关举措

战略目标1：**人才** 构建支撑AI时代的人才培养和引进国家政策体系	战略目标2：**产业竞争力** 加快推进实体产业的AI化，在世界范围内继续保持领先地位

理念
·人类尊严的尊重（dignity）
·不同人对不同幸福的追求（diversity & inclusion）
·可持续性（sustainability）

战略目标3：**技术体系** 研究开发促进理念实现的技术体系，并推动实用化	战略目标4：**国际化** 构筑国际化的AI研究、教育和社会应用的基础

具体目标·举措

面向未来的基础	产业和社会基础			伦理
教育改革｜研究开发	社会运用	数据基础	电子、政府、中小企业、新兴企业方面支援	AI社会原则

日本 AI 战略基本方针说明

资料来源：日本内阁府。

　　与发展人工智能一样，日本政府也十分重视大数据人才的培养。2017 年日本文部科学省制定实施了数据人才培育项目，在高端人才培养方面，计划每年培育世界顶尖人才 5 名、学界代表性人才 50 名、栋梁人才 500 名，以支撑日本大数据更快发展。

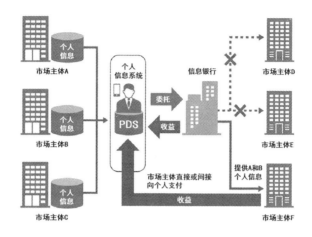

日本个人数据商业流通和使用程序示意图

资料来源：日本总务省。

智慧城市。日本智慧城市建设主要负责机构国土交通省对智慧城市的定义是：针对目前城市发展存在的问题，利用各类信息通信新技术，不断提高城市规划、建设、管理和运营水平，实现城市或区域最适化、可持续发展的目标。其核心是像组装电脑运行系统一样，打造城市"办公运行系统"（都市 OS），使得城市和区域之间互联共通，推动行政、交通、旅游、防灾、生活的智能化，并以此为基础创造新价值。由此可见，智慧城市就是日本社会 5.0 的微缩实验模板。

2019 年 8 月日本正式组建"智慧城市官民合作平台"，目前已有 798 个政府部门、企业、研究机构以及地方团体等单位加入。2020 年 3 月，日本公布了《智慧城市建设参考架构》，对智慧城市的构成要素、实施主体、评价体系等进行明晰。此外，国土交通省公布了一批先进典型城市和实例，展示目前日本智慧城市建设进展，为全国智慧城市建设提供参考。

典型城市比如千叶县柏市和三井不动产合作，以涵盖车站、大学、医院、重要商业设施的范围为试验区域，通过收集人流、物流等数据信息，推动产学研合作研究，为城市智慧发展提供对策。在智慧能源方面，基于历史数据对用电量进行智能预测，实现电力供应的安全平稳化；在智慧交通方面，推动交通监控的实时可视化，在部分区域率先导入自动驾驶巴士；在城市设施方面，基于人流数据科学编制公共设施建设规划，通过人工智能对道路等基础设施进行预防型维护和管理；在社会福祉方面，推动个人健康、就医、介护等社会保障信息的综合融通管理，通过对医院和个人数据的分析运用，改善就医环境（比如减少就医等待时间），加强区域健康预防等。

此外，日本国土交通省在全国范围推出 I-CONSTRUTION 项目，将最新信息通信技术引入调查、测量、设计、施工、检查、管理、维护等全过程，力争在 2025 年将工程建设效率提高 20%。根据日本政府的规划目标，将争取到 2025 年开展智慧城市建设的试点达 100 个，参与的公共团体或者企业等个体超过 1000 家。

智慧工厂。在社会领域的"智慧城市"之外，经济领域的"智慧工厂"建设也开展得如火如荼。除了最基础的效率提升，新的生产方式呈现出过程自动化、流程可视化、结果最适化等特征，并朝着全智能、高柔性、大集中的趋势发展。

首先是过程自动化。由于日本自身高端自动化设备制造处于领先地位，将自动化设备运用于生产具备了天然优势。值得特别关注的是近年来自动技术已经从传统的工业领域向其他产业渗透发展。比如福井县的小滨市是著名的鲭鱼之乡。当地养鱼场改进养殖方式，在水中设置了各类感应器，不仅能够对水温、氧分、盐分等水下环境进行实时监控，同时对饲料投放信息实现自动记录和云端上传。记录收集的数据通过研究分析后，被运用于优化养殖方法，达到缩减人力和饲料成本的效果。而上传云端的数据可同时开放给上下游企业和相关机构，比如饲料生产商和水产养殖科研机构，让数据发挥更大的价值。

其次是流程的可视化。2011 年东日本大地震，丰田汽车在日本东北和北关东地区的供应企业受灾，丰田日本工厂一度被迫停产。吸取此次教训，丰田汽车开始构建新的零部件管理系统。通过登录、分析过往入货信息，形成可视化的供应链管理系统，使得可能存在的风险点一目了然，并制定有针对性的应对方案。凭借这个可视化的管理系统，2016 年日本九州熊本地震以及 2018 年暴雨灾害，丰田分别只用了 1.5 天和 0.5 天就准确掌握受灾地供应链情况，灾害应变能力明显提升。目前丰田已将此系统布置至其全球工厂，如果某一国发生任何动荡因素而影响生产线，可迅速在其他国家找到替代品，对于确保安全生产起到了重要作用。可视化已成为日本工厂制造的重要发展方向，以生产重化工器材著名的小松制作所就因生产过程的可视化管理创新，获得了第八届日本制造大奖的最高奖——内阁总理大臣奖。

最后是结果的最适化。成立于 2011 年的日本 GROOVENAUTS 是一家专注于 AI、量子计算及大数据分析研究和服务的公司。公司开发的运用系统已被制造业、物流业、零售业、建筑业及金融业超 4000 家企业使用。比如三菱地产运用该系统，通过 AI 技术对社区垃圾产生量进行精准预测，然后通过量子计算模拟出垃圾回收时间、回收顺序、行程路线的最佳方案，由此使得垃圾运送车辆的总行程减少 56%、使用数量下降 59%、二氧化碳的排放量下降 57%。食品公司 KEWPIE 引入该系统，基于对员工状态、食品销量的预测，建立了从生产计划、现场制造、员工调配、包装流程到物流运输的最适化方案。世界主要信用卡公司之一的 JCB 则运用该系统，对客服需求的预测精准度达 99.8%，以此进行最适化的人手安排，有效控制了运营成本。

一些未来的发展趋势也初现端倪。比如，首先，随着相关技术的进一步发展，生产过程的自动化有望逐步向全智能演变，意味着将来整个生产流程从细小的构思到成品的出炉可能都无须人力和脑力的参与。其次，在新技术的辅助下，今后的生产方式有望变得更加柔性化，企业能够更灵敏快速应对市场和环境的变化，根据顾客的不同需求生产出适量的特色商品，从而彻底改变目前大规模批量标准化的生产模式。最后，长期以来基于比较优势理论而不断深化的全球分工也可能发生根本性转变。掌握先进技术的企业将具备从产品设计、开发、生产到销售的全流程能力，形成覆盖全产业链上下游的巨头企业，打破现有垂直分工模式。而拥有先进技术的地区，生产成本都将降到极低，比较优势理论在这些区域之间失去意义，水平分工也可能随之土崩瓦解。最终生产将朝着率先掌握核心技术的国家和地区的大型企业集中，形成生产制造的大集中模式，并加剧全球不平等的程度。当然，以上的趋势都有待时间的检验，任何新技术的产生和发展都有可能改变未来的生产格局。

社会 5.0 的人文主义特征

和德国工业 4.0、中国制造 2025 以及美国的制造业再回归等战略相比，日本关于下一代信息通信的竞争方案具有自己明显的特征，那就是"以人为中心"的理念以及对社会问题解决的重视。

面临各种"人"的危机塑造了社会 5.0 的特征。首先，日本是一个资源相对短缺、自然灾害频发的岛国，每年发生的 6 级烈度以上地震约占全球的 20%，火山喷发占全球的 7%，损失总额则占 18%。所处的自然地理环境迫使日本具备了天生的危机感，并不得不时刻将人的安全和生存问题放在首要位置。因此，有效应对各类自然灾害，打造富有坚韧性的经济社会自然而然成为社会 5.0 的重要目标。其次，自上个世纪 70 年代以来，日本面临日益严峻的人口问题。作为衡量人口可持续发展的重要指标总和生育率，早在 20 世纪 70 年代中期就开始跌破 2.1 的平衡水平；

2000 年以来，这个指标保持在 1.3~1.4 的低水平，加上全球最高的预期平均寿命水平，使得日本成为典型的少子老龄化国家。日本总人口在 2005 年出现战后的首次负增长。2020 年老龄人口比例为 28.7%，在世界主要国家高居首位。人口结构的变化成为日本地方空心化、人手不足、经济低迷等诸多问题的症结所在。如何积极利用最新技术应对人口结构变迁及其造成的系列社会问题，也就成为日本各类发展战略、规划和政策的必要考量。

人才培养被当作社会 5.0 建设的重要根基。无论是上层法律法规，还是重大规划和项目，人才培养都是最重要的内容之一。这背后与上文所述日本面临人口减少、人手短缺等问题固然密切相关，另一方面也根植于日本长期以来重视人才培养、推动科研创新的传统。比如 2001 年第 2 期《科学技术基本规划》就提出在 50 年内培养 30 名诺贝尔奖人才，推动日本科研创新高水准发展的目标。规划实施以来，日本已有 18 人成功获得诺贝尔自然科学奖项，在各国中高居第二，为日本在新千年后保持科技强国的地位做出了重要贡献。在这种一脉相承中，第 6 期《科技技术创新基本规划》以实现社会 5.0 为大目标，强调构建从中等、高等到职业生涯的科学教育和人才培养系统，特别突出加强与科技进步直接相关的 STEM（科学、技术、工程、数学）学科教育和 IOT 相关人才的培育。

社会 5.0 强调数字发展中的个人权益保障。根据日本总务省消费者意识调查，日本民众对于提供个人信息行为的不信任感近八成，高于其他主要先进国家。这一方面可能延缓日本基于大数据的一些尝试和运用，另一方面也倒逼日本政府在推进数字经济发展时更加注重个人权益的保护。近年来日本针对个人信息保护的主要举措包括：2014 年加入 APEC 的"跨境隐私保护框架"（Cross-Border Privacy Rules System）；2019 年与美国缔结《美日电子贸易相关协定》,加强跨境数据流通、跨境电子交易的规制，保护个人权益；2019 年修订《不正当竞争防止法》，将商家未经个人同意收集、使用、公开个人数据列为不正当竞争行为；2021 年对原《个人信息保护法》《行政机构信息保护法》《独立行政法人信息保护法》等相关法律进行修订，合并形成新的保护法案，并着重增强"个人信息保护委员会"的功能；针对蓬勃发展的 AI 领域，率先制定《AI 使用原则》《AI 使用指南》《AI · 数据利用的契约指南》等。此外，日本也高度重视电子技术运用中的安全及公平问题。2018 年为适应社会 5.0 发展新形势，日本提出 CPSF 的安全保障框架，将安全领域从传统的 C（cyber）领域扩展到 P（phsical）领域，以及二者相互交融的物联网领域。2020 年日本总务省公布了"强化网络安全的紧急首要应对事项"，特别提出预防 IOT 等新领域可能产生的安全问题，同时提出研究区块链技术加强网络安全运用。针对新兴信息通信技术发展可能加剧的地区、代际或个人"数字鸿沟"，实施对偏远地区、经济困难人员的设施设备支援，对面向残疾人、老龄人等弱势群体提供信息服务的企业给予资金补助。

　　总而言之，关于下一代的数字战略竞争，日本选择的社会5.0方案具备了浓厚的人文主义特征，而这种特征的塑造很大程度又生根于日本自身的文化传统和当前面临的社会课题。中日两国一衣带水，在现在和未来的发展中都面临许多共同的课题和挑战，社会5.0的制定以及当前实施中呈现的诸般现状，对于中国当前蓬勃发展的数字经济也有一定的启示。

　　本章创作特约研究员龚鹏辉，研究方向人口、新经济及时政。

07

德国：汽车之都斯图加特的
挑战和数字转型

德国一直以来都是汽车制造业的领头羊，拥有全球深具竞争力和创新力的汽车产业，汽车产量仅次于中国、美国和日本，位居全球第四。德国贸易和投资委员会（GTAI）2018年发布的一份报告显示，德国汽车业产值在德国GDP占比高达20%，贡献了欧洲60%的研发增长，占全球汽车业研发投入的三分之一。

"德国制造"的标签不是"物美价廉"，尽管德国会在国外建厂来降低汽车制造的成本，但是它永远将最先进的技术留在本国的核心工厂进行试验。因此，其领先的秘诀在于通过把握制造的核心技术和汽车的质量来维持高价销售，而高额售价又为其进一步研发提供支撑。

　　作为全球工业的重要门类，汽车行业与工业生产方式的每一次进步与变革都密切相关。比如，福特汽车开创了大规模生产方式，丰田汽车因精益生产成为制造业学习的标杆。

　　当下，汽车工业正迎来新一轮变局。从传统燃油汽车到电动汽车的转型，让高度集成化、可 OTA 升级的数字计算平台成为产品竞争力的关键。当下，主要汽车大国都已经给出燃油车禁售的时间表，美国电动车制造商特斯拉也来势汹汹，2021 年底它正扫清最后的障碍，推动其德国超级工厂能够在新的一年启动并投产。

　　老牌巨头在新浪潮里栽跟头的前车之鉴并不远。诺基亚的前CEO 约玛·奥利拉 2013 年 9 月在宣布同意微软收购诺基亚旗下手机业务部门时说："我们没有做错什么，但是我们输了。"

　　来势汹汹的新浪潮里，德国汽车业正遭遇严峻挑战。以德国的汽车之都斯图加特为例，它的电动化转型就遭遇了两难困境，发达的燃油车产业某种程度上甚至成为电动汽车研发和生产的阻碍。但变革又迫在眉睫。斯图加特是德国汽车产业的缩影，依凭其产业集群的分工和网络化优势，这里曾占据世界汽车领头羊的地位。但新浪潮下，这些产业若要保持领先，就需要加大在新技术领域的投入，还需要改变产业发展的惯性，自己革自己的命。

　　作为"工业 4.0"理念的首倡之国，德国汽车产业的"工业 4.0"转型已经开始。当下，这些传统汽车企业已经行动起来，开始增加电动汽车的车型，扩大产能。至于它们能否完成这一挑战还有待时间验证。

　　德国斯图加特汽车产业的命运某种程度而言，也是中国当下传统工业基地的命运写照。对这些地方而言，能否在新的产业革命里找到自己的位置，从而在下一轮的竞争中依然坐在牌桌上，成了它们面临的最严峻的挑战。自我革命并不一定会成功，但不革命一定会死，这就是数字时代里老牌巨头们悬于头上的达摩克利斯之剑。

现代汽车的三位创始人
（摄于斯图加特奔驰汽车博物馆）

斯图加特的历史辉煌与未来困境

　　历史上的斯图加特以马闻名，它的名字在古德语中拼读为 Stuotgarten。其中，"stuot"意为饲养马，而"garten"意为庄园，合起来就是养马的庄园。也许是这点历史渊源，斯图加特后来发展为现代汽车的诞生地，享有"欧洲汽车之都"的美誉。保时捷车标中间那匹跳跃的黑马就是斯图加特的市徽，它的上方赫然写着这个城市现在的名字——Stuttgart。

　　斯图加特的现代汽车产业开始于19世纪末。当时，斯图加特地区涌现了一批汽车企业家，包括卡尔·本茨、戈特利布·戴姆勒和威廉·迈巴赫。1886年1月，卡尔·本茨将其发明的一台装载单缸发动机的三轮车申请了专利，于是这台不用马牵的三轮车被认定为第一辆汽车。但是早在1883年，戈特利布·戴姆勒与威廉·迈巴赫就合作成功研制出了使用汽油的发动机，两人又在1886年合作发明了全球第一辆四轮汽车，成立了戴姆勒股份公司。这家汽车企业成为斯图加特汽车产业早期的支柱，并从1926年开始以梅赛德斯－奔驰品牌生产汽车。

本茨发明的第一辆三轮汽车模型
（摄于斯图加特奔驰汽车博物馆）

20 世纪 30 年代到 60 年代是斯图加特汽车产业群发展的黄金时代。1933 年，希特勒政府重视汽车工业及相关行业发展，斯图加特市区连同其周边的伊姆斯·莫、葛平根、路德维希堡以及曼海姆、卡尔斯鲁厄等地区一起构成的斯图加特汽车产业集群初步成型。在第二次世界大战期间，由于纳粹政权迫切要求大量生产汽车，该集群的产能大幅扩张。二战结束后，随着德国汽车在国内的快速普及和汽车出口竞争力的不断提高，西德汽车产量大幅度上升，成为欧洲最大的汽车生产国和出口国。

戴姆勒与迈巴赫发明的第一辆四轮汽车模型
（摄于斯图加特奔驰汽车博物馆）

20 世纪 60 年代至今是斯图加特汽车产业发展的成熟期。作为戴姆勒等多家世界著名汽车企业的总部，斯图加特依靠龙头企业雄厚的资源实力，持续带动该区域汽车产业发展。例如，戴姆勒是全球第一大豪华车、商用车生产商，旗下包括梅赛德斯－奔驰、迈巴赫、smart、AMG 等高端汽车品牌。戴姆勒在斯图加特地区建立的奔驰生产制造基地——辛德芬根，拥有员工超过 3 万人，每天生产各类轿车超过 2000 辆，以整车和零部件企业的协同效应极大地带动周边众多汽车零部件配套企业的发展。目前，斯图加特汽车产业集群聚集了 2000 多家汽车相关企业，除了戴姆勒和保时捷等世界级汽车龙头企业，还有博世和采埃孚等众多汽车零配件生产企业。该阶段，斯图加特汽车产业集群不断扩大，逐步成为世界上四大汽车产业集群之一。①

然而，历史的辉煌并不必然预示未来的光明。有可能，过往成功的经验会成为转型升级的桎梏。比如世界四大汽车产业集群之一的美国底特律就在 2013 年宣布破产，成为美国历史上规模最大的破产市政府。面临频出的资源枯竭和环境污染问题，未能及时转型的底特律由曾经的"世界汽车工业之都"变成如今的"鬼城"。

如今，以汽车产业为中心的斯图加特面临底特律一样的转型困境。一方面，交通的拥堵和环境的污染问题要求汽车生产更加低碳绿色。地处内卡山谷陡峭山峰包围下的斯图加特，拥有 60 万居民、30 万辆汽车。无论是通过交通管制还是罚款的方式，人们都不会把车留在家中。因此，斯图加特市深受拥堵问题的困扰。

---

① 四大"汽车城"分别是美国底特律、日本爱知县、德国斯图加特、意大利都灵。

这一问题又加剧了环境污染的问题。另一方面，传统的内燃机驱动的汽车仍然是汽车企业主要盈利来源。斯图加特一家绿色环保组织 Bl Neckartor 的成员指出，"电动车在斯图加特推广起来很有难度"。正如它的绿党市长 Kuhn 所说，"对于像哥本哈根这样的城市来说，绿色转型并不难，因为它们没有汽车工业，也没有强大的汽车公司"。梅赛德斯的生产主管接受采访时更提到，他们需要从柴油车中获利来投入到电动汽车的研发和生产中。

斯图加特的两难处境是德国汽车转型困境的缩影。一方面，德国面临严峻的汽车尾气排放造成的空气污染问题。2015 年 9 月 18 日，美国环保署的一则通告指控德国大众、奥迪汽车公司触犯美国《清洁空气法》，在 2009—2015 年生产的柴油发动机汽车上使用非法软件来逃避清洁空气标准，其排放的污染物超标 40 多倍。根据该法，每辆违规排放的汽车都将被处以最高 3.75 万美元的罚款。"排放门"丑闻使得德国汽车的全球品牌形象大大受损。另一方面，在电动汽车发展方面，德国被一些欧洲国家甩在了后面。挪威仅有 500 万人口，拥有 10 万辆注册电动车。英国有 6700 万人口，拥有 3.5 万辆注册电动车。但是，德国有 8000 万人口，根据德国联邦机动车管理局 KBA 发布的数据，截至 2016 年 1 月，德国拥有 3000 万辆汽油车和 1450 万辆柴油车注册量，插电混动力车注册量约为 13 万辆，纯电动车仅有 2.5 万辆。

曾经赖以自豪的汽车产业该何去何从？如何保持自己汽车制造行业领头羊的地位？德国政府提出了"工业 4.0"的战略。

"工业4.0"使制造走向智造

2011年4月1日，德国汉诺威工业博览会即将开幕之际，孔翰宁（Henning Kagermann）、沃夫冈·瓦尔斯特（Wolfgang Wahlster）和约翰·海尔比希（Johannes Helbig）三人以"工业4.0：借助物联网走向第四次工业革命"为题目提出工业4.0（Industrie 4.0）的概念。

这个全新的概念立刻引起了德国政府的关注，并被上升到国家战略的高度。在《高技术战略2020》中，德国政府指出"工业4.0"是机械化、电气化和自动化之后的第四次工业革命。德国政府希望借助"工业4.0"在生产制造的各个环节应用信息技术，将生产工艺与管理流程全面融合，通过智能制造生产出智能产品，为德国在新一轮工业革命中占领先机，让"德国制造"持续决胜全球。

"工业4.0"的内核就是实现从制造到智造。在2013年汉诺威工业博览会上，德国政府发布《保障德国制造业的未来——关于实施工业4.0战略的建议》（"Securing the Future of German Manufacturing Industry：Recommendations for Implementing the Strategic Initiative Industrie 4.0"），报告将智能工厂置于核心来分析数字化的机遇与挑战。

以物联网为基础的赛博物理系统（Cyber-Physical Systems，简称CPS）推动了传统自动化走向更大的柔性，从而可以实时关注用户需求变化。物联网（Internet of Things，简称 IOT）是一个基于互联网、传统电信网等的信息承载体，它让所有能够被独立寻址的普通物理对象形成互联互通的网络。物联网通过信息传感器、射频识别技术、全球定位系统、红外感应器、激光扫描器等各种装置与技术，实时采集任何需要监控、连接、互动的物体或过程，采集其声、光、热、电、力学、化学、生物、位置等各种需要的信息，通过各类可能的网络接入，实现物与物、物与人的泛在连接，实现对物品和过程的智能化感知、识别和管理。比如，在道路交通方面，物联网通过对道路交通状况实时监控并将信息及时传递给驾驶人，让驾驶人及时做出出行调整，有效缓解了交通拥堵甚至瘫痪的问题。此外，借由物联网，公交车上安装定位系统，乘客能及时了解公交车行驶路线及到站时间，乘客可以根据搭乘路线确定出行，免去不必要的时间浪费。社会车辆增多，除了会带来交通压力外，停车难也日益成为一个突出问题，结合物联网技术与移动支付技术，不少城市推出了智慧路边停车管理系统。该系统基于云计算平台，用户通过手机端 APP 软件可以及时了解车位信息，提前做好预定并实现交费等操作，很大程度上解决了"停车难、难停车"的问题，提高了车位利用率。

推演开来，赛博物理系统可以将大规模生产转向定制生产，即更有价格竞争力地制造差异化的定制产品。博世公司旗下的洪堡工厂是"工业 4.0"大潮下智能工厂的代表。斯图加特的博世公司由罗伯特·博世创办于 1886 年，并于 1906 年向戴姆勒和奔驰交付了第一台供内燃机使用的磁电机。其洪堡工厂生产线的特殊之处在于，所有零件都有一个独特的射频识别码，类似于"身份证"。作为一种无线电通信技术，射频识别的原理并不复杂，可通过无线电信号识别特定目标并读写相关数据，而无须识别系统与特定目标之间建立机械或光学接触。给产品贴智能标签有几种方式：条形码、二维码、射频码和传感器。条形码和二维码必须进行近距离扫描，容易受到水和化学品等腐蚀，而射频码可以穿透各种介质快速读取。这个射频识别码能通过与沿途关卡自动"对话"，将信息反馈到控制中心进行相应处理，从而提高整个生产效率。比如，运货卡车载着它驶出物流中心，5000 米外的装配工厂即获知了动态；装配工人把它端上生产线前，物流中心和供应商就知道该补货了。此外，这个新系统投入使用后，生产线的生产情况都通过网络上传到系统，生产线总管再通过发布分析系统上的信息传达给操作和技术人员。比如，哪条生产线的速度减慢了，哪里出了故障，然后根据这些信息来计划安排每天的工作,解决各个环节上可能出现的问题，并保证生产线上产品的质量。这套射频码系统是对工业 4.0 技术的有效运用，它使得整个产品流程的控制更加透明化、实时化，获得了 2014 年德国汽车工业协会颁发的物流奖。①

在"工业 4.0"的大背景下，德国汽车行业需要从传统相对封闭的体系走向开放。消费者应该可以将自己的需求输入制造系

① 赵志耘、戴国强主编：《大数据：城市创新发展新动能》，科学技术文献出版社，2018 年版。

统，企业则按照这些定制需求开发产品或对其进行改进和调整。智能化的生产体系每一个汽车零部件都有属于自己的身份认证，并贯穿整个生产、装备和服务环节，便于管理和追溯。虽然目前汽车生产线已经可以实现相对柔性化的生产，但未来这种柔性会进一步加大。

尽管"工业4.0"的战略为德国汽车转型指明了方向，但要顺利实现转型，德国汽车还需应对内外双重挑战。

外部挑战：智能对手特斯拉

美国特斯拉为德国汽车转型树立了具体的参照系。特斯拉有"汽车界苹果"的美誉，它的生产理念与工业4.0不谋而合，即特斯拉并不把自己定位为一辆电动车，而是定位为一个包含硬件、软件、内容和服务的大型可移动的智能终端，能够通过互联网终端提供全新的人机交互体验。

特斯拉是"工业4.0"时代呼唤的企业雏形，它意味着技术和生产过程的转变。在技术方面，特斯拉非常智能。它用一块类似 IPAD 的 17 英寸显示屏取代了很多传统汽车的按键，用户不用花时间了解并记住按键功能。如果他们想打开天窗，直接用手指按着屏幕把天窗的图标拉上去就可以了，需要关上就再将图标拉下来。特斯拉汽车有 Home Link 功能，设置好后，当你把车开到车库门口的时候，车库通过网络就可以识别你的车，自动为你开门。此外，特斯拉可以根据所在城市不同时间段的电价选择充电时间。

在生产方面，特斯拉的突破体现在其将互联网思想融入了汽车制造。特斯拉可以实现个性化定制。目前 Model S 有 9 种车身颜色供客户选择。除了车身颜色，客户还可以自定义车顶和内饰。其他定制要求，特斯拉都可以实现。特斯拉在美国的生产制造是在位于美国北加州弗里蒙特市的"超级工厂"完成的，此外它在中国上海的超级工厂在 2021 年初已实现量产。特斯拉也没有放弃德国的市场和人才，它从 2019 年开始筹备建设欧洲超级工厂，到 2021 年底工厂已经基本建成。

在特斯拉的工厂里，汽车生产的逻辑与传统燃油车生产有所区分，这些超级工厂希望完成特斯拉从原材料到成品的全部生产过程，整个制造过程将自动化发挥到极致，其中智能机器人是生产线的主要力量。据媒体报道，以特斯拉的美国工厂为例，该超级工厂内一共有 160 台机器人，分属四大制造环节：冲压生产线、车身中心、烤漆中心和组装中心。遍观全球，像特斯拉这样兼具"智能产品＋智能生产"的企业并不多见。

2021 年 10 月，历时两年的特斯拉德国柏林超级工厂基本落成。这如同一把尖刀插入了德国传统汽车市场的心脏。尽管德国老牌汽车企业依然规模庞大，且经济效益可观，但是，面对特斯拉迫在眉睫的挑战，它们正被迫重新考虑其发展战略。

2018 年，大众将坚定推行电动车战略的赫伯特・迪斯推上新

CEO 的位置。2018 年 11 月，大众集团批准了 400 亿欧元的电动车投资计划，表明未来要推出数十款电动车型。宝马同时开发和生产内燃机、插电和纯电三种动力车型，既可以节省研发成本，又可以通过改进旧车型来加快新车型的推出速度，以此来平衡投入和产出的当下问题。不过，这样精明的计算为宝马的纯电车型留出的胜出机会越来越小。2019 年 9 月，保时捷历史上第一款纯电动四门轿跑车 Taycan 正式亮相。这是传统汽车制造商所生产的第一款纯电动跑车。2021 年 1 月，在保时捷推出 TAYCAN 一年后，梅赛德斯 - 奔驰和奥迪也推出他们第一辆奢侈的全靠电发动的汽车。

但是，电动汽车主要考验车企竞争力的是汽车的成本控制和续航里程。而德国传统高端豪华车的优势，比如出色的驾驭体验、奢华内饰等不再是重要的加分项。特斯拉在通过高端电动车型抢夺传统高端车市场后，开始大幅降价并推出平价车型，相当于再次掀起一场"福特 T 型车"一样的革命。这将给继续推出豪华版电动车的德国车企们带来巨大的冲击。

此外，智能电动车也会重构汽车行业的供应与售后体系，颠覆原本企业和服务商、供应商、协调制造商、客户以及设计生产等环节的关系。具体说来，智能化使得车企们必须从汽车销售这种一次次赚利润的买卖变成通过长期服务来获得持续收入的移动出行服务商。这对于德国那些已经习惯制造和销售高端品牌汽车来获利的传统车企来说，无疑也是一次根本挑战。

随着德国汽车制造业逐步向"工业 4.0"时代切换，德国政府也开始从销售补贴、税收减免到充电基础设施等多方面支持电动化转型。一方面，2016 年德国政府计划向每辆售价不超过 6 万欧元的电动汽车提供 5000 欧元补贴，每辆混合动力车的补贴为 3000 欧元。另一方面，德国也在用"新基建"的方式来推动国内电动汽车的普及。根据公布的计划，预计在 2022 年，德国境内 25% 的加油站将能为电动汽车进行快速充电，到 2024 年底这一比例将提升至 50%，到 2026 年底进一步提升至 75%。根据德国汽车管理中心预测，2025 年在德国上路的纯电动车的比重或将从目前的 0.6% 提升到 8%。

内部挑战：集群结构面临转型压力

除了不断遭受外部智能汽车企业的挑战，德国汽车内部集群结构也面临转型压力。德国汽车产业的发展离不开大型汽车企业的引领作用，也同样依赖中小型供应商中的"隐形冠军"。它们以科研创新为基石，对德国汽车产业在维持其行业的整体技术优势和工艺创新方面发挥着重要作用。因此，要实现汽车制造"工业 4.0"的转型需要这些支撑企业的配合。

以斯图加特汽车产业群为例，这里有数家大型企业坐镇，但是也汇集了汽车产业各细分产品领域或技术领域的大量中小型供应商。这些企业大都是戴姆勒和保时捷这两大汽车厂商的一级供应商（即直接供应商）。除了这些大型供应商，还有许多雇员不过 50 人的小企业在汽车供应链下游担任二级供应商（一级企业的供应商）和三级供应商（二级企业的供应商）。这些中小型供应商直接向戴姆勒、保时捷或其一级供应商（如博世、马勒、采埃孚）提供服务和零部件。这里庞大而复杂的供应商网络，足以提供大型车企所需要的大部分零部件，从而推动斯图加特地区在汽车产业链每个环节都能做到精益求精。

这些中小企业中包括许多"隐形冠军"。所谓"隐形冠军"，是指那些在细分领域占据全球市场领导地位的高度专业化的中小企业。例如，采埃孚集团在机械式变速器、液力自动变速箱和各式齿轮传动箱等方面都走在世界前列；贝尔集团是世界领先的汽车空调和发动机冷却系统专业厂商等。此外，当地还集聚着 ABB、Siemens、IBM 等千余家电子信息产业公司，在汽车电子与汽车控制系统方面有力推动汽车产业不断向智能化、电子化升级。

虽然欧洲其他几个经济体也依赖中小企业，但德国的"隐形冠军"有一个显著特征，即创新导向。斯图加特的中小企业目前仅关注与汽车相关的高价值的知识密集型业务，科技含量低的业务则外包给东欧、亚洲和南美等低成本生产地区。它们通过专注于高科技配套产品，与大企业在开发、设计和生产等知识密集型领域密切互动、紧密集成，表现出高度的横向一体化。这些中小企业往往是家族式的，且素有创新的传统，经常与当地大学和职业学校合作，为该地区培养人才。

在斯图加特及其所属的巴登·符腾堡州,聚集了12所高等院校、

16 所以技术为导向的公共学院、12 所自然科学马普学会等研究机构，9 个为中小企业提供技术援助的研究所、3 个国家级研究中心以及 250 个提供咨询和培训等服务的技术支持中心，形成了从基础研究到应用研究的创新研发网络体系。其中，斯图加特大学创建于 1829 年，是德国 9 所卓越理工大学联盟 TU 9 成员之一。作为该集群内的头牌大学，斯图加特大学积极参与本地汽车产业发展，拥有汽车工程研究所和内燃机研究所两所研究院，牵头建立了斯图加特汽车模拟中心和汽车电子创新联盟，同时每年为企业源源不断输送发动机、材料科学、电气工程等专业领域工程师。

此外，斯图加特地区成熟的双元教育体制源源不断为当地汽车产业集群输送高技能人才。双元教育体制是指整个培训过程在企业和职业学校进行，且以企业培训为主，其中由企业进行实际操作方面的培训（70% 的时间），培训学校（30% 的时间）则完成相应的理论知识培训。在双元教育体制下，大学生毕业后与集群内汽车企业的专业技术工人之间融合度极高，企业内员工流动率较低。目前，斯图加特汽车产业集群所在的巴登·符腾堡州拥有双元制职业学校超过 320 所，双元制学生 20 余万人，其中全日制职业学校学生超过 15 万人。巴登·符腾堡的职业学校每年为斯图加特地区汽车企业提供大量训练有素的技术工人，占整个行业技术工人的将近一半。

但是，电动化方向的转型意味着要用软件工程师替换大量机械工程师的岗位。因为电动化的进程伴随着智能化，包括自动驾驶、车内智能和车联网，最终将实现的是一个高度集成化、可升级的数字计算平台，这是汽车工业真正变革的一大标志。依靠成百上千家电子电气零部件供应商构成的传统整车厂商无疑要付出巨大的代价才能杀入这一赛道。决定一家汽车厂商未来成败的关键，不止是硬件实力，还有软件能力。这也是大众曾孤注一掷投入电动数字化平台 EMB（Electro-Mechanical Brake）的原因。但是 EMB 打破整个大众汽车原本庞大无比的供应链，这种激进式改革遭遇了重重阻力和挫败。特别是搭载了 EMB 平台的首款纯电汽车 ID.3 被曝出现大规模软件问题，致使数万辆下线的量产车无法正常交付。

此外，对智能软件的依赖可能带来失业问题。因此，2021 年 1 月中旬，欧盟委员会发布了《工业 5.0：迈进可持续发展、以人为本、富于弹性的欧洲工业》报告。这篇报告认为，目前指导欧洲工业发展的"工业 4.0"概念，过于强调技术经济，而较少关注社会公平和可持续性发展。工业变革的浪潮，会产生影响深远的涟漪效应，远远超出工厂技术变革的本身。所以，德国汽车转型的内部挑战还在于构建新型社会伙伴关系，改善人机协作，而不必将人排除在外。

总结

就像斯图加特那样，德国汽车制造商依凭其产业集群的分工和网络化优势曾占据世界汽车领头羊的地位。但是在"工业 4.0"时代，它们面临智能电动车的严峻挑战。未来对它们而言，要么是固守传统优势，在燃油车退出历史舞台前，享受燃油车最后的光辉；要么是未雨绸缪，立即开始电动化转型，否则等到电动车赛道上挤满新选手，就再无胜算。

目前，这些传统汽车企业已经行动起来，开始增加电动汽车的车型，扩大产能，争取在新型电动车市场保留一席之地。但是想要真正维持过去的辉煌，就要"自己革自己的命"。一方面，它们需要向特斯拉学习，将电动车视为"移动出行服务"的提供者，以此来重塑电动车的竞争力，包括续航能力、性价比、长期提供优质服务的能力。另一方面，它们需要和支撑企业转换合作方式，打造强大的"数字软件平台"。这两点无疑是需要传统德国车企"脱胎换骨"才能完成的任务。

不过，生态和政治环境留给德国车企深思转型战略的时间并不多。面临全球变暖带来的生态灾难，欧盟承诺要在 2050 年率先实现整个地区的碳中和。因此，欧盟的碳排放标准要求到 2021 年降到每平方公里 95 克二氧化碳。这个标准到 2025 年还会继续降低。为此，欧盟各国要做到的具体目标就包括改变能源结构，变火力发电为清洁能源发电；逐步禁售燃油车，改为清洁能源；为车企制定严格的碳排放指标。这会迫使制车商修建和出售大规模电动车。在此背景下，2016 年 10 月，德国上议院通过法案，宣布将在 2030 年禁止销售燃油车。德国前总理默克尔也曾立下豪言壮语，要在 2020 年达到百万电动汽车销量，2030 年在德所有的注册新车必须达到零排放标准。

在受疫情影响的 2020 年，德国车企们的努力正在产生初步效果。这一年，欧洲整体车市大幅缩水 24.3%，但是电动汽车的销量增长成为欧洲低迷车市的亮点。其中，2020 年德国电动汽车销量达 19.4 万，销量增长相比 2019 年达到 2 倍之多，贡献最大的就是大众终于走出软件阴霾的那款小型纯电汽车 ID.3。

这对于中国最大的启发就是，智能制造与能源转型，是一个双升级的螺旋支柱。一方面，对于中国的传统车企来说，智能化和电动化是一个无法避开的命题，德国汽车巨头们面临的问题会一样不少地落在国内车企们头上。拿出多少魄力，付出多大代价，来推动自身的电动化进程是每一家传统车企必须回答的问题。另一方面，中国在这个转型中具有后发优势。我们没有德国那么深厚的历史积累和集群基础，在传统生产路径上，德系车一直是我们模仿学习但始终无法超越的一种存在。但这一次，德国车企的电动化转型跟我们处在同一起跑线上。同时中国巨大的新能源汽车市场也是德国车企们必须争夺的地盘。随着中国开始启动宏大的碳革命"2060"目标，提出循环经济的概念，中国汽车制造有希望在"工业 4.0"时代完成弯道超车。

本章创作特约研究员匡舒啸，关注中欧关系、欧盟政策。

第三部分

社会怎么办

08

数字化之后: 从技术经济逻辑到社会制度逻辑

尼葛洛庞帝喊出"数字化生存"四分之一世纪后,科技行业已经从新生事物变成了生活里的基础设施。数字连接了世界,连接所带来的问题也在浮出水面。某种程度上,我们生存在一个具有双重面相的时代。

这是一个新兴生产力狂飙猛进的时代,数字技术给生产提供新的可能性,认知的边界正在向新的疆域扩张;这也是一个新型生产关系剧烈震荡的时代,科技带来的新组织、新结构,在个体利益、社会伦理和法律规则间剧烈碰撞,新的共识亟待建立。

二者形成了巨大的反差,在世界的一边,人们兴奋地看到新的生产力以更快的速度生产出了更新奇酷炫的产品，生活的便捷、效率都有了巨大提升；但一个转身，他们会听见被技术列车巨大惯性甩出生活轨道的失意者的控诉和哀鸣，真实又触目惊心。两种景象共同构成了数字时代的真相。

所以，在畅谈了比特世界提升生产力的一面后，本章的内容也回到了原子世界的逻辑。我们探讨人在数字世界的位置和处境问题，探讨算法、大数据应用、人工智能和机器人的使用给人类社会的工作数量、工作方式、社会保障带来的影响。毕竟，人的世界里，从来不是只有效率。

因为关注人的处境，主权国家们开始行动起来，对个人数据和隐私的保护已经成为大多数国家的共识，而在一些经济体里，对算法的监管也纳入了讨论之中。随着大国纷纷出台针对科技和数据的监管策略，许多人发现，科技公司的运行逻辑也在发生变化。"科技已经成为一个被监管的行业"，硅谷知名分析师 Benedict Evans 在 2020 年初宣告。

这种监管对数字经济本身会带来怎样的影响呢？研究技术革命周期的学者卡萝塔·佩蕾丝发现，历史上的技术革命总会在技术狂飙猛进和金融市场投资泡沫后迎来生产关系的调整。热钱退出，法律和制度完善，经过这一系列调整，全社会才能适应新的生产力。卡萝塔·佩蕾丝还发现，调整并不意味着新事物的退场，反而为其真正在全社会层面的应用和推广奠定基础。

这可能并不是一个坏消息。数字经济迎来了新的挑战，但一切并未结束。

罗素姆全能机器人的谶言

从工业革命以来，人类就开始产生一种焦虑：技术和工具会在什么层面淘汰人？人和机器关系的未来是什么？这种焦虑是效率和便利的副产品，未曾占据社会思潮的主流，却始终存在。数字时代里，它也依然存在，不可回避。

"人这种机器是非常不完善的，最终必将被淘汰。"

"你们（人类）不如机器人强壮，又不如机器人能干。机器人样样精通。你们只会发号施令，你们无所事事又废话连篇。"

1920 年，捷克剧作家卡雷尔·恰佩克创作了一个名为"罗素姆全能机器人"的剧本，次年在布拉格演出，很快这个剧目轰动了欧洲，也被后世的一些评论家们视作近代科幻作品的开端。以上台词出自这个剧本，不难看出，这个轰动一时的剧作围绕着机器与人的关系展开。

今天蓬勃发展的数字经济和技术革命浪潮下，《罗素姆全能机器人》能带来怎样的启示呢？

《罗素姆全能机器人》讲述的是名为 Robot 的人造人的诞生和毁灭的故事。哲学家罗素姆发明了一种具有人的外表、特征和功能的机器，可以替代人类在工厂里劳作。这些永远不知疲倦的人造人很快开始反抗人类，反而变成人类文明的威胁。最终人类发明了一种化学药水，毁灭了这些人造人，拯救了自身的命运。

《罗素姆全能机器人》中被提及最多的是，剧作家首次创造了 Robot 一词，此后它成了指代机器人的专有名词。剧里的机器人所具备的智能颇为超前，明显超出了当下的科技水平，在可见的未来里人类造出的机器智能可能也达不到它的水平。这部作品对人机关系做了深入刻画，剧作里充满前文提及的谶言般的台词，此后讲述机器人的反叛及"人的可替代性"的科幻作品仿佛都能看到《罗素姆全能机器人》前述对话的影子。

不过，也有人认为 1818 年玛丽·雪莱发表的《弗兰肯斯坦》（又译《科学怪人》）才是第一部科幻主题的小说。这部更为古老的作品颇具哥特式风情，同样探讨了人类造物而后被反噬的主题。

狂热的科学家维克多·弗兰肯斯坦用尸块缝补拼凑，创造出了新的生命。弗兰肯斯坦疯狂又理想化，他创造出的怪物充满了邪恶的气息，却又通晓人性。当怪物被放出实验室后，故事开始了。作者写作时吸收了当时最前沿的科学成果，包括与电相关的"生命力"学说以及人类意识的本质的讨论。而它被视作第一部科幻作品，则因为其中蕴含着对创造生命的行为和科学技术的野心及边界等命题。

文学评论家们挖掘上述科幻文学的鼻祖级作品的诞生背景，是工业革命后的技术爆发所带来的对人的异化以及由此产生的焦虑。学者达科苏·恩文研究认为，卡雷尔·恰佩克的作品关注和聚焦了当时的工业技术所带来的异化问题。卡雷尔·恰佩克所在的时代正值工业文明大发展时期，大钢铁厂的烟囱在欧洲和北美的大地上不知疲倦地吞吐着黑烟，巨型汽车厂的流水线轰鸣不息。恰佩克作品中所有那些具有威胁性的、非人类的怪物异类无不与现代社会的工业技术联系在一起，正是这些工业技术才使它们的出现成为可能。

而玛丽·雪莱的作品同样诞生在工业革命爆发期的欧洲，科学在这时正被树立为一尊新神，逐渐取代着神学崇拜的位置。工业文明让机器和工具以前所未有的方式改造着人类的生活，生产力极速发展，生活方式也发生着剧烈的改变。作家捕捉到了人类被机器包围，同时又无力完全掌控机器所带来的生存焦虑。

不管是《弗兰肯斯坦》还是《罗素姆全能机器人》，作家们通过创造新的体裁和文学类型来回应人类步入工业文明后个体及种族层面的存在危机。人是否会被机器取代，人与机器的关系，人的意识和人类智能的本质，构成了这些作品的核心主旨。这些作品是对工业革命后产生的反思潮流的延续。

对"人的可替代性"问题的关注并未停留在虚构文学层面，随着信息技术和自动化水平的提升，科幻小说中探讨过的命题开始照进现实。自动化、机器智能和数字未来，也成为关乎普通人的现实生计和职业前途的真问题。

技术进步带来的替代性危机和失业恐慌成了一种普遍性的情

绪，以至于专门的国际组织发出了多份就业报告，来矫正这种恐慌。

20世纪五六十年代到20世纪末，针对机械化和自动化发展带来的人被机器取代及失业的普遍性恐慌，国际劳工组织分别于1957年、1972年和1996年发出了三份报告，否定了当时流行的悲观情绪。

1957年国际劳工组织的报告指出："过去的经验没有理由认为技术创新导致全球就业量下降。相反，它表明，这些创新虽然可能会导致部分就业领域的下滑，但从长期来看，却导致其他领域的就业增长。"1972年的国际劳工大会，则否定了"自动化恐慌"的悲观论据，加强了技术进步对就业市场正面影响的结论。到20世纪末，国际劳工组织发布《世界就业报告》，指出全球就业总量的绝对数和相对数均有所增长，并不支持对大规模技术失业的恐惧。

但即使有各种权威的数据来阐明技术进步带来的正面效应大于它的社会后果，对机器带来的新型生产关系的破坏性的恐惧依然是社会中潜在的暗流。一旦新的技术浪潮涟漪泛起，这种恐惧总能随时被诱发。

20世纪90年代后，计算机技术高速发展，数字革命带来了机器计算能力的指数级增长。各类人机对战成了商业公司展示自身技术实力、宣传企业品牌形象和教育公众的绝佳契机。通过这些超级事件，新技术的应用场景得以在更大范围的公众中普及。

1997 年 5 月 IBM 开发的超级电脑"深蓝"击败国际象棋世界冠军卡斯帕罗夫，在此之前，1996 年 2 月"深蓝"首次挑战国际象棋世界冠军卡斯巴罗夫，曾以 2：4 落败。经过改良后的超级电脑战胜了人类的顶级玩家，这推高了上世纪末对硅谷赛博神话的信仰热潮。此后各种各样的体育项目和竞技比赛都能看到机器人挑战人类世界级选手的身影。

2014 年，曾在 2002 年和 2005 年夺得世乒赛冠军的德国选手蒂莫·波尔与当时世界最快的机器人乒乓球选手库卡公司旗下的 KUKA KR AGILUS 进行了一场表演赛，蒂莫·波尔以 11：9 的比分击败了机器人。2015 年，日本公司欧姆龙推出了运动机器人 FORPHEUS，FORPHEUS 也能像人类一样打乒乓球，它部署的摄像头能以每秒约 80 次监控对手的位置和球的运动，利用人工智能技术预测球的轨迹并重新射击。机器人 FORPHEUS 的表现优于许多职业乒乓球运动员，但未达到世界冠军的技术水平。

人机大战的巅峰当属谷歌开发的人工智能 Alpha Go 与世界级围棋高手的对弈。在人类发明的大量智力游戏里棋类游戏的复杂度最高，而围棋又因其极端复杂多变被视作"人类智慧最后高地"。"深蓝"战胜卡斯帕罗夫，主要靠强大的计算能力"暴力穷举"，这在围棋中不可能做到。因而，围棋就成为人工智能科学家试图挑战的高峰，也成为检验人工智能的最好试金石。

2016—2017 年，Alpha Go 先后与世界顶级棋手李世石、柯洁对战，人类棋手一一落败，深度学习算法和人工智能的能力一夜之间家喻户晓，Alpha Go 也成为第一个战胜围棋世界冠军的人工智能机器人。

这些人机大战验证了机器智能的能力，也催生了新的恐慌与追问。一个经典的比喻经常会被拿来类比人工智能的发展速度——人工智能就像一列火车，它临近时你听到了轰隆隆的声音，你在不断期待着它的到来。它终于到了，一闪而过，随后便远远地把你抛在身后。

在这场大战的前一年，一批企业领导人和科学家就发表了"公开信"，阐述了为什么控制人工智能有可能是 21 世纪最紧迫的任务。联合署名的包括特斯拉创始人马斯克、当时在世的科学家霍金和微软公司的创始人比尔·盖茨等名人。公开信中说："我们研发的人工智能系统必须做我们希望它们做的事情。很多经济学家和计算机学家认为非常有必要进行研究，确定如何让人工智能所能带来的经济效益实现最大化的同时减少负面影响，例如加剧不公平和失业。"

知识界和观察家们对极速发展的技术侵蚀人类生存空间的恐惧和对人的主体性丧失的疑虑还有一些量化的数据支撑，2013 年的一份报告就用数据展示了这种焦虑。

英国两名研究者 MichaelOsborne 和 CarlFrey 发布了一份名为"就业的未来：工作机会对计算机化的影响程度"的报告，其中分析了 365 种职业在未来的"被淘汰概率"。根据这份报告，会计、银行职员、政府职员等传统观念里看起来颇为稳定的职业是最容易被机器取代的职业，概率分别是 96.8%、97.6%、96.8%。而诸如具有创造力以及需要与人沟通的职业如艺术家、心理医生和老师则更为安全，被取代的概率分别仅有 3.8%、0.7% 和 0.4%。

这项研究的方法论后来被美国总统奥巴马的经济顾问委员会、英国银行、世界银行等多个组织和机构的风险预测工具所采用——政府首脑、国际组织抑或大众传媒都对数字技术与就业市场的关联保持高度关注。

这意味着，人们关注技术的效率和进步性，但这些技术带来的社会、制度、法律层面的后果也越来越被纳入考量之中，其中最突出的当属劳动力市场变迁、就业和职业发展等与普通人社会福祉密切相关的关键词。而回顾这些当下探讨人机关系与技术后果绕不过去的主题时，百年前的科幻作品《罗素姆全能机器人》里的台词仿佛谶言，有了更为现实的意义。

消除不确定性：从经验到数据

消除不确定性是分工的终极要义，数据和技术在各种层面加速和深化了这一进程。但工业生产和社会生活进程里的人是否只应被视作"不确定性"呢？

1776 年，亚当·斯密在《国富论》中指出，劳动分工带来了进步，极大地提高了生产力。以生产大头针为例，一个普通的大头针这样简单的商品，也涉及大量不同的劳动过程，将这些劳动过程分解为不同的独立任务，能带来效率的提升，从而给企业带来更大的利润。

将制造过程分解成许多单一工作步骤是工业化生产的核心要素，亚当·斯密在《国富论》中揭示的资本主义市场经济这一内生逻辑在几十年后被另一个英国人所继承。

1833 年英国数学家查尔斯·巴贝奇发表了一本著作《在机械制造和生产中的经济学》，他继续阐述劳动分工对资本积累的价值。巴贝奇认为，将对工作的执行分解为不同的过程，这些过程要求不同的技能，企业主可以更精确地根据特定的流程来匹配工资率，绝不支付超过必要的部分。

这位数学家与今天的数字时代更隐秘的关联来自他所改良的"差分机"。这是维多利亚时代的"计算机"，能提高乘法速度和改进对数表等数学制表的运算精确度。巴贝奇尝试制造自动计算的机器，将从计算到印刷的过程全部自动化，这样就可以避免人为误差。

巴贝奇的计算机在他的时代从未实现，但是在他的《在机械制造和生产中的经济学》里对分工的理念却在此后的资本主义经济发展中被演绎得淋漓尽致。某种程度上，巴贝奇的两大成果在内核上是共通的。正是将生产过程拆解为单个的劳动行为，整个生产流程才有可能升级为更精确、更自动的"计算机"式的流程。

这也是工业革命以来生产流程的每一个环节正在发生的现实。

福特的流水线正是以这样的逻辑运转起来的——福特汽车公司的管理者把流水线上的所有操作细分为时间均等的若干项工作，这些操作里有大量环节不需要严格培训，任何一个新手都能在最短时间里掌握。这样，从前一项只能由具备若干年经验、身体强壮的男性熟手主导的工作可以交由几个没有经验、身体条件一般的普通工人完成。

得益于分工的存在，其中的一些环节还可以通过机械化手段解决。这也是亚当·斯密的观点，他认为由于个体的注意力被集中在单一事物之上，反复进行某一项简单的操作，会让工人发明对自身更加有利的操作工具。

通过分工，工业流程里的作业变成了手工行为和机器动作的结合。从经济成本考量，当人工的成本低于自动化的成本时，该环节的劳动依然由人工来完成。但在那些资金投入不多就可以自动化的劳动环节，"机械对人力的替代"自然而然地发生了。

这是一个惊心动魄却又悄无声息的过程。以工业革命开始的行业棉纺织业为例，在纱厂里曾有一种工作——接线工，美国学者皮厄特拉·里佛利观察过这个工种逐渐消失的过程。差不多百年以前的欧洲，在纱厂里从事接线工的是儿童。他们在纱锭之间来回跑动，寻找断了的纱线，这些孩子发现了一根断线就爬上机器将断线接上，然后继续寻找下一根需要被接上的断线。随着工业革命的蔓延，在上世纪上半叶上海的纺织厂里，女工们穿梭在纱锭之间做着同样的工作。

之后，棉纺厂增加了新的设备——会闪烁的红色信号灯以及装有滑轮的椅子。这些设备使得棉纺厂的工作环境发生了很大变化，接线工也成为历史。机器设备取代了人，这些设备知道哪个地方的线断了，也知道怎么去把它接上。逐渐，服装生产环节里需要耗费专门的人力、危险性又颇高的一个部分就此消失了。

在对更低成本与更高利润的追逐中，20 世纪的工业生产技术步步提升，人在工厂里的角色逐渐演变，越来越多的生产步骤由机器完成。

数字时代的自动化正以更为隐蔽的逻辑展开。当下，我们生活在一个被算法和数字技术所笼罩的时代，智能设备越来越多地渗透进人类的日常活动并参与人们的判断与决策。算法带来的自动化被嵌入无形的软件操作之中，很难被人察觉。

两名英国研究者 Michael Osborne 和 CarlFrey 发布的《就业的未来：工作机会对计算机化的影响程度》报告里，灵活性、独创性、专业性成了考量职业不可替代性的重要指标。那些容易被取代的工种正是更加机械化、结构性的工作，而更为原创、感性与创造性的工作可替代性较低。

但另一方面，计算机也在尝试着完成那些看上去更为感性的行为，比如创作。2017 年微软的人工智能"小冰"已经在用中文写诗，并且出版了诗集《阳光失了玻璃窗》，英伟达的图片软件GauGAN 能自动创作画作。一座座曾经专属于人类认知行为能力的高峰现在插满了人工智能和数字技术的旗子。

那些被认为很难被自动化的工作也正在通过各类算法和数字手段转换成数据处理技术，这些数据处理技术将工厂里的工作分解为越来越细小的认知组块，其中的认知组块要么被外包给网络化的个体微型劳动者，要么完全被自动化，彻底由机器接管。

此前有财经媒体报道过，SHEIN 在设计环节的生产模式类似于工业化流水线。该公司设计了一个为设计师提供的 IT 系统，具备情报收集和设计辅助功能。通过这个功能，SHEIN 设计师的设计工作被 SaaS 化，从而降低了对设计师创意能力的需求。这使得这家公司的设计师从业人员只需要具备设计基本功，就能设计出符合时尚潮流的产品。

在 SHEIN 的做法之外，服装行业里还有一些平台通过对全网流行趋势的捕捉，直接运用算法生成符合大众审美的款式，给商家提供款式层面的建议。在这个场景中，算法直接取代了设计师的动作。尽管这种 AI 自动生成款式的行为在整个服装行业的设计动作里占比极低，但它的确已经成为现实。

这正是利用数字技术和软件将难以结构化的创意、经验等因子，变成结构化的数据与知识的过程。这个过程可能并不只是发生在服装行业的设计环节，也是整个生产车间里的倾向。

例如在酒厂里，算法公司与酒厂合作，从前全凭老师傅的经验来判断如何酿成一款风味啤酒的口味——通过实践换来的经验，熟谙时间、温度和湿度等组合后的魔法。现在这些判断从只有上帝知道的魔法被解构成了模型。通过人工智能完成了对所有经验的量化，影响啤酒口感的因子变成（或努力将其变成）数字的加减乘除和剂量精确的化学反应。在钢铁厂的脱硫步骤，在水泥厂的送料环节，在酒厂的酿造间，老师傅经过几十年积累掌握的经验都在一步步地变成结构化的数据。这些工业生产中最强调创造力的环节，数字技术取得的进展可能超乎大多数人的想象。

英国学者休·劳德和菲利普·布朗将这种情况总结为"数字泰勒主义"，他们认为这个过程本质是"通过知识的提取、编码和数字化，将知识工作转化为工作知识，并将其转化为软件指令，这些指令可以被其他人传输和操纵，而不受地点的限制"。而它带来的后果则是，未来生产率的提高将降低大多数经理和专业人士的自主性和判断力。最终思考的许可会被授予一小部分负责推动业务向前发展的员工。

这些变化与福特流水线上的变革逻辑并无二致。

它涉及以下步骤：将工作环节细化成若干个标准化的流程，以降低对技术人员经验的依赖——在细化后的流程的每一个环节寻找优化可能性——发明可以提高某个环节效率的工具——当某个环节使用某种技术或工具的成本低于以人力完成工序的成本时，机器就成功地替代了人。这些步骤一遍遍重复后，生产环节里的不确定性得以被降到最低，人的经验和人的操作带来的不可控因子被一一摒除。

技术消除了不确定性，企业从中获得更高利润，而人从某些环节被彻底替换出来。但人是否只应当被视作"不确定性"呢？这场替换的终点又在哪里？

谁来监督算法和数据使用

当普通用户越来越难获知算法黑匣子的运转逻辑，也难以掌握数据的所有权及被合法合规地应用时，一个问题呼之欲出：谁来监督算法和数据使用？这是社会治理领域的新问题，一些国家和地区如英国、欧盟等在做出各种探索。一个有意思的问题是，为什么是英国第一个提出监管算法？

2020年9月，《人物》杂志刊发了一篇名为"外卖骑手，困在系统里"的文章，在中文互联网世界掀起轩然大波。作者通过大量的外卖骑手案例讲述了一个现象：随着外卖平台的后台算法的发展变化，外卖骑手被迫为满足算法设置的"快速""准时"等目标而疲于奔命。算法指标极大损害了骑手的身心健康，让外卖骑手陷入了逃不开的牢笼中。

在今天的时代里，算法和技术大多数时候是以便利性和高效率的面孔示人，外卖骑手被算法系统所困的故事如同尖锐的杂音，刺耳却令人无法忽视。这篇文章展示了技术和算法晦暗的一面，也提出了一个追问——随着算法在社会经济中的广泛应用，算法如何向公众负责？这是一个新的公共议题，也随着数字经济逐渐展开，越来越难以回避。事实上，这也是一个全球性的话题。在全世界，关于如何监督和管理算法，如何认定算法的责任主体，都引发过学术界和法律层面的激烈讨论。

学者安德里亚斯·马蒂亚斯（Andreas Matthias）认为，算法的自动性让社会正在遭遇责任鸿沟的境况。安德里亚斯称，传统上，机器的制造商 / 操作者（在道德上和法律上）要对其操作的后果负责。基于神经网络、遗传算法和代理体系结构的自主学习机器创造了一种新的情况，即机器的制造商 / 操作员原则上不再能够预测未来的机器行为。自动化算法、训练数据和系统环境的结合共同成为行为的使动者，因此不能在道德上对行为负责或承担责任。社会必须在不再使用这种机器（这不是一个现实的选择）和面临责任鸿沟之间做出选择，这是传统的责任归属概念无法弥合的。

学者汪庆华则将这类情况称为算法的归责性困境。他认为，算法能够自主地调整操作参数和规则，这种调整被比喻为"黑箱操作"，由此也就将不确定性引入了决策过程，从而对算法的可控性提出挑战。由于算法决策过程的中间环节过多，就现有技术水平而言，确定某一具体操作失误究竟是编程错误、系统故障或偏见影响往往非常困难。这意味着确认算法活动的影响或溯因变得困难，因而准确定位导致行为后果的直接责任主体更是难上加难。

在外卖平台里，算法由工程师写代码完成，每个工程师只负责优化其中的一小部分，最终它构成了一个巨大的追逐速度和运力的机器。对于这些外卖骑手而言，他们感受不到写代码的工程师的存在，他们也不知道是谁设定了算法的规则。大多数时候他们的意愿无法影响这个算法系统，他们也无力反抗算法系统的不合理安排，只能被动地卷入对速度的无止境追逐之中。

而外卖骑手的困境可能只是零工经济和数字平台归责困境中的冰山一角。2020年10月，四名Uber司机在荷兰对Uber提起诉讼，指控它在解雇涉嫌欺诈行为的司机时过于依赖机器学习算法。司机们称自己规范经营，却"被人工智能解雇"，因而Uber违反了《通用数据保护条例》（GDPR）第22条，该条款明确禁止数字平台仅通过自动化处理做出任何对数据主体具有法律或其他重大影响的决定。

这个案例受到了科技媒体广泛的关注。由于这是2018年欧盟公布《通用数据保护条例》后的首个相关案例，媒体认为它可能将检验如何把欧洲的现行立法适用于监管人工智能。

Uber的案例属于商业公司的算法失误殃及了平台上的参与主体。在诉讼过程中，数据透明和算法透明成了司机们主张权利的重要依据，他们认为，潜在的受害方是数百万在平台经济中工作的人，平台对自动化决策的滥用将不利于保护这数百万依托于数字打车平台生存的群体的利益。

如果这些失误的算法被政府部门和福利机构用于公共福利及政策决策时会怎样呢？它可能带来更为严重且更广泛的后果。在美国，算法在政府自动化决策中的系统性失误引发过危机，无辜弱势群体遭受损失，开发算法程序的主体也因此惹上了官司。

2019 年，几名美国密歇根居民状告密歇根州失业保险机构使用算法造成了虚假的欺诈指控。这些居民称，有缺陷的自动化系统被应用到社会福利机构和公共政策领域带来了灾难性的后果，许多弱势群体本应受到福利机构的帮助，却因为算法缺陷反而遭受重罚。

居民们状告的是此前几年密歇根州与私营技术供应商签订合同共同创建和运营的一个名为"密歇根州综合数据自动化"的系统。该系统被失业保险管理机构用于确定居民的失业资格，追踪案件档案，检测其中的欺诈行为，并做出指控和惩罚等。被这个系统认定进行了欺诈领取失业救济金的用户，必须返还最初领取的失业金，还有四倍的罚款和利息。重罚行为是通过强制扣留工资以及截留所得税退税的方式来实行的。

在实行过程中，这个系统带来了一系列的问题，罚款行为的告知和透明性极差。许多人没有察觉到自己被认定为欺诈行为，直到退税时才发现自己已经被罚了巨款。还有人因为严厉的处罚而破产，一些家庭的生活从此陷入了彻底的困境。后来，经过审计，美国密歇根州失业保险机构承认这种自动化决策是在没有人工监督的情况下运行的。因此带来了系统性的侵害，至少有 2 万密歇根居民被错误地指控欺诈，错误率高达 93%。

美国学术界和司法界也对这一案例颇为关注，人们认为，这些系统通常是受保护的"黑匣子"，公众并不知道它们是如何工作的。由于系统的错误，反而给公众带来了系统性侵害。各国政府在签署合同之前应该对软件进行更多的审查，从而避免美国密歇根州这样的前车之鉴。甚至有学者评论称："为了支持软件和自动化，人们抛弃了专业知识和灵活性……在某种程度上，这开始削弱行政国家的正当性。"

正如上述案例所显示的那样，针对算法及数据的开发运营的监管已经成了社会层面必须正视的话题。随着数字经济的发展，许多数字平台已事实上成为数字性的基础设施，这些平台算法和系统代码做出一些细微的调整，使用平台的消费者或者依托于平台生存的个人及相关企业可能都会蒙受损失。平台的算法关乎普通个体消费者的利益和使用体验，也可能影响具体行业及产业公平竞争的环境。

算法的复杂性还在于，它贯穿互联网产品开发和运营的始终，却又很难被现有的企业内的安全生产流程及已有的法律法规监督。往往只有在事情发生、侵害完成之后，各类主体才能做出反应和补救。

英国竞争与市场管理局2021年1月发布的一份报告也指出，算法在某些领域的使用会减少竞争并危害消费者。算法系统是复杂的，特别是那些涉及机器学习算法的系统，它们的行为和危害可能并不完全在开发人员和公司的预料之中。随着算法系统的复杂化，它们的透明度往往越来越低，以至于识别它们何时造成危害也越来越具有挑战性。这个报告认为，企业应当负有保留解释其算法系统的记录的责任，包括确保复杂算法的可解释性的责任。公司应该准备好对算法的结果负责，特别是当它们会导致反竞争效果时（或其他非法或不道德的结果）。

除了算法的透明性和可监管问题，数据的归属和使用也经常引发争议。2021年4月一名女车主大闹上海车展的特斯拉展台维权，称特斯拉车辆的刹车失灵，要求该公司给出回应。之后双方开始了漫长的撕扯拉锯。

在这个案例里，特斯拉作为电动智能汽车的标杆企业，它提供的产品的主打功能就是人工智能可以辅助驾驶，帮助用户决策。作为一种新型出行工具，收集用户数据和环境信息是这家公司完善和实现产品功能的唯一选择。在回应质疑和举证过程中，特斯拉公开了一些用户行车的数据信息。但很快它就被质疑裁剪和修改数据，也被质疑侵犯用户个人隐私。

这是一场数字时代的战争。车企和车主间的大战，双方最后攻防本质围绕着数据的使用和归属规范展开。几个月的撕扯拉锯后，社会并没有因为这场大战形成平台和用户数据使用层面的统一规则性认知。可以想见，这场战争只是暂时熄火，它不会只发生一次。未来的某一个时刻，另一家车企与用户间随时会重燃战火。

这些数字时代里的新问题，是数字技术带来的新挑战。一次又一次的口水战，一个又一个诉讼和判例，体现了个体、商业组织试图厘清新疆域边界的努力。

　　政府的行动已经开始。为了规范此类行为，降低数字平台对消费者和个体层面的侵害，许多国家设立了专门的机构，颁布了新的法规来保障个体在数字时代的隐私和权益。2018 年欧盟颁布《通用数据保护条例》（GDPR）对个人数据的处理原则做出了界定，要求遵循"合法公平透明""目的限制""数据最小化""准确性""储存限额""完整性和机密性"等原则。

　　针对这一法规，商业公司为了规避风险开始设置了一些类似首席隐私官的职位。Uber 就在 2018 年设置了首席隐私官角色，用来加强其隐私标准和数据保护。在这个职位下还有数据保护官人选，确保 Uber 业务能够遵守欧盟的隐私法案。这可以被视作经常受困于数据和隐私话题的平台企业的自保之举。

　　国内针对个人信息的保护也开始加强。2021 年 11 月 1 日，《中华人民共和国个人信息保护法》正式实施。法律规定，任何组织、个人不得非法收集、使用、加工、传输他人个人信息，不得非法买卖、提供或者公开他人个人信息。这部法律实施后，监管部门加大了对各家企业的用户数据合规监管，一些企业的 APP 还出现过暂停版本更新的情况。

　　针对算法的监管之路显得更为艰难。学者汪庆华认为，在算法引发的偏见、歧视和支配的讨论中，平等保护、正当程序和反不正当竞争机制将发挥重要的作用。作为算法规制的一般化原则，算法透明是实现算法问责的重要机制。

　　一些国家已经开始尝试从监管层面来推动算法透明，行动最快的国家是诞生了亚当·斯密和凯恩斯的英国。2020 年时，英国竞争与市场管理局开始成立一个专门的数据、技术和分析部门（DaTA）来了解企业如何使用数据；企业的机器学习和人工智能算法在做什么，这些算法会带来什么后果；并最终得出监管当局需要采取什么行动。

　　进入 2021 年，英国竞争与市场管理局又发布了一份强调算法应被纳入监管的报告。在该报告中，英国竞争与市场管理局指出，需要用适当的方法对算法系统进行监管，识别出可能存在问题的系统，通过制定诸如道德要求、指南、工具以及原则等标准的方式，促进算法系统更完善的问责制的形成。

　　这份报告提供了两种方法来监管算法，分别是在不访问公司数据和算法的情况下可以使用的技术，以及需要公司提供信息的调查技术。但它也指出，审核的成功与否很大程度上取决于公司是否愿意协作、共享信息并减少访问代码和数据时的摩擦。因此，监管机构对算法进行有效审核的能力，很大程度依赖于为公司积极投入审核而采取的适当激励措施（例如通过相关立法或软实力），以及有效的正式信息收集权的存在。

　　除了规范商业公司的算法合规性，英国政府还提出要提高政府内部对算法使用的透明度。2021 年 11 月 29 日，英国政府的另一个机构中央数字办公室（CDDO）发布了算法透明度标准，提高政府使用算法工具的透明性，确保算法决策的问责制和公众监督。算法透明度标准涵盖透明度数据标准、透明度模板和行动指南等，要求政府机构在使用 AI 算法时需要公布足够的信息，包括对算法工具的简短描述，如何、为什么使用它以及算法如何工作。

"看门人平台的市场地位是巨大的，而且似乎是持久的。因此，算法系统的无意损害可能对其他依赖看门人平台的公司产生巨大影响。如果算法系统不能保持可解释性和透明性，那么监管机构也可能越来越难以挑战无效的措施来对抗危害。"这句引用自英国竞争与市场管理局报告的话展示了英国监管算法的决心。

这也是一个新的动向和信号，它意味着，除了互联网和大数据的使用被套上了保护个人隐私的枷锁，支撑数字巨头技术想象力的算法系统也将被套上枷锁。权利和责任总是对应的。

高技能效应与低技能效应：创造还是破坏？

技术发展带来的生产关系调整作用于就业市场，产生的"余波"并非同质，不同行业、不同国家的劳动者对它的感知可能也完全不一样。它制造一批得利者，也把很多人抛出时代轨道，成了失意者。

加拿大学者尼克·迪尔－维斯福特统计过，近几十年来全球工业就业总体份额相对稳定。从 1970 年到 2011 年，制造业总产值增加了两倍多，尽管大量制造业工作已经从欧洲和北美转移到海外，但大量的工业和其他传统的工人劳动依然存在。

在一些国家，企业家们并没有选择进行自动化改造，而是直接将工厂的生产线搬迁到低工资的国家。以美国为例，大型企业出于对利润的追逐选择将制造环节转移，离岸制造盛行。1982年5月底《纽约时报》在一篇报道中称，在此之前十年里美国经济的一大重要变化是，服务业就业岗位大幅增加，而制造业岗位锐减。

也有国家伴随着技术进步对整体工业进行了自动化改造，在这些地方工厂的生产线并没有大规模搬迁到相对低工资的国家。例如，德国的制造业选择了自动化，德国机器人使用率高于美国，其制造业就业岗位流失程度远低于美国，也没有出现产业空心化。

学者尼克·迪尔－维斯福特将这个过程视作工业工作在全球范围内进行重组，从资本主义制度的前核心向曾经的边缘转移。1970年到2008年，在被认为是工业国家的地区，工业工作下降了大约1/3，但在东亚地区，特别是在中国，工业工作却在稳步增长。正是在这样的背景下，东亚一些国家和地区凭借着廉价的劳动力资源，承接产业转移，实现了工业起飞。

亚洲的日本和韩国是尼克·迪尔－维斯福特统计中的例外，这些东亚国家里工业工作并没有出现稳步增长。而出现例外的原因在于，日本是老牌资本主义国家，韩国在上世纪七八十年代实现了工业化。根据世界银行2013年的数据，这些国家上世纪90

年代初制造业在就业和 GDP 中所占比重下降。这种结构出现一方面是因为数字供应链的灵活，另一方面是因为自动化的新强度。尼克·迪尔－维斯福特认为，如果工人组织对工资施加上行压力，资本就可以购买自动化强度，使其发挥作用。

日本和韩国以及德国的案例表明，自动化和机器替人对生产资本的意义在于，在不出现大规模产业转移的情况下，它可以减缓企业因劳动力价格上涨及福祉提升带来的成本上升，巩固企业的利润空间。

而对劳动者个体而言，技术升级产生了两种可能的结果。一是，从业者们有能力或者通过培训得到了获取更高级劳动技能的机会；二是，工人可能不得不从事报酬更差的低级劳动，否则就会失去工作机会。学者米夏埃尔·德克尔认为，这是两种截然不同的效应。在一些时候，它造成了低技能效应，生产过程只有其中的一部分必须交由人工来完成，对复杂技能的需求减少了，对简单劳动的需求增加了。另外，新的工作类型诞生了，比如对技术要求更高的对机器人动作的监控任务增加了，这可能形成高技能效应，即技术进步造就了更多高级的劳动机会。

北京师范大学统计学院教授李昕则把技术进步对经济增长的动态影响机制概括为，对现有工作的破坏与创造，对现有工作岗位的调整以及对现有工作方式的重新组织。这种动态调整过程里占主导地位的是创造性还是破坏性，学界的态度并不一致。乐观者如诺贝尔经济学奖得主 Robert Solow 曾指出，美国 20 世纪上半叶的高速增长,80% 应归功于技术进步的贡献。这意味着米夏埃尔·德克尔提及的高技能效应占据了上风,社会福祉有了整体性提升。

悲观者如上世纪 30 年代的凯恩斯。他将由于技术进步导致的失业称为"新疾病",这个称呼里的负面意味浓厚。技术进步通常始于"节省劳动力"的效率增长,而一旦节约使用劳动力的技术进步超出了其能带来新就业的速度,就会产生"技术失业"。这也是新技术展示出更大的破坏性力量的时刻。

无论是悲观者还是乐观者,都能从不同角度找到支撑自己观点的论证。更为理性的判断可能是,评估技术的动态变动对经济和劳动就业带来的影响是需要长周期的观察的,且需要分行业按国别进行具体分析。

回到当下的数字革命,这是一场正在发生的剧烈变革,生产力作用于生产关系,带来的剧烈波动无论是创造性还是破坏性都必将更为惊人。

世界经济论坛的创始人兼执行主席克劳斯·施瓦布将当下的数字革命视作第四次工业革命,他认为与以往历次工业革命相比,第四次工业革命是以指数级而非线性速度展开的。它以一系列正在融合物理、数字和生物世界的新技术为主要特征。由于其变革的速度和广度,新技术明显将会大大改变各行各业的工作本质。

麦肯锡全球研究院 2021 年初的一份报告印证了这场数字革命对职业和劳动力市场的巨大震荡,其中中国是职业和劳动变化的最前沿。麦肯锡全球研究院预估，到 2030 年，全球可能有超过 1/3 的职业和技能变更将发生在中国。多达 2.2 亿中国劳动者（占劳动力队伍的 30%）可能因自动化技术的影响而变更职业。根据其模型，中国职业变更的份额大约占到全球的 36%。在中等自动化情景下，到 2030 年，约有 5160 亿工时或将因技能需求变化而需要重新部署。

华中科技大学经济学院韩民春、韩青江、夏蕾则利用 2013—2017 年中国 286 个地级市的面板数据，实证研究考察了工业机器人应用对中国制造业就业的影响。他们的数据发现，工业机器人渗透度提升 1 单位将导致制造业就业总量下降 3.35 个百分点。针对影响制造业就业结构的实证研究发现，工业机器人应用对制造业细分行业、低技能劳动者和男女劳动者就业均存在普遍的负影响。当然，华中科技大学这个研究团队也没有得出完全悲观的结论，因为他们发现工业机器人替代不是导致制造业就业下降的根本原因，而是对制造业就业岗位的补充与延伸。

剧变来临，即使在工业制造领域，不同属性的企业所遭受的冲击也并不一致。中山大学政治与公共事务管理学院吕博艺教授发现，在一些国有企业主导的产业，如汽车行业，很多工厂由于已经实现高度自动化，在这些产业里逐步引进数字技术，对工作带来的冲击相对较小。而对于拥有大量低工资劳动力的中国私有企业及跨国公司来说，从劳动密集型生产到自动化生产转型所造成的影响要强烈许多。至于在中小型企业，数字化带来的职位削减情况将会最严重，在这些地方，相对简单的自动化设备能够替代大量半熟练及低技能工人。

技术进步带来的生产关系调整并非只有破坏性的一面。正如学者米夏埃尔·德克尔提及的高技能效应和低技能效应在同时发生，一些工作岗位被替代了，技术倡导者们往往指出这些消失的工种与危险、劳累和重负荷密切相关。与此同时，一些新的工作类型则增加了，例如机器的研发与设计、建造和维护，各类数字基础设施的运维，以及新型数字基础设施与旧有的基础设施融合时促进的就业等。

麦肯锡的报告提及，中国发生的工作变动中，从工作性质来区分，体力和人工操作技能以及基础认知技能的需求将分别下降18% 和 11%，但社会和情感沟通技能以及技术技能需求则会分别增加 18% 和 51%。

2018 年，普华永道的一份报告数据显示，人工智能及相关技术在未来 20 年将取代 26% 的工作岗位，高于对英国 20% 的预估。虽然如此，人工智能及相关技术也能通过提升生产率和实际收入水平在中国创造大量新的工作机会。根据其估计，人工智能对中国就业的净影响可能将创造 12% 的净增岗位，相当于未来 20 年内增加 9000 万个就业岗位。

此外，在数字革命到来之前就已发生的全球范围内的工业岗位重组与转移的趋势可能会延续。学者休·劳德和菲利普·布朗认为，数字化降低了制造过程专业工序技术成本，弱化了发达国家技术比较优势，随着发展中国家高技能、低收入工人数量的不断增加，高技术含量生产过程不断从发达国家向发展中国家转移。即便是复杂的服务任务，如今也可通过数字化实现向发展中国家的外包。

而对于目前仍是世界制造业重镇的中国，许多人担忧随着国内劳动力价格的上涨，从其他国家转移而来的劳动密集型产业的就业机会会转移出去。如果叠加数字革命带来的生产过程继续离散化趋势，休·劳德和菲利普·布朗提及的被分解外包的工作是否包含了中国的工作机会呢？

2020 年 3 月，学者 Brahima Coulibaly 和 Karim Foda 在美国布鲁金斯学会官网的刊文提及，技术提高了制造业中心的劳动生产率，并很大程度上抵消了工资上涨。它降低了资本成本并减缓了将生产转移到低薪国家的需求。随着制造任务自动化的提升，加之自身劳动力成本的上涨，世界上最大的制造中心中国向其他经济体削减低技能任务的预期可能不会发生。

麦肯锡一份针对全球贸易的报告支持这一判断。它认为，一些价值链当中，基于劳动成本套利的贸易份额一直在下滑，尤其是劳动密集型商品的生产（从 2005 年的 55% 下滑到 2017 年的 43%）。未来自动化和人工智能技术很可能会将劳动密集型制造变为资本密集型制造。

技术发展带来生产关系的调整，剧变已经开始。无论是国家还是个体，在变动的格局中都面临巨大的不确定性。替代和共存在同时发生，对于每一个个体而言，这可能意味着一个终身学习时代的到来。

逃离工厂的年轻人

中国的年轻人似乎在远离工厂，社会舆论纷纷呼吁年轻人不要送外卖，要进工厂。但这种呼吁是解决问题的办法吗？问题的症结在哪里？

2021年4月，国家统计局发布的《2020年农民工监测调查报告》披露了几组数字。

2020年全国农民工总量28560万人，比上年减少517万人。50岁以上农民工在农民工整体占比中快速提升。农民工平均年龄为41.4岁，比上年提高0.6岁。从年龄结构看，40岁及以下农民工所占比重为49.4%，比上年下降1.2个百分点；50岁以上农民工所占比重为26.4%，比上年提高1.8个百分点，占比继续提高。另外，从事第二产业的农民工比重为48.1%，比上年下降0.5个百分点。其中，从事制造业的农民工比重为27.3%，比上年下降0.1个百分点。

农民工群体的样本意义在于，近3亿农民工是中国产业工人的主体，是国家现代化建设的重要力量。农民工监测调查报告每年都会发布，这组趋势并不是2020年独有的现象，而是此前若干年境况的延续，观察它的数据变动明显能够看到中国就业市场的一些长期趋势。

农民工群体在变老。2008 年时 50 岁以上农民工占比为 11.4%，自 2013 年以来，以每年以 1~2 个百分点的速度快速提升，在 2017 年首度超过 20%，到 2020 年这一比例已经上涨了超过 1 倍，达到 26.4%。

制造业从业者占比下降。2009 年时，在外出农民工中，从事制造业的农民工所占比重最大，占 39.1%，建筑业占 17.3%，服务业占 11.8%，住宿餐饮业和批发零售业各占 7.8%，交通运输、仓储和邮政业占 5.9%。到 2020 年，从事制造业的农民工比例已经变成 27.3%。

上述趋势叠加可以发现，从事制造业的农民工在农民工群体中占比下降，现有的农民工群体还在变老，这意味着制造业对年轻一代的吸引力在下降。

如果把技术变革视作一个变量，在轰轰烈烈的数字化转型趋势之外，中国的中小制造业企业还在遭遇其他变局——制造业就业占比缓慢下降和年轻人择业远离制造业等趋势同时在工厂上演。

由于产业工人是工厂里的数字革命最直接的影响对象，也是中国智造得以实现的根基，我们必须从劳动力资源层面来审视制造业里的变化，这是中国制造的产业升级之路必须面对的复杂环境，也是工厂数字革命不得不面对的现实。

最核心的问题当然是如何定义新一代产业工人。新一代产业工人是谁？他们从哪里来？他们的技能是否已经准备好应对职业的变化？他们会有怎样的职业未来？找到这些问题的答案，技术变革带来的破坏性影响才有可能降低，社会才有可能更从容面对这场数字革命。

2018 年 1 月发布的《中国职工状况研究报告（2017）》指出，自 2011 年以来，中国 15 岁至 59 岁的劳动年龄人口逐年下降，部分地区和行业用工短缺，用工成本上升，一些企业还没有做好应对劳动力市场变化的这种新常态的准备。所谓的新常态，就是企业主一边要应付用工成本上涨，同时还有可能找不到年轻的劳动力。

人力资本数据中心中智咨询的《2020 年一线蓝领用工荒情况调研报告》显示，66% 的企业在调查中表示近期遭遇过用工荒，其中技术蓝领和普通操作工的缺口都在 55% 以上。而造成蓝领用工荒的原因中有九成因素被认为是年轻人从事一线蓝领工作的意愿低造成的。年轻人不愿意进入制造业工厂成了企业和地方政府必须面对的真问题。

我们的田野调研结果也证实了这个数据。为了了解数字革命下的产业工人现状，我们前往中部某省份的人口输出大县走访了大量的一线产业工人。从该县的人力资源部门得到的数据，该县有几十万农民工群体从事制造行业，长三角、珠三角和东南沿海等地的工厂是他们每年如同候鸟般迁徙的目的地。制造业和建筑业曾经是该县外出劳动力的最主要就业领域，近年来，制造业行业就业人口呈明显减少趋势。相比而言，服务业特别是互联网带来的新型服务业如快递员、外卖骑手等成了年轻人更愿意从事的职业。

一名在长三角的纺织化纤厂里工作了近 20 年的"85 后"工人告诉我们，他所在的工厂有 400 名工人，三分之二的工人是他的同乡，工人们年龄段最小的也在 1990 年左右。他们的队伍里已经很难看到更年轻的"95 后""00 后"的身影。"比我们更年轻的一代人，家里的日子过得稍好一点的，都不用来吃工厂里的苦，他们也吃不了工厂的苦。"

"工厂的苦"指向的是制造业的工作环境和工作方式，这也是很多年轻人难以长久在这里坚持的原因。我们深度访谈过的从制造业转向新型服务业的工人里，绝大多数人不适应流水线上的枯燥与重复。一名曾经的制造业工人对我说："流水线上待久了感觉整个人都麻木了，三点一线，不自由，待不下去。"他待的工厂是长三角的小电子厂，工厂对员工的管理方式简单粗暴。他感知不到自身的成长，也看不出职业的长期发展空间，于是在某个春节返乡后再也没有返工。东南沿海的工厂和企业主们最头疼的就是春节返乡后的劳动力流失问题。

"很少有企业去想一个问题，就是你为什么招不到人呢？是不是跟你自身的吸引力、岗位竞争力弱有关系呢？大家以前都习惯了大进大出，需要人的时候就拼命招，不需要人的时候就无情地把工人淘汰掉，根本不关心他们未来的职业发展。对这样的企业，员工当然是没有忠诚度可言的。"《三联生活周刊》报道过产业工人的流失问题，一名人力资源公司的管理者曾这么追问制造业企业主。

由于招工难，一些企业开始应用新型的技术和设备，来减少车间里的劳动力需求。我们调研的长三角化纤厂"85后"工人完整地目睹了工厂里的技术改造升级带来的人力需求变动。最初他所在的工厂里只有两个车间，在非常传统的操作流程下，需要600多名工人。2008年后的欧美金融危机，由于市场萎缩，沿海企业出现了倒闭潮，大量农民工返乡导致企业招工困难。他所在的工厂也从这时起开始了车间的自动化改造，更先进的设备被引进，许多环节不再需要人工完成。

2021年下半年，这家位于杭州萧山的纺织化纤工厂生产线相较于十几年前已经扩大了一倍，但工人数量却只需要300多人，许多工序环节机器自动化设备已取代了人工劳动。我们的调研对象一直在同一个岗位工作，近20年来，这个岗位的工作内容对手工操作的依赖性越来越低，他需要学习和了解的反而更多是机器如何运转运行的知识。

这名长三角产业工人目睹的人力需求变迁展示了产业工人群体在数字化浪潮里的易感性和脆弱性。

麦肯锡的报告也显示，他们是最容易受到自动化数字技术变革影响的群体。就业市场的6类人才类型中，前沿创新者需求增长46%，熟练专业人才需求增长28%，一线服务人员需求增长23%，制造业工人需求减少27%，建筑和农业劳动者需求减少

28%。由于这一群体的技能水平通常较低，获得技能发展的资源和渠道较为有限，因而他们更需要社会的帮助。

很难直接断言制造业工作流动性大、工厂作业环境相对恶劣、技能升级和职业发展受限等因素下导致的制造业用工荒、数字化改造带来的制造业就业变动和产业工人群体在制造业就业的整体占比下降等几大趋势之间的直接因果关联。它们几乎同时发生，有时微妙地存在传导关系，但很难将其中的任一点视作问题的起点。

制造业在经济中的占比下降，就业人数下降，在一些发达国家出现过先例。例如，美国的制造业增加值占 GDP 比重从 1997 年的 16.09% 持续下滑到 2018 年的 11.26%。英国的制造业增加值占 GDP 比重由 1990 年的 16.67% 逐步下滑到 2019 年的 8.59%。

近年来，国内也开始探讨中国是否出现过早开始"去工业化"的问题。1999 年时中国制造业增加值占 GDP 比重均值为 34.27%，处于所有国家的相对前列。到 2012 年一直在 30% 以上占比。自 2012 年以来就进入持续下滑通道，由 2012 年的 31.53% 持续下降到 2019 年的 27.17%，7 年间下降了 4.36 个百分点。从这个意义上看，农民工群体在制造业就业中的占比变化是大的经济周期里各项因子复杂互动的结果。也因此，《中共中央关于制定国民经济和社会发展第十四个五年规划和二〇三五年远景目标的建议》提出，"保持制造业比重基本稳定"。可以想见，这种下降趋势大概率不会再重演。

而从企业层面看，面对同时袭来的几大挑战，大量的中小制造业管理者们可能也需要转换思维。从前由于改革开放后的巨大时代红利，大量小作坊、小工厂几乎不关注管理和工厂的技术投入，用最简单粗暴的方式就能够获得生存空间。现在这些都已经成为过去，中国社会从生产社会向消费社会的转变，产品稀缺性降低，人们的消费方式也在发生变化。企业已经越来越难仅靠人口红利和低价策略在激烈的市场竞争中占据主动。提升管理能力、加大人力资源投入和技术投入都成了大小品牌生存下去的关键。

另外，2021年第七次全国人口普查数据显示，16岁至59岁劳动年龄人口为8.8亿人，与2010年第六次全国人口普查数据相比，我国劳动年龄人口减少了4000多万人。从整个国家层面，人口红利渐隐，企业必须意识到，符合要求的产业工人资源也成为企业必须重视和争取的重要发展资源。

而一旦企业的用工环境存在问题，那些最遭受诟病的环节也是最需要用机器替代的环节。以代工巨头富士康的机器换人举动为例，富士康正是综合权衡用工荒、严峻的工作环境和员工待遇争议及提升劳动生产率等多重因素后开始了改革。2010年富士康发生员工跳楼事件后，富士康开始提出要进行大规模的机器自动化，让机器人代替人工。郭台铭曾在2011年公开表示，富士康要在2014年装配100万台机械臂，在5~10年内完成首批自动化的工厂，这也就是所谓的"百万机器人计划"。2015年，郭台铭在年度大会上宣布富士康要在2020年实现30%自动化，今天这家企业的"黑灯工厂"已经名声在外了。

我们调研中也接触了一些已经意识到调动产业工人积极性的企业。国产卫浴品牌九牧副董事长林四南认为，企业数字化转型要以人为中心，也包括工厂里的产业工人。卫浴产业从前的生产环境包含不少对工人的健康和安全存在挑战的环节，因此九牧优先选择将环境污染严重、威胁员工健康安全的场景实现数字化、自动化。他还提到，要重视工厂的工作环境，要支持员工转型升级，让员工再发展，也要给员工时间。

回到产业工人群体需要面对的严峻现实，该如何培养新一代的产业工人，如何让现有的劳动力群体在职业剧变里降低生存风险？

麦肯锡认为这是中国的职业教育正面临的挑战。麦肯锡在一份报告中指出，为适应新一轮的经济发展需要，中国需要聚焦现有劳动力的再培训。如今的劳动力培训存在着投资不足、与市场实际需求脱节、人们对技能的重要性和紧迫性认识不足等挑战，导致培训项目的参与度不高。中国可以采取有力措施，增强职业学校的竞争力，提高培训的质量，扩充行业专家队伍，提升他们的素质，消除社会对职业学校的偏见。

我们在调研中也发现，一些职业学校教授科目存在与市场脱节的情况。一家位于中部省份某劳动力输出大县的职业学校举办的职业技能大赛，我们见到与物流相关的场景里考试的内容要求学生开着小型叉车在仓库里移动包裹和箱体。

　　与此同时，在真正的工业应用场景里，大型电商公司的物流仓库和快递龙头企业的包裹分拣环节，智能 AGV 小车已经可以实现无人分拣。而从一些机器视觉公司得到的反馈，这些设备在市场上的应用推广速度很快，许多工厂里的物料分拣运送也已经应用上了 AGV 设备。几年之后，这些学生所学的内容很可能很快就没有了用武之地。这意味着职业学校需要更紧密地去了解市场的动向，与技术应用一线的企业合作，才能培养出更符合市场需求的新一代产业工人。

　　学者蔡昉也认为，新技术毁掉的岗位与创造的岗位所需的工人不是同一批人。应用新技术意味着用资本替代了劳动，新技术的应用会有新的人才需求，但取代、毁掉的这些岗位和新技术创造的岗位，所需要的人是不一样的，分别是具有不同的人力资本和技能的人群。所以尽管给一部分人创造了岗位，但丢掉岗位的人未必能进入新岗位。在此过程中，会出现失业或者就业不足的问题。所以他认为，数字经济时代应该打造一个更高版本的就业优先政策，要探索数字经济时代劳动力市场制度形式。

　　也许，要培养更适合数字时代的大国工匠，创造年轻人也愿意当产业工人的环境，可能是一个从国家教育到社会文化再到企业现场都要配合的系统工程。

一亿众包，谁解其苦

> 我发现我们正在从事的产业和 20 世纪 30 年代的汽车制造业有许多的相似之处，汽车制造业是非组织化的工业，同时汽车工业是它那个年代的高科技。
>
> ——Mike Blain，摘自《系统偏误：微软公司中劳工的不稳定性和集体组织》

在社交平台引发广泛关注的《外卖骑手，困在系统里》一文，除了点破前文讨论的算法和数据的使用伦理，还有另一层意义不应被忽视——依托互联网外卖平台的新型服务业从业者的雇用方式和工作属性正在发生变化。

一年后，2021 年 9 月，北京致诚农民工法律援助与研究中心的一篇报告《外卖平台用工模式法律研究报告》再次让外卖骑手的职业环境和生存状态成为舆论焦点。报告指出，不同于从前的稳定雇用关系，互联网公司与外卖骑手并不存在直接雇用关系，他们不需要和单一平台签劳动合同，可在多平台兼职，平台也不需要替他们缴纳社保。外卖平台扮演着信息中介角色，骑手们被外包给其他公司，用工风险和成本也被外包出去，大量的第三方公司成为外卖平台的法律"防火墙"。

这些讨论使许多人意识到便利的互联网外卖消费背后离不开骑手群体的付出，而这个群体的权益并没有被新型经济平台充分重视。

不过，这些讨论成为热点本身也反映一种趋势——数字经济带来的新型雇用关系已成为公共关切话题，它已经不再停留在数字经济平台的商业模式秘辛层面。相比此前的工作类型，这种新型雇用关系具有不稳定性、低保障性和高风险性，从业者、消费者和社会都需要消化这种生产关系的变化。

2021年底发布的《中国灵活用工发展报告（2022）》蓝皮书指出，这种雇用关系的出现与数字经济发展相关。蓝皮书指出，随着当前数字化技术的革新和新经济的崛起，企业的生产多由需求端直接发起，因此业务的波动性和不确定性较大，组织对劳动力的配置也越来越转向以工作任务为中心，企业通过灵活用工响应业务变动。此外，降低成本、突破编制限制、规避风险等也是企业灵活用工的主要动机。

外卖骑手只是这个群体里的典型代表，学院派从理论上对这些新型生产关系给出过分析。数字泰勒主义指出，数字化浪潮正在改变职业的属性。通过知识的提取、编码和数字化，将知识工作转化为工作知识，并将其转化为软件指令，这些指令可以被其他人传输和操纵，而不受地点的限制。不受时空限制的工作，可以让人联想到当下流行的很多名词，"共享经济""众包经济""零成本社会""零工经济""灵活用工"等都能与之挂钩。

这种新型雇佣关系所覆盖的群体规模并不小。以共享经济下的参与者为例，国家信息中心分享经济研究中心发布的报告《中国共享经济发展报告（2021）》显示，2020 年我国共享经济参与者人数约8.3亿人，其中服务提供者约8400万人，同比增长约7.7%；平台企业员工数约 631 万人，同比增长约 1.3%。

而《中国灵活用工发展报告（2022）》蓝皮书则认为，2021年我国有 61.14% 的企业在灵活用工，比 2020 年上升 5.46 个百分点，企业更倾向于扩大而非缩减灵活用工规模。据中国人民大学灵活用工课题组测算，全国灵活用工的人数高达 9867.4 万人，劳动者数量已接近 1 亿人。

总体来看，这是一个越来越庞大的群体。中国劳动关系学院中国职工状况研究课题组用"去劳动关系化的就业"来定义这种新型雇用关系。他们编制的《中国职工状况研究报告（2018）》指出，共享经济带来了大量的就业机会，特别是吸纳了去产能、退伍军人及下岗再就业人群，对职工就业工资、工时及就业质量都有一定程度的促进作用。但值得关注的是，共享经济发展产生了去劳动关系化的就业状况。这些劳动者与平台单位之间不存在固定的或事实上的劳动关系，而是更多地表现为一种劳动合作关系。同时，其中许多劳动者的收入报酬也不是由平台单位支付，而是直接由客户支付。

复旦大学学者姚建华则用"数字劳工"来指代数字时代的劳动者。数字劳工所指代的不只是外卖员、快递员这样的体力劳动从业者，程序员、文职行政工作者和互联网公司的许多其他辅助工种都开始受到新型雇用关系的影响。我们也能在科技媒体看到各类报道和评论，指责互联网平台转嫁人工成本到第三方公司，雇用大量外包人员却对他们的职业发展空间不闻不问。

姚建华译介了一大批海外学者的前沿学术成果来探讨和关注数字时代工作和劳动本身正在发生的变迁，它是一种全球现象，正是技术和生产力的变化演进带来了生产关系层面的变化。

20 世纪 70 年代以来，伴随着新自由主义和全球市场的建立，劳动越来越呈现出不稳定性的特征，这种特征在 2008 年金融危机之后变得愈发明显。经济中的服务业和信息产业部门的重要性与日俱增，生产的信息化趋势加剧，跨国资本集团开始采取更为精简和灵活的生产过程以便快速应对市场和大规模定制产品的需求。

全球资本通过"外包"的方式实现工作的空间转移，它们通过将生产的流水线转移到第三世界国家来强化劳动力市场的弹性。另外，随着信息和通信技术的飞速发展，全球范围内越来越多的劳动力不再受雇于传统的工业化大生产部门，而是从事着大量的"非物质劳动"。这些劳动者们被要求快速回应工作任务的灵活变化，要求快速应对市场和大规模定制产品的需求。

在信息产业、创意产业和各种服务业之中，弹性雇用制度已经成为一种普遍的现象，这些行业中的工作要求如灵活变化的工作任务和弹性机制，不仅改变着劳动者的劳动形式，也改变着他们在工作场所之外的生活方式。正是这种高度弹性的工作应对需求，信息产业里出现了每周需要工作 70 小时的从事高科技和知识性生产的劳动者。

信息巨头们还将工作的执行分解为不同的过程，通过要求不同的过程具备不同程度的技能，从而方便企业主更精确地根据特定的流程来匹配工资率，绝不支付超过必要的部分。由此，"永久性的临时工"出现了，他们长期从事临时性的工作，随时可能被替代，过着不稳定的生活。

科技行业的临时工进入公共讨论，始于上世纪末美国微软公司。上世纪90年代末，微软把大约35%的工作承包给临时性雇员。学者恩达·布罗菲追踪了这一过程，从20世纪90年代开始，微软公司采取了灵活管理重要改革机制。截至2000年，在皮吉特湾运营部的1.9万多名技术工人中，大约有三分之一受雇于萨克森与泰勒公司等临时雇佣机构。

这个群体是高科技行业里重要却不可见的部分，是科技公司创富神话里的阴影。在当时的微软，临时工被强制要求佩戴橙色卡牌，区别于全职工的蓝色卡牌。他们被要求远离运动健身场地，禁止在公司内商店消费，远离例如新品发布会、游船聚会等团建活动。临时工还没有权限享有公司正式雇员的员工股票先购权。

1998年6月，微软公司开始在部分临时工内部强制实行每12个月休31天的休假制度。当时，微软公司的首席财务官格雷格·马菲（Greg Maffei）还在私下称，合同工在工作表现方面根本无法匹及全职工。

除了本土的外包雇员，信息手段和数字技术让科技公司的工作被离岸分发，大量的外籍工程师以比美国本土工资低几分之一的成本来为这些互联网巨头打工。

这些变化自然引起了学术界的关注。20世纪90年代，法国社会学家皮埃尔·布迪厄就用"不稳定性"概念来指出工作的这种变动，他说："存在着大量的劳动后备军……给予那些工作中的人们可以随时被替代的感觉。"2011年，学者盖伊·斯坦丁则在《不稳定的无产者：新危险阶级》中用"不稳定的无产者"来描述全球化经济下新的劳动形势和劳动者的新状态。

劳动者因愈发灵活的工作而变得越来越缺乏稳定性和制度性的保障，劳动合同的时效性不断缩短，长期失业人数总量持续增长。劳动者个体时常陷入对失业的担心和焦虑之中，他们只能成为企业的合同工、临时工和外包工。这也意味着，他们需要承担更多的风险，却缺乏基本的社会保障和安全感。评论家们认为，信息化和数字化趋势，让有规律的可预测的工作正在被弹性的不可预测的收入逐渐替代。

这些讨论与我们当下正在发生的对外卖平台的声讨、互联网大厂的外包员工们控诉上升空间狭窄的情况几乎如出一辙。2014年，《福布斯》杂志撰稿人乔·麦肯德里克在一篇文章中表示，"现在，我们现在都是外包方"。外包可能的形式不断多样化，"外包不再以百万美元大贸易为特征，在这些交易中信息技术部门的运作过程交由第三方负责。相反，许多小事情的点点滴滴渐渐地交由外部的实体负责"。

从当下的趋势来看，数字经济改变工作和职业的形态已成定局。许多互联网大厂为了降低用工成本，在正式岗位之外设置了大量的外包岗，这些外包岗位的流动性大，上升空间狭窄。一家财经自媒体报道这个群体的境况时称："在互联网快速发展时期，外包人员是性价比极高的燃料，而当发展停滞，危机感最先涌来，他们是最容易被抛弃的那一部分。"

无论是外卖平台的骑手、众包用车平台的司机，还是大厂的外包员工，数字经济带来的新型雇用关系及其劳动关系、权益保障都是社会面临的新挑战。而这个群体里又有大量的弱势群体，往往从事着与普通人的数字生活密切相关的新型服务业，一旦因权益纠纷产生恶性事件，会成为牵动全社会情绪的火药桶。

因此，数字平台在享受网络效应带来的裂变增长的同时，也需要在这些新型生产关系的制度和法律层面的规范到位之前，承担自身应当承担的责任，否则很容易引发舆情危机。中国人民大学灵活用工课题组顾问杨伟国在接受采访时曾表示："对待灵活用工，既要顺势而为，刺激劳动力市场各要素的合理流动，更要合理规制，保障民生福祉。"

欲戴王冠，必承其重。从这个意义上看，从前轻装上阵的数字巨头们到了需要补课的时候。

欢迎来到美丽新世界

对数字社会的监管和治理并非终点。从历史上的技术革命与社会系统之间的互动关系看，监管和某种泡沫的破灭可能只是结束了部分人的超额利润时代，却可能带来新技术更大规模的应用，弥合社会分裂。

2021 年 12 月，一名女性用户称自己在 Meta（改名前的 Facebook）元宇宙平台"Horizon Worlds"上遭遇了性骚扰，并且其他人默许了这种行为。

元宇宙是 2021 年夏天横空出世的新概念，社交媒体巨头 Facebook 宣布正式更名为 Meta 进军元宇宙是这场浪潮的开端。该公司 CEO 扎克伯格提出 Meta 的重点是实现元宇宙，很快这个概念在全球层面引发了巨头们的争相追捧。它开发的元宇宙游戏公测不久便迎来第一例使用伦理与用户安全相关的纠纷。《麻省理工科技评论》称，她不是第一个，也不会是最后一个，元宇宙正急待探索其使用伦理。

数字技术及其存在的触角已经伸到了每个人的衣食住行中。当它成了一种基础设施后，人们越发需要讨论它的价值与局限，也需要相应的社会规则、法律规范及伦理通约来定义它。这是技术已经深入普通人日常生活的明证。

硅谷著名分析师 Benedict Evans 在 2020 年初发布了一份报告，认为科技行业每 15 年就有一次大规模革新，新的核心产品来到舞台中央。当一个事物具有了系统性的重要性后,它一定会被监管。而科技公司当下到了需要被重新调整估值的时候。"欢迎来到美丽新世界。"他说。监管被视作一种新常态,各国政府都意识到了它的重要性。

而如果按照学者卡萝塔·佩蕾丝（Carlota Perez）的理论,科技行业被监管具有必然性,也并非全然应被视作负面的。卡萝塔·佩蕾丝深入研究了技术革命的周期,她发现,每一次的技术革命都会造成一套技术大规模地取代另一套技术,每次革命都像一股破除旧习惯的飓风,在人、组织和技能方面带来了深刻的变化。她认为,任何技术转型都只能在社会变革、政治变革和管理变革的互动和合作中发生。这意味着范式变迁不仅在企业层面影响了管理和组织,同时也作用于整个社会和政治调节系统,并受到后者的反作用。

卡萝塔·佩蕾丝将技术革命分为几个阶段,分别是爆发阶段、狂热阶段、转折点、协同阶段,最后步入成熟阶段。爆发阶段是技术的年代,狂热阶段是金融的时代,而到了转折点则是反思和调整发展路线。经过反思后社会协同会推动生产进步,而当技术革命到了成熟阶段后,生产力的红利几乎耗尽,社会进入了质疑自满情绪的时代,新的一波革命进入了酝酿之中。

如果更详细还原这个过程,它呈现出一种S形的增长曲线。新技术早期的崛起是一个爆炸性增长时期,会导致经济出现极大的动荡和不确定性。风险资本家在高利润的驱使下推动着新技术的最先运用。一旦技术的应用可能性被证实，技术的大爆炸期就到来了。之后，金融资本迅速投资新技术相关的活动和企业。这就进入了新技术导入期的爆发阶段，而且很快进入狂热阶段。

但由于新技术依然存在不确定性，有关新技术的预期可能会以失败告终，此前的风险投资产生的泡沫与技术狂热症和非理性繁荣一起破灭。在这个过程里还存在至关重要的一环：新的调节框架和适当的制度已经系统地连接，能够以在社会和经济意义上可持续的方式驾驭并促进新经济的运转。此时新产业已经成长起来，新的基础设施已经到位，利用新技术来做事已经成为"常识"。

佩蕾丝把其中的制度和调整框架视作一种必然，"每一次，被认为是'新经济'的部门会在旧经济摇摇欲坠的地方生根。但这全都要通过暴力、浪费和痛苦的方式才能达到。在一边积累起来的新财富经常被在另一边扩大的贫困所抵消，尽管前者多于后者"。

佩蕾丝认为，正是这种重新分配过程里的爆裂性和不平均性，带来了社会断裂。因此当金融崩溃来临时，反思就会开始。社会会检讨什么地方出错以及如何防止再次发生。

转折点的存在是处理社会内部个人利益和社会利益的平衡。它是重要的十字路口，精英们意识到此前的行动和逻辑不可持续，无论它看上去多么辉煌。社会动荡和对不公正的不满可能会转化为绝望和愤怒。因此，这种调整既是为了在金融市场确立秩序，也是为了走向充分扩张的市场和紧密团结的社会。

调整会带来新的繁荣，"制度调整如果此时达到目标，一个黄金时代可能接着到来。它会是充分就业和广泛进行生产性投资的时代。它减少了前一阶段竞争的残酷性，并产生了共同的利益，这体现在拥有满意的利润边际，通过增加消费者基础而扩大目标市场。收入分配的改善，使消费得以提高和扩大，那些新贵们过上了暴发户式的新生活，这种生活方式逐渐从一个阶层向下扩散到另一个阶层，成为更为大众化的消费方式"。

佩蕾丝认为，技术革命总会深刻动摇和塑造社会，而后强烈的社会、政治和意识形态的冲突又塑造并驾驭了技术潜力。一个社会为了吸收技术潜力而转变环境的具体方式，反过来塑造技术的走向及其扩散程度。当这一过程完成，社会所有领域几乎取得了完全的一致性，特定的范式取得了统治地位，人们相信它是普适的常识。

如果依据卡萝塔·佩蕾丝的理论，我们可以发现监管正是社会层面的生产关系适应生产力发展的过程。科技作为一个产业在过去不到30年的时间里已经造就了世界上最有价值的公司。

监管缺失存在代价，这是全球层面几乎所有主要经济体内的共识。围绕这些公司的增长和运营的确没有正式的、结构化的政府监管。各种各样的隐私法律和行业自律缺乏透明度和连贯性，创新成本并未因为公众处于无防备裸奔状态而降低。正是在这样的背景下，各国出台了各种政策和法规来规范数字经济，减少数字经济带来的次生灾难。

　　1996 年，网络自由意志主义者约翰·P.巴洛在瑞士达沃斯写下了《赛博空间独立宣言》。这篇奇文写道："工业世界的政府：你们这些疲惫不堪的钢铁巨人，我来自网络世界，心灵的新家园；我代表未来，请你们这些来自过去的陈腐人类不要打扰我们，我们不欢迎你。你在我们聚集的地方没有主权。……你们有关财产、言论、身份、行动和情景的法律概念不适用于我们。它们以物质为基础，但这里没有物质。"

　　2018 年约翰·P.巴洛去世。在一些层面，数字时代的人类对于财产、言论、身份、行动和情景的理解正如他所言与工业时代并不相同。例如，以信息来区分身份，"占有"正在让位于"使用"，"所有权"正在让位于"访问权"。这些变化终将在规则和法律层面重新形成社会性的新共识。约翰·P.巴洛提及的这片空间里的独立主权，也许从来都没有真正存在过。

　　至于"没有物质"，则是一种更深的谬误。从这里面，依稀可以看见一百年前捷克剧作家卡雷尔·恰佩克的《罗素姆全能机器人》中哲学家罗素姆的影子。年轻的罗素姆自言自语道："人是这么一种东西，它，比如说，它感到高兴，拉小提琴，喜欢散步，需要做一大堆事情，而这些——完全是多余的。"

　　美国学者凯瑟琳·海勒在她研究人机关系的著作《我们如何成为后人类》中批判道："如果说我的噩梦是在一个后人类文化

中,人们只把他们的身体作为时尚的配件而不是存在的基础,那么,我的梦想则是，后人类在拥抱信息技术的可能性的同时，没有被无限的权力和无身体的不朽的幻想所诱惑，承认和庆祝作为人类境况的有限性，并且理解人类生活被嵌入一个复杂的物质世界之中，我们的持续生存端赖于这个世界。"

　　我们终将生活在一个原子构成的世界里。我们拥抱信息技术的可能性时，也应该承认和庆祝人类境况的有限性。

后　记

　　上一本《中国基本盘》，我们打开了一张跨越 180 年的商业地图，强调制造业是中国经济发展的基本盘。在这本《中国基本盘：未来工厂》中，我和主笔徐鑫将宏大叙事具体下沉到工厂的数智化变革。在我们看来，未来中国制造从大到强，竞争的基本盘将会是一家家传统工厂能否蜕变为数智化的"未来工厂"。

　　相信商业观察者会发现，回到工厂的现场，无论上海特斯拉超级工厂，还是距离它 400 公里之外浙江缙云县城一家"小米生态链"车间，全中国数百万家工厂都站到了面向未来的数智化战场上。德勤 2020 年全球技术领导力调查数据显示，全球 79% 的企业都在开展数智化转型，其中 45% 的转型都是为了应对迫在眉睫的市场威胁。

数字化时代传统工厂面临的最大挑战，是消费端出现了全新的服务方式和服务场景，这从根本上改变了产业格局；而数字新经济在消费端的巨大爆发力，又直接垂直渗透到流通端与制造端，传统制造业可谓不进则退。

数智化转型已是企业、产业乃至国家面向未来的发展战略。本书秉承"全球视野、中国视角"的策划，辟有专门章节观察全球主要工业化国家对数智化转型的种种焦虑与应对。简而概之，美国基于数据的颠覆性创新，德国基于设备系统的数字化升级，日本基于人的智能改善方案……各国转型路径不同，有国家之间文化差异导致的数智化转型的侧重点不同，更为关键的，还在于全球产业分工中各国所处的价值链位置和竞争力。

大国制造业的数智化转型路径，正在进一步重构全球供应链的生态位。中国作为"世界工厂"，连续多年成为"世界制造力竞争指数"最强国家，但面对外部的技术卡脖子和产业转移的"双重挤压"，相继提出"中国制造2025""互联网＋""供给侧结构性改革"等国策。功夫不负有心人，世界经济论坛与麦肯锡咨询在全球发起评选的"灯塔工厂"中，目前全球有103家工厂入选，其中，中国"灯塔工厂"就占了1/3。第四次工业革命浪潮里，中国已从跟随者进化为并跑者，甚至在一些细分领域成为领跑者。

本书创作团队跟随吴晓波老师发起的"标杆工厂"项目，与数百名制造业企业家走进三一重工18号工厂、万向精工工厂以及海康威视，体悟到埃隆·马斯克所说的，制造业竞争的本质就是制造能力的竞争，即工厂的竞争。于是，围绕工厂变革，本书探究生产力要素和生产方式的演变，用"在线""看见""规模""融合"等关键词，解构中国工厂数智化转型中的具体场景与问题，进一步理解数智化是如何用软件定义制造，领跑者又如何将工厂重新当作数智化产品打磨。

中国工厂能否成为新一代制造方式的引领者，技术只是问题的一部分，人们往往忽视了一个"看不见的世界"——事关制造哲学的观念斗争。哲学本质上是人理解人，人认识人的理性活动。在数智化时代，工厂的生产要素和生产关系面临根本性重构，一些经典管理场景与制度甚至会被颠覆，我们关注技术进步与产业竞争的同时，需要从社会学、生态学等人文角度，思考人与"未来工厂"的新型关系，问一问"人是生产力进步的工具，还是目的"。

写作出版这本书不是一件轻松的活儿。有时怀疑，无知无畏的我们，能否完成这样一部探索性的作品。现在徐鑫与龚鹏辉、匡舒啸，用好奇心，用坚韧的精神，给了一个看法。

7月24日，我正在远赴青藏高原的汽车上，高速公路上的高炮广告有些巧合——2022全球数字经济大会拉萨峰会7月28日开幕。

2021 年西藏地区数字经济营收规模突破 400 亿元，作为在北京举行的全球数字经济大会的唯一分会场，拉萨峰会有一个壮观的主题："数字桥梁跨越喜马拉雅"。可以预见，从中心到边陲，世界再一次试图被拉平，面向未来的数智化剧变不可避免。

何　丹

2022 年 7 月 24 日　拉萨

参考文献

总论：数字时代的工厂生产、国家焦虑与社会治理

1. 乔舒亚·B.弗里曼，李珂译.巨兽.社会科学文献出版社，2020.

2. 伊恩·莫里斯，钱峰译.西方将主宰多久.中信出版社，2011.

3. 联合国工业发展组织.年度报告2020，2021.

4. 大卫·E.奈，史雷译.百年流水线.机械工业出版社，2017.

5. 苏珊娜·伯杰，廖丽华译.重塑制造业.浙江教育出版社，2018.

6. Nicholas G. Carr. IT dosn't matter. Harvard Business Review. Https://hbr. org/2003/05/it-doesnt-matter, 2003.

7. 埃信华迈.埃信华迈特别报告：应对2021年汽车芯片荒.Https:// ihsmarkit.com/info/chi/car-chip-shortage.html, 2021.

8. KAI-FU LEE. China is still the world's factory and it's designing the future with AI .TIME.Https://likaifu.blog.caixin.com/archives/249195, 2021.

9. 加里·皮萨诺，威利·史，机械工业信息研究院战略与规划研究所译.制造繁荣.机械工业出版社，2014.

10. 卡萝塔·佩蕾丝，田方萌等译.技术革命与金融资本.中国人民大学出版社，2007.

11. 安东尼·范·阿格塔米尔，弗雷德·巴克，徐一洲译.智能转型.中信出版社，2017.

12.尼古拉斯·卡尔，闫鲜宁等译.大转换.中信出版社，2016.

第一部分　未来的生产

01　在线：生产进入比特时代

1.尼古拉·尼葛洛庞帝，胡泳等译.数字化生存.海南出版社，1997.

2.约瑟夫·熊彼特，王永胜译.经济发展理论.立信会计出版社，2017.

3.迈克尔·格里夫斯，方志刚等译.智能制造之虚拟完美模型.机械工业出版社，2017.

4. Tony，Stewart，Kristin Tolle，潘教峰等译.第四范式.科学出版社，2012.

5. Marc Andreessen. Why software is eating the world. a16z.Https://future.a16z. com/software–is–eating–the–world, 2011.

6.王坚.在线.中信出版社，2016.

7. IGW Staff. The electronic skin of earth .Information Governance. Https:// infogovworld.com/ig–topics/the–electronic–skin–of–earth/, 2018.

8. Neil Gross.The earth will don an electronic skin. Bloomberg. Https://www. bloomberg.com/news/articles/1999–08–29/14–the–earth–will–don–an– electronic–skin, 1999.

9. Nicholas G. Carr . IT dosn't matter. Harvard Business Review. Https://hbr. org/2003/05/it–doesnt–matter, 2003.

10.人民日报（海外版）.中国网民规模超10亿. Http://www.gov.cn/

xinwen/2021–08/28/content_5633876.htm, 2021.

11.宁振波.航空工业的智能制造体系和架构.民用飞机设计与研究.Http://myfj.cnjournals.com/myfjsjyyj/article/html/20210201, 2021.

12.林雪萍.数字孪生：第四象限的崛起.知识自动化.Https://mp.weixin.qq.com/s/SUuhbjoeAWXoxx0MstcM2A, 2020.

13.詹姆斯·格雷克著，高博译.信息简史.人民邮电出版社，2013.

14. Andrew McAfee, Erik Brynjolfsson. Investing in the it that makes a competitive difference.Harvard Business Review. Https://hbr.org/2008/07/investing–in–the–it–that–makes–a–competitive–difference, 2008.

15.麦肯锡."智"胜未来：中国流程行业的智能化挑战与机遇.Https://www.mckinsey.com.cn/wp-content/uploads/2021/04/%E6%B5%81%E7%A8%8B%E8%A1%8C%E4%B8%9A%E6%99%BA%E8%83%BD%E5%8C%96.pdf , 2021.

16. IBM商业价值研究院.新冠病毒疫情与企业的未来.Https://www.ibm.com/downloads/cas/ONK294Q5 , 2020.

17.麦肯锡.中国工业4.0之路.Https://www.mckinsey.com.cn/中国工业4–0之路/, 2016.

18.世界经济论坛. Global lighthouse network: unlocking sustainability through 4IR. Https://www.weforum.org/whitepapers/global–lighthouse–network–unlocking–sustainability–through–4ir, 2021.

19.Sarah Wang, Martin Casado. The cost of cloud, a trillion dollar paradox.a16z. Https://a16z.com/2021/05/27/cost-of-cloud-paradox-market-cap-cloud-lifecycle-scale-growth-repatriation-optimization/, 2021.

20.金榕.从技术到科学，中国AI向何处去?科学网. Https://news.

sciencenet.cn/htmlnews/2021/8/463740.shtm, 2021.

21. 安筱鹏. 重构. 电子工业出版社，2019.

02　看见：工业视觉与工厂智能之路

1. 安德鲁·帕克，于翀涵等译. 第一只眼. 北京联合出版公司，2021.

2. 马丁·杰伊，孔锐才译. 低垂之眼. 重庆大学出版社，2021.

3. 马丁·迈耶，刘会梁译. 麦迪逊大道. 海南出版社，1999.

4. 保罗·维利里奥，张新木译. 视觉机器. 南京大学出版社，2014.

5. 金伯莉·阿坎德，梅甘·瓦茨克，李焱等译. 超越视觉. 人民邮电出版社，
   2016.

6. 乔纳森·克拉里，蔡佩君译. 观察者的技术. 华东师范大学出版社，2017.

7. 华为全球产业展望 GIV@2025. 智能世界，触手可及，2019.

8. 天风证券. 机器视觉：5G 工业的"眼睛"，2020.

9. 浙商证券. 机器视觉核心部件龙头：行业高增长与市占率提升共振，
   2021.

10. 华为，百度. 5G+AI：智能工业视觉解决方案白皮书，2020.

11. 中国银河证券研究院. 科创板高端装备公司系列研究：天准科技，
    2019.

12. 甲子光年. 2021 中国工业视觉行业研究报告. 36 氪. Https://www.36kr.
    com/p/1388192095599623, 2021.

13. 国海证券. 从光源到系统，成就机器视觉龙头 — 奥普特（688686）
    深度报告，2021.

14. 信达证券. 机器视觉全球巨头对比解析，2021.

15. 西南证券. 机器视觉设备领先企业，专注服务工业领域，2019.

16. 东吴证券. 机器视觉行业专题报告：智能制造大趋势下的长坡厚雪赛道，2021.

17. 安信证券. 智能制造报告系列之三：机器视觉，给智能制造一双慧眼，2016.

18. 艾瑞咨询. 2021 年中国智能家居行业研究报告：智能视觉篇，2021.

19. 招商证券. 计算机行业工业软件赋能智能制造专题报告：产业度关山，智造正扬，2021.

20. 太平洋证券. 机械行业：机器视觉，从"可选"向"必选"迈进，2019.

21. 头豹研究院. 人工智能行业系列深度研究：2019 年中国机器视觉行业研究报告，2020.

22. 赛迪顾问. 机械设备行业：中国工业机器视觉产业发展白皮书，2020.

23. 申万宏源. 机器视觉行业专题报告之一：工业智能制造之眼，行业迈入黄金发展期，2021.

24. 国泰君安. 机器视觉产业链价值涌现，2021.

25. 国海证券. 机械设备行业深度报告：打开"视"界之门，挖掘机器视觉蓝海，2020.

26. Dao Wei. 当年这个决定，让李飞飞奠定 AI 江湖的女王地位. HyperAI 超神经. Https://hyper.ai/8049, 2019.

27. 中国电子技术标准化研究院. 机器视觉发展白皮书（2021 版），2021.

28. 创新奇智工业视觉产品团队. AI 前沿：工业视觉的技术与产品挑战. 机器之能, 2021.

29. 闫旭蕾.论身体的德性——身体社会学视角.鲁东大学心理与教育学院.Https://www.sinoss.net/uploadfile/2010/1130/10534.pdf, 2010.

30. 朵啦.机器视觉如何做行业数字化的抓手？OFweek 维科网.Https://www.ofweek.com/ai/2021-08/ART-201716-8500-30515915.html, 2017.

31. 董瑞青.机器视觉行业初探：一文读懂机器人的"眼睛".亿欧网.Https://www.iyiou.com/analysis/2018110784952, 2018.

03　规模：服装产业的数字化样本及其超越

1.皮厄特拉·里佛利，肖建平译.T恤的全球之旅.上海财经大学出版社，2006.

2.底层观察家.SHEIN：长期主义的胜利.华尔街见闻. Https://wallstreetcn.com/articles/3633346, 2021.

3.缪悦.没有下一个SHEIN.亿邦动力网.Https://m.jiemian.com/article/6723203.html, 2021.

4.谢小丹.Shein学徒迷失在流量中.志象网.Https://m.jiemian.com/article/6703593.html, 2021.

5.常薇倩.中国最神秘十角兽：蛰伏14年，超越亚马逊？36氪出海.Https://www.jiemian.com/article/6124645.html, 2021.

6.中泰证券.SHEIN 的崛起，大众品牌何以鉴之，2021.

7.姚赟.重磅：解密这头犀牛.盒饭财经.Https://mp.weixin.qq.com/s/8gCAmOq1t5NgK4S1Lje6NQ, 2021.

8.黎诗韵.揭秘 SheIn：中国最神秘百亿美元公司的崛起.晚点.Https://www.huxiu.com/article/373212.html, 2020.

9. 马岗商业评论. 解开服装企业高速成长的秘密（一）：从现货到期货. 界面新闻. Https://www.jiemian.com/article/5019813.html, 2020.

10. 第一财经. 规模化如何兼容定制化？红领西装背后的大数据奥秘. Https://www.yicai.com/news/3883917.html, 2014.

11. 坐标商业财经. 老厂长、新制造与一场商业效率的实验. 百略网. Http://www.ibailve.com/article/6720453875440025 6, 2021.

12. 大风. 揭秘SHEIN背后的服装柔性供应链. 42 章经，2021.

13. 谭宵寒. 犀牛真能解中国制造的近渴与远虑？字母榜. Https://www.huxiu.com/article/383420.html, 2020.

14. 房煜. 捂了三年，阿里的犀牛工厂到底是什么？虎嗅网. Https://www.huxiu.com/article/382740.html, 2020.

15. 雨果跨境. SHEIN的B面：服装供应商的围城困境. 界面新闻.Https://www.jiemian.com/article/6360148.html, 2021.

16. 陈奇锐. SHEIN凭一己之力，让服装厂也成资本关注对象. 界面新闻. Https://www.jiemian.com/article/6419760.html, 2021.

17. 穆亦晴. "不走寻常路"的美邦，迷路了. 华商韬略. Https://www.huxiu.com/article/376228.html, 2020.

18. 林仲旻. 周成建深陷围城. 环球企业家.Https://www.reuters.com/article/huanqi201202243-idCNCNE81N05S20120224, 2012.

19. 经济观察网. 国产服饰品牌之困：ZARA、优衣库的步伐真就这么难追赶吗. 新浪财经. Https://finance.sina.com.cn/chanjing/cyxw/2020-09-22/doc-iivhuipp5775540.shtml, 2020.

20. 霍东阳. 越来越多的"SHEIN"出现了，SHEIN怎么办？志象网. Https://new.qq.com/rain/a/20211106A0AXAV00, 2021.

21. 亿邦动力网.线上店关闭大半 酷特智能定制业务何去何从？ Https://m.ebrun.com/418306.html, 2021.

22. 和讯网.酷特智能IPO：代工收入超7成 智能变革中气不足 收购亏损资产超2亿. 和讯网.Http://stock.hexun.com/2020-01-07/199892552.html, 2020.

23. 周惠宁.美邦去年亏损逾8亿元，董事长最近又被限制消费.CBNData消费站.Https://www.cbndata.com/information/71321, 2020.

24. 江瀚视野.中国版ZARA上市三年蒸发百亿元，直接ST，拉夏贝尔做错什么？ Https://www.sohu.com/a/406716000_507132, 2020.

25. 第一纺织网.上半年本土纺织服装股市值百强:乘国潮破浪之风，看头部品牌"换了人间".界面新闻.Https://www.jiemian.com/article/6324268.html, 2021.

26. 王与桐，郑怀舟.造业搅局者"犀牛"，阿里会引发2万亿规模行业怎样的巨变？ 36氪.Https://www.36kr.com/p/886757958150402, 2020.

27. 李富海，史振宁.海宁企业助力阿里巴巴犀牛智造 解决布料抓取世界性难题.海宁新闻网. Http://hnnews.zjol.com.cn/ihainingapp/news/202009/t20200924_2861143.shtml, 2020.

28. 世界经济论坛.全球灯塔工厂网络2020年会.Https://cn.weforum.org/agenda/2020/09/global-lighthouse-network-annual-meeting-2020-cn/, 2020.

29. 世界经济论坛.未来新型工厂照亮制造业的"下一阶段常态"发展之路.Https://cn.weforum.org/press/2020/09/new-factories-of-the-future-lighting-the-way-of-next-normal-in-manufacturing-cn, 2020.

30. 新浪财经.阿里"犀牛智造"入选世界经济论坛"为制造业引路'灯

塔工厂'".新浪财经.Https://finance.sina.com.cn/stock/usstock/c/2020–09–18/doc–iivhuipp5049190.shtml, 2020.

31. 广发证券.解读全球纺织产业中心转移历史,探索中国纺织制造企业未来方向,2019.

32. 克里斯托弗·威廉斯,王业瑾译.形式的起源.浙江教育出版社,2021.

33. 杨璐.柔性生产:中国女装为何不可能转移到东南亚.三联生活周刊,2019.

04　融合:被打破的边界和需求驱动生产

1. 克里斯托弗·G.布林顿,蒋濛,万锋译.网络的力量.中信出版社,2018.

2. 约翰·巴特尔,张岩等译.搜.中信出版社,2006.

3. 多克·希尔斯,李小玉译.意愿经济.电子工业出版社,2016.

4. 马丁·迈耶,刘会梁译.麦迪逊大道.海南出版社,1999.

5. 詹姆斯·特威切尔,屈晓丽译.美国的广告.凤凰传媒出版集团,2006.

6. 杰克逊·李尔斯,任海龙译.丰裕的寓言.上海人民出版社,2005.

7. 小阿尔弗雷德·D.钱德勒,郭斌译.管理的历史与现状.东北财经出版社,2007.

8. 大卫·奥格威,林桦译.一个广告人的自白.中信出版社,2008.

9. 北京大学汇丰商学院跨国公司研究项目组.与中国一起成长:宝洁公司在华20年.北京大学出版社,2009.

10. 杨明皓,庄淑芬等译.奥格威谈广告:数字时代的广告奥秘.中信出版社,2019.

11. 第一财经.2021线上新品消费趋势报告.CBNData消费站. Https://www.cbndata.com/report/2670/detail?isReading=report&page=1, 2021.

12. 王坚.在线.中信出版社，2016.

13. 卫夕.互联网广告到底是如何运行的？卫夕指北. Https://mp.weixin.qq.com/s?__biz=MzU1NjEzNjk1Mw==&mid=2247485348&idx=1&sn=fa9318e65d42bba6b9483e9b3b445608&chksm=fbc8e732ccbf6e24bcb3ead3ba0f49365b77478acf7e1472ff8d29812f268eb54440f511de50&scene=21#wechat_redirect, 2020.

14. 刘鹏，王超.计算广告.人民邮电出版社，2015.

15. 搜索推荐事业部认知图谱团队 Xusheng Luo, Luxin Liu, Yonghua Yang, Le Bo, Yuanpeng Cao, Jinhang Wu, Qiang Li, Keping Yang and Kenny Q. Zhu. 阿里巴巴首次揭秘电商知识图谱AliCoCo！淘宝搜索原来这样玩！阿里云开发者社区.Https://developer.aliyun.com/article/754652, 2020.

16. Donald MacKenzie. Cookies, Pixels and Fingerprints. London Review of Books. Https://lrb.co.uk/the-paper/v43/n07/donald-mackenzie/cookies-pixels-and-fingerprints, 2021.

17. 第一财经.宝洁砍掉40%广告代理商，省下3亿美元拿来干啥？. Https://www.yicai.com/news/4666774.html, 2015.

18. 中南舆情.阿里腾讯计划联手入股WPP，为什么拉上华人文化？Http://www.ichmw.com/show-8-5792-1.html, 2022.

19. 向真.流量之外，什么是新品牌持续打造爆款的密码？浪潮新消费. Https://youwuqiong.top/488074.html, 2021.

20. 辛迪.从87个到2000多个色彩创新，欧莱雅的"中国式创新"说明了什么？界面新闻. Https://www.jiemian.com/article/6055929.html, 2021.

21.AngryAlan.全面解读完美日记：从组织架构到增长策略：完美日记想要
　　成为"新欧莱雅集团"？ CBNData消费站.Https://www.cbndata.com/
　　information/40929, 2021.

22.卫夕.聊一聊谷歌的"印钞机"——广告系统.卫夕指北. Https://www.
　　huxiu.com/article/281252.html, 2019.

23.一刻创投圈.国货之光：复盘完美日记"从0到N"的心路历程.36氪.
　　Http://www.woshipm.com/chuangye/4056626.html, 2020.

24.有专商研所.时代选择了DTC品牌，也提出了更高的运营要求.商业街
　　探案. Https://www.36kr.com/p/1253681573071363, 2021.

25.颜艳春.第三次零售革命.机械工业出版社，2014.

第二部分　数字时代的大国焦虑

05　美国：数字时代如何维持科技领先优势

1.威廉姆·邦维利安，彼得·辛格，沈开艳等译.先进制造.上海社会科学
　　出版社，2019.

2.苏珊娜·伯杰，廖丽华译.重塑制造业.浙江教育出版社，2018.

3.加里·皮萨诺，威利·史，机械工业信息研究院战略与规划研究所译.制
　　造繁荣.机械工业出版社，2014.

4.祝碧衡.美国先进制造决策支持生态系统中的科技政策智库（上）.竞
　　争情报，2020.

5.Christopher Darby,Sarah Sewall. The Innovation Wars:America's Eroding Technological Advantage.Foreign Affairs, 2021.

6.Graham Allison, Kevin Klyman, Karina Barbesino, Hugo Yen.The Great Tech Rivalry: China vs the U.S. President and Fellows of Harvard College, 2021.

7.Eric Schmidt, Jared Cohen. The Digital Disruption :Connectivity and the Diffusion of Power. Foreign Affairs, 2010.

8. Ben Buchanan.The U.S. Has AI Competition All Wrong.Foreign Affairs. Https://www.foreignaffairs.com/articles/united-states/2020-08-07/us-has-ai-competition-all-wrong, 2020.

9. Bassam Sebti. Where do the world's talents immigrate to?World Bank.Https:// blogs.worldbank.org/voices/where-do-worlds-talents-immigrate, 2016.

10.Kearney. Trade war spurs sharp reversal in 2019 Reshoring Index, foreshadowing COVID-19 test of supply chain resilience.Kearney. Https:// www.kearney.com/operations-performance-transformation/article/?/a/trade-war-spurs-sharp-reversal-in-2019-reshoring-index-foreshadowing-covid-19-test-of-supply-chain-resilience-full-report, 2020.

11. Patrick Van den Bossche,Yuri Castaño,Brandon Blaesser. Global pandemic roils 2020 Reshoring Index,shifting focus from reshoring to right-shoring. Kearney. Https://www.kearney.com/operations-performance-transformation/us-reshoring-index, 2021.

12. Anne Trubek.Our Collective Ignorance About the Rust Belt Is Getting Dangerous.Time.Https://time.com/5225497/rust-belt-history, 2016.

13. The White House.A Letter to Dr. Eric S. Lander,the President's Science Advisor and Director of the Office of Science and Technology Policy. The

White House. Https://www.whitehouse.gov/ostp/news-updates/2021/01/15/a-letter-to-dr-eric-s-lander-the-presidents-science-advisor-and-director-of-the-office-of-science-and-technology-policy, 2021.

14. Adam Zewe.Reasserting U.S. leadership in microelectronics. MIT News Office. Https://news.mit.edu/2022/us-leadership-microelectronics-semiconductors-0119, 2022.

15. Robert Kuttner.Bringing the Supply Chain Back Home.The New York Review of Books, 2021.

16. 维基百科. 锈带. Https://zh.wikipedia.org/wiki/%E9%94%88%E5%B8%A6, 2021.

17. 美国白宫.美国白宫（White House）：建立有韧性的供应链，重振美国制造业，促进经济广泛增长.国研网，2021.

06　日本：人口老龄大国和数字时代的社会 5.0 政策

1.克莱顿·克里斯坦森，胡建桥译.创新者的窘境.中信出版社，2010.

2.大西浩太郎. 日本企業のデジタル化は加速するが、世界に約 2. の遅れ？ ガートナー調べ.Https://webtan.impress.co.jp/n/2021/02/09/39018, 2021.

3.樫の会.日本の基本問題.勁草書房，2007.

4.多田和市. AI後進国：ニッポンが危ない.日経BP社，2018.

5.小川進.QR コードの奇跡 モノづくり集団の発想転換が革新を生んだ.東洋経済新報社，2020.

6.日本経済産業省. スマートファクトリーロードマップ，2017.

7. 日本経済産業省.DX レポート ~ IT システム「2025 の崖」の克服と DX の本格的な展開，2019.

8. 日本経済産業省.デジタル経済の進展への対応について，2019.

9. 日本経済産業省.既存秩序の変容と経済産業政策の方向性，2019.

10. 日本経済産業省.キャッシュレスの現状及び意義，2020.

11. 日本経済産業省.ものづくり基盤技術の振興施策，2020.

12. 日本総務省.ICT の経済分析に関する調査，2016.

13. 日本総務省.Beyond 5G 推進戦略 — 6G へのロードマップ，2020.

14. 日本総務省.情報通信白書，2019 — 2021.

15. 日本総務省.人口推計，2021.

16. 日本総務省.Beyond 5G 研究開発促進事業について，2021.

17. 国立社会保障・人口問題研究所.人口統計資料集，2021.

18. 東京都産業労働局.テレワーク実施率調査結果，2021.

19. 日本国土交通省都市局.スマートシティの実現に向けて，2018.

20. 日本内閣府.第 2 期科学技術基本計画，2001.

21. 日本内閣府.第 5 期科学技術基本計画，2015.

22. 日本内閣府.統合イノベーション戦略，2018.

23. 日本内閣府.ムーンショット型研究開発制度の概要，2020.

24. 日本内閣府.世界最先端デジタル国家創造宣言・官民データ活用推進基本計画の変更について，2020.

25. 日本内閣府.SIP サイバー / アーキテクチャ構築及び実証研究の成果公表，2020.

26. 日本内閣府.官民研究開発投資拡大プログラムについて，2021.

27. 日本内閣府.戦略的イノベーション創造プログラム（SIP）概要，

2021.

28. 日本内閣府.第6期科学技術・イノベーション基本計画，2021.

29. 日本内閣府.デジタル社会の実現に向けた重点計画，2021.

30. 中田行彦.液晶産業における日本の競争力－低下原因の分析と「コアナショナル経営」の提案.独立行政法人経済産業研究所.Https://www.rieti.go.jp/jp/publications/summary/07040008.html, 2007.

31. IPA独立行政法人情報処理推進機構.デジタル・トランスフォーメーション推進人材の機能と役割のあり方に関する調査，2019.

32. MMD研究所.2021.1月スマートフォン決済（QRコード）利用動向調査.Https://mmdlabo.jp/investigation/detail_1919.html, 2021.

33. MAGELLAN BLOCKS.量子コンピュータ・機械学習の先進利用事例MAGELLAN BLOCKS なら誰でも簡単に.Https://www.magellanic-clouds.com/blocks/customers/, 2021.

07　德国：汽车之都斯图加特的挑战和数字转型

1. Verdict.Europe is seeing a hiring boom in tech industry machine learning roles. Https://www.verdict.co.uk/europe-is-seeing-a-hiring-boom-in-tech-industry-machine-learning-roles, 2021.

2. 王梓屹，刘磊鑫.德国斯图加特汽车产业集群以整车龙头为核心的汽车产业网络.宁波经济新观察.Https://mp.weixin.qq.com/s/nDW_xjdrAh_4P3gMyHz6Cg, 2018.

3. John Vidal.Congested,polluted and with car jobs at risk,Stuttgart reaches a crossroads.The Guardian, 2017.

4.沈阳.迎接第四次工业革命.武汉大学出版社，2016.

5.赵志耘，戴国强.大数据.科学技术文献出版社，2018.

6.张其金.开启工业4.0的新商业模式.中国商业出版社，2016.

7.OFweek维科网.特斯拉攻入德国市场，将对德国汽车行业造成哪些威胁？ Https://libattery.ofweek.com/2021-10/ART-36008-8500-30529273.html, 2021.

8.脑极体."他者"德意志：翻险峰的德国电动汽车产业.界面新闻.Https://www.jiemian.com/article/5739201.html, 2021.

第三部分　社会怎么办

08　数字化之后：从技术经济逻辑到社会制度逻辑

1.阿明·格伦瓦尔德，吴宁译.技术伦理学手册.社会科学文献出版社，2017.

2.南希·科恩，施轶译.百年商业头条.浙江人民出版社，2015.

3.姚建华.制造和服务业中的数字劳工.商务印书馆，2017.

4.皮厄特拉·里佛利，肖建平译.T恤的全球之旅.上海财经大学出版社，2006.

5.盖伊·斯坦丁，刘维人译.不稳定的无产阶级.脸谱，2019.

6.姚建华，苏熠慧.回归劳动.社会科学文献出版社，2019.

7.国家统计局.2020农民工监测调查报告.Http://www.stats.gov.cn/tjsj/

zxfb/202104/t20210430_1816933.html, 2021.

8.卡雷尔·恰佩克，白渊等译.罗素姆的万能机器人.东西文库，2013.

9.Benedict Evans.Shoulders of Giants.Https://www.ben-evans.com/ presentations, 2020.

10.Competition & Markets Authority UK. Algorithms: How they can reduce competition and harm consumers. Gov.UK. Https://www.gov.uk/government/ publications/algorithms-how-they-can-reduce-competition-and-harm-consumers/algorithms-how-they-can-reduce-competition-and-harm-consumers, 2021.

11. Patrick Briône. Minds over Machines: New Technology and Employment Relations .Involvement & Participation Association. Https://www.ipa-involve.com/mind-over-machines, 2017.

12. 孙保学.人工智能算法伦理及其风险.哲学动态，2019.

13. Gideon Rosenblatt. 在亚马逊，蓝领白领都只是"亚马逊机器人". Https://men.fanpiece.com/huxiu/在亞馬遜-藍領白領都只是-亞馬遜機器人-c1196770.html, 2015.

14. Wayne Ma.What Apple Learned From Automation: Humans Are Better.The Information. Https://www.theinformation.com/articles/what-apple-learned-from-automation-humans-are-better, 2021.

15. Addis Ababa.Employment and new technologies: Opportunities for Africa's youth. ILO, 2015.

16. 李昕. 如何客观看待技术进步对就业的影响? 清华五道口国际金融与经济研究中心官网. Http://cifer.pbcsf.tsinghua.edu.cn/index.php?m=content&c=index&a=show&catid=112&id=407, 2020.

17. 新浪科技.霍金等签发公开信：警惕人工智能潜在风险.新浪科技. Http://tech.sina.com.cn/d/i/2015-01-14/doc-icesifvy3684641.shtml, 2015.

18. 张杰.中国制造业增加值占 GDP 比重的变化趋势与内在规律.探索与争鸣, 2021.

19. Sam Harnett.Tech Workers Organizing Is Nothing New,But Them Actually Forming Unions Is. KQED. Https://www.kqed.org/news/11874325/tech-worker-organizing-is-nothing-new-but-actually-forming-unions-is, 2021.

20. 国际劳工组织.世界非标准就业，2015.

21. 赖祐萱.外卖骑手，困在系统中.人物杂志. Https://mp.weixin.qq.com/s/Mes1RqIOdp48CMw4pXTwXw, 2020.

22. 汪庆华.算法透明的多重维度和算法问责.比较法研究. Http://fzzfyjy.cupl.edu.cn/info/1035/12715.htm, 2020.

23. Andreas Matthias. The responsibility gap: Ascribing responsibility for the actions of learning automata. Ethics Inf Technol. Https://doi.org/10.1007/s10676-004-3422-1, 2004.

24. Stephanie Wykstra.Government's use of algorithm serves up false fraud charges.Undark. Https://undark.org/2020/06/01/michigan-unemployment-fraud-algorithm, 2020.

25. 国家信息中心分享经济研究中心.中国共享经济发展报告（2021）. Http://www.sic.gov.cn/News/557/10779.htm, 2021.

26. 中国劳动关系学院中国职工状况研究课题组.（2018）中国职工状况研究报告.社会科学文献出版社，2018.

27. 清和.特斯拉行驶数据归谁? 智本社，2021.

28. Brittany Greeson.States' Automated Systems Are Trapping Citizens in Bureaucratic Nightmares With Their Lives on the Line.TIME.Https://time.com/5840609/algorithm–unemployment, 2020.

29. 约翰·P. 巴洛，李旭等译.网络独立宣言.Http://www.ideobook.com/38/declaration–independence–cyberspace, 2004.

30. 阑夕.互联网失去豁免权. 新浪财经.Https://finance.sina.com.cn/chanjing/cyxw/2021–07–20/doc–ikqciyzk6570681.shtml?cre=tianyi&mod=pcpager_news&loc=4&r=0&rfunc=1&tj=cxvertical_pc_pager_news&tr=174, 2021.

31. 凯瑟琳·海勒，刘宇清译. 我们何以成为后人类.北京大学出版社，2017.

32. 姚建华，苏熠慧. 回归劳动.社会科学文献出版社，2019.

33. 卡萝塔·佩蕾丝，田方萌译. 技术革命与金融资本.中国人民大学出版社，2007.

34. 克劳斯·施瓦布.第四次工业革命. 中信出版社，2016.